Waldemar Martens

Ein Ort zum Bleiben

**Erinnerungen an den Darß
im Nationalpark
"Vorpommersche Boddenlandschaft"**

WAGE-Verlag

Autor: Waldemar Martens
Lektorat: WAGE-Verlag
Umschlaggestaltung, Layout und Satz: Steckel
Zeichnungen: Reif
Gesamtherstellung: WAGE-Verlag

Vertrieb: WAGE-Verlag
Klein Tessin 11B, 18195 Tessin
Germany
Tel.:/ Fax: (038 205) 12902/12901

2. überarbeitete Auflage (1999)

ISBN 3-9805273-2-8

Für Heino, Klaus, Uwe und Jörg

Vorwort

Der Darß, ein Stück Deutschland, einmalig, lebendig, im Herzen Europas. Eines der wertvollsten Naturgebiete mit seinen unbebauten weißen Stränden, seinen naturnahen Wäldern aus Moorbirken, Kiefern, Erlen, urigen Buchen und Wacholderlandschaften, unterbrochen von wechselnden feuchten Senken und trockenen Wällen, verbunden durch verlandete Seen. "Lebendig" durch die ständigen Veränderungen an der Westküste, Wind und Wasser geben ihr mit der Urkraft der Natur jährlich ein neues Bild, lebendig durch die Artenvielfalt von Flora und Fauna und nicht zu vergessen, durch die dort lebenden Menschen. All das ist beschrieben durch einen Forstmann, der auf dem Darß geboren wurde, dort aufwuchs und mehr als drei Jahrzehnte seine Liebe und ein großes Verantwortungsbewußtsein gegenüber der Natur in die herrlichen Wälder einbrachte. Waldemar Martens schildert Unterhaltsames und Lehrreiches aus seiner Jugendzeit, seinen Lehr- und Meisterjahren, bis hin zu seiner Tätigkeit als Leiter des Staatsjagdgebietes und der Oberförsterei Born. Begegnungen des Landforstmeisters mit den Politgrößen zur Zeit der Deutschen Demokratischen Republik geben interessante Einblicke in Strukturen des damaligen Systems und die verschiedenen Charaktere dessen Führung. Eine problembeladene Zeit, die den Autor nur durch Geradheit, Pflichtbewußtsein, diplomatische Feinfühligkeit und durch tiefe Liebe zu seiner Heimat, manch heikle Situation überstehen läßt.

Dieses Buch ist nicht nur eine gelungene Fortsetzung seines ersten Werkes über den Darß "Wo Adler noch und Stürme jagen", sondern somit auch eine wertvolle Anbindung an die Chronik des Darßes, die mit dem Buch "Verklungen Horn und Geläut" von Franz Mueller-Darß begann und aus der Zeit zwischen den zwei Weltkriegen berichtet.

Inhaltsverzeichnis

Es ist ein wunderschöner Septembermorgen. Die glutrot aufgehende Sonne verspricht einen herrlichen Sonnentag. An den Kiefernzweigen hängen kunstvolle Spinnweben, sie läuten den Altweibersommer ein. Welch ein Wunder der Natur! Ein Eichhörnchen huscht über den Weg und klettert behende an einer Kiefer empor. Es klopft aufgeregt mit seinem buschigen Schwanz an den Baum und schaut neugierig zu mir herab. Ein Schwarzspecht trommelt fleißig an eine Fichte. Sein langgezogenes „Kliüüüü" schallt weit in den Wald hinein. Über mir kreist majestätisch ein Seeadler mit weit ausgebreiteten Flügeln. Ja, er ist der König der Lüfte über dem Darßer Wald! Fährten überqueren meinen Weg. Die Hirsche haben ihre Einstände verlassen und werden bald mit ihrem Ruf die volle Brunft verkünden.

Ich stehe vor dem Grab des unvergeßlichen Waidmannes Ferdinand Freiherr v. Raesfeld, verneige mich ehrfurchtsvoll, verharre einige Minuten in stiller Andacht und lege einen Strauß Tannengrün am Grabe nieder. Eine in der Nähe stehende Bank lädt mich zum Ausruhen ein. Wie oft verharrte ich schon an dieser Stelle, um dieses großen Forstmannes und Jägers zu gedenken - viele Male. Ich besuchte diese Grabstelle schon als kleiner Junge, dann als Forstlehrling, später als Leiter der Oberförsterei Born und schließlich als Rentner. Mehrere Male änderte sich das Waldbild dieser Stätte. Ich erinnere mich an die uralten knorrigen Buchen, die dem Grabmal ein einmaliges Gepräge gaben. Das Bild entsprach dem Wunsch v. Raesfelds: es so zu belassen, wie die Natur es geschaffen hat. Leider fielen die herrlichen, knorrigen und alten Buchen den orkanartigen Stürmen 1967/68 zum Opfer. Ich ließ damals verschiedene Tannen pflanzen, um diesem Ort ein besonders würdevolles Aussehen zu verleihen. Inzwischen wurden aus den kleinen Bäumchen hohe Bäume, die auch schon eine Auslichtung überstanden.

Meine Gedanken schweifen in die Kindheit zurück. Ich erinnere mich an mein Elternhaus in Prerow und den langen, vorbeiziehenden Trauerzug von Jägern auf Kutschen und Pferdegespannen. Etliche gingen zu Fuß. Sie alle nahmen Teil an dem Begräbnis inmitten des Darßer Waldes. Der Altmeister des deutschen Waidwerkes, Ferdinand Freiherr v. Raesfeld, wurde zur letzten Ruhe getragen. Er kehrte hierher zurück, an den Ort, an dem er von 1891 bis 1913 als Oberförster wirkte. Er verstarb 1929 74jährig in Marquartstein in Oberbayern und wurde in Prien am Chiemsee beigesetzt. Ein Jahr später erfolgte dann die Überführung. W. Schröter, Mitglied des "Allgemeinen Deutschen Jagdschutzvereins", der persönlich diesem einzigartigen Begräbnis beiwohnte, beschrieb dieses Zeremoniell wie folgt:

„Hier, in den abgeschlossenen, von den Wogen der Ostsee umbrandeten Stellen weltentfernten Waldes, Gründen der Halbinsel Darß, dem nordwestlichsten Teile Pommerns, wollte er seinen letzten Schlaf halten. Der Darß ist wegen seiner einzigartigen Lage, seines reichen Bestandes an Hoch- und Schwarzwild und wegen seiner Forsten weithin bekannt - weit über die Grenzen Pommerns, ja Deutschlands hinaus. Hier, wo noch der Adler seine Schwingen breitet, wo noch die letzten Seeadler horsten, schläft v. Raesfeld, der hischgerechte Jäger, nun seinen letzten Schlaf. Die Fährte des Geweihten zieht hin über sein von dürren Blättern überwehtes Grab. Der ihm im Leben so vertraute gewaltige Schrei des Brunfthirsches im dampfenden Morgennebel dringt zu ihm hinunter in die kühle Gruft. Der starke Keiler bricht ihm den Grabhügel, und die raunenden Wipfel der Bäume geben ihm noch im Tode die schönste Waidmannsmusik.

Unser Frühzug führte uns von Stralsund über das kleine Städtchen Barth und die lange Eisenbahnbrücke auf dem Darß, welche heute vom Festland durch eine undurchdringliche Nebelwand dicht abgeschlossen ist, gleich als ob kein unberufenes Auge hinüberblicken soll. Aus dem strahlenden Frühjahrssonnenschein gehts hinein in die Nebelwand. Nach ca. drei Kilometern ist das breite Nebelmeer bei der Station Zingst überwunden und liegt hinter uns, und strahlender Sonnenschein empfängt uns wieder bei der Einfahrt in den Bahnhof Seebad Prerow. Ein echter Maientag. Vom Bahnhof Prerow gehts zu Fuß auf einsamen Wegen hinein ins weite Revier.

Mitten im Herzen desselben, weitab von jeder menschlichen Wohnstätte, liegt das Grab. Eine mit Tannengrün und Moos ausgepolsterte Gruft hat bereits den Sarg aufgenommen, umschirmt von uralten Buchen und ragenden Tannen. Wir treten an die Gruft und grüßen den toten Waidmann und Meister. Von Waldhörnern dringt aus den Tannen gedämpft der Choral 'Jesus, meine Zuversicht', und die Waldvögel schmettern dazwischen ihre Lieder zu harmonischem Klang. Pastor Karitzki aus Velgast, einem Dorfe unweit Stralsund, selbst Jägerblut in den Adern, gibt mit kurzen Daten aus dem Leben des Heimgegangenen wieder, die bezeugen, daß mit ihm ein selten aufrechter deutscher Mann, ein Waidgerechter dahingegangen ist, mit Worten nicht pastoral, sondern mit echten, rechten Jägerworten, die zu Herzen sprechen. Der Präsident des 'Allgemeinen Deutschen Jagdschutzvereins', Alfons Prinz zu Isenburg, legt nun als erster einen Kranz für den Verein am Grabe nieder und übergibt dieses dem Schutz der pommerschen Jägerei, die ihrerseits wieder durch den Grafen Schwerin-Ducherow die Grabstätte dem Oberförster der Oberförsterei Darß zu Schutze übergibt. Mit kurzen, markigen Worten übernimmt der Oberförster das Grab und gelobt treue Hut.

Nun treten sie alle heran, die dem großen Toten den letzten grünen Bruch ins Grab geben wollen. Zuerst der Herzog Adolf Friedrich von Mecklenburg im Namen der Mecklenburgischen Jäger, insbesondere der Mecklenburgischen

Ortsgruppen des ADJV, sodann viele andere Vertreter der Landesverbände, so aus Brandenburg, Westfalen, Groß-Berlin und andere, drei Vertreter der Deutschen Jagdkorps, des Wernigeroder Jagdkorps - Seniorenkonvents in Band und Mütze - und dann unter den Hörnerklängen des 'Jagd vorbei', dem letzten 'Halali', die Witwe und Schwester des Verstorbenen, und dann alle die anderen der grünen Farbe und der Deutschen Jägerei aus allen Gauen, die von Nah und Fern gewandert kamen und schließlich seine Waldarbeiter und Miteinwohner des Dorfes Born, dem Sitze der Oberförsterei. In stiller Wehmut warf auch ich einen grünen Tannenbruch hinab in die Gruft auf den stillen, schwarzen Sarg. Dann klangen die Hörner: 'Wer hat Dich, Du schöner Wald' und 'Ich schieß den Hirsch'. Und unter den Waldhornklängen fielen die Schollen füllend in die Gruft."

Mein Vater kannte v. Raesfeld persönlich. Er sprach oft von diesem Gebieter, der streng auf Ordnung und Sauberkeit im Walde achtete. Kein Förster durfte sich erlauben, per Kutsche oder auf einem Pferdegespann durch das Revier zu fahren. v. Raesfeld forderte sie auf, zu Fuß zu gehen, denn nur so könne ein Förster in seinem Wald beobachten, was in ihm vorginge. Nur so, meinte er, sehe er kranke Bäume, Tiere, Fährten, Spuren und entdecke, was dort kreucht und fleucht. Vater erzählte oft von den vielen Aufforstungen, die unter v. Raesfelds Regie vorgenommen wurden. Über 2.000 ha ließ er während seiner Amtszeit aufforsten. Die heute 80- bis 100jährigen Bestände auf dem Darß entstammen dieser Zeit. Bekannt aber wurde er weit über die Grenzen Deutschlands hinaus durch seine Jagdbücher, in denen er die einzelnen Wildarten, wie Rot-, Reh- und Schwarzwild des Darßes beschreibt. Es sind Bücher, die Anerkennung gefunden haben und heute noch als wertvolle Nachschlagewerke ihren Nutzen finden. Begeistert hörte ich als Junge zu, wenn Vater von v. Raesfeld sprach. Ich konnte damals noch nicht ahnen, daß ich selbst einmal die Geschicke des Darßer Waldes 30

Jahre lang lenken würde. Ich denke zurück an meine Kindheit, Forstlehre, Kriegserlebnisse, mein Forststudium und mein langes Wirken auf dem Darß. Meine Gedanken versetzen mich zurück in die Vergangenheit.

Ein Loch im Kopf

Aufgewachsen bin ich in Prerow. Der kleine Hof des elterlichen Hauses bot Platz, sich mit anderen Schulkindern treffen zu können, um Fußball zu spielen oder Luftgewehrschießen zu veranstalten. Nicht weit von unserem Haus entfernt lag am Waldrand, idyllisch auf einem Hügel, eine Försterei. Herrlich gestalteten sich für mich immer die Geburtstage der Förstersöhne, zu denen ich oftmals eingeladen wurde. Für uns Kinder wurde eine köstliche Kaffeetafel gedeckt. Der frischgebackene Kuchen mundete uns besonders gut. Draußen durften wir nach Herzenslust umhertollen.

Aber das schönste war, daß die beiden Förstersöhne Jochen und Klaus mich auf den Hausboden mitnahmen und mir Sachen zeigten, die nach Jagd witterten. Ich erblickte Schießscheiben, die Rehböcke und Wildschweine darstellten. In der Nähe lagen Hirschgeweihe. Jochen, der ältere der beiden Kinder, erklärte mir die Bedeutung der einzelnen Enden am Geweih, fing an, sie zu zählen und meinte, das eine wäre ein Sechzehnender und jenes dort ein Vierzehnender. In der Ecke lagen runde Gebilde. Jochen erklärte, das wären Tontauben, die aus einer Wurfmaschine in die Luft geschleudert und von den Jägern beschossen werden. Da zeigte er auch schon auf eine in der Nähe liegende Tontauben-Wurfmaschine. Jochen spannte den Hebel der Maschine und meinte dann: „Geh ein paar Meter beiseite, denn sonst wird dein Bein verletzt“, legte eine Tontaube auf die hierfür vorgesehene Metallauflage und drückte an dem Abzugshebel. Die Taube schnellte gegen das Dachgebälk und zerschellte. Eine Staubwolke hüllte den Dachboden ein. Am liebsten hätte ich den Wunsch ausgesprochen, das Ding draußen auszuprobieren. Ich wurde aber durch Jochen auf das nächste Interessante aufmerksam gemacht. „Dies hier sind Fallen“, sprach er, indem er sich auch schon anschickte, die Bügel einer Falle herunterzudrücken und fängisch zu stellen. Er erklärte mir den Mechanismus und warnte mich, den Fuß auf das Eisen zu setzen. Er holte jetzt eine in der Ecke stehende Latte und stieß mit ihr auf den etwas schräg stehenden Teller der Fangvorrichtung, was ein sofortiges Zusammenschlagen der beiden Bügel und Einklemmen der Latte bewirkte. „Wäre das jetzt ein Fuchs“, meinte Jochen, „wäre er gefangen.“ Das leuchtete mir ein, zumal Jochen sich anstrengen mußte, die Latte aus dem Eisen zu befreien. Mit großem Interesse und Staunen sah ich eine Kiste mit vielen leeren Schrotpatronenhülsen stehen. Ich nahm eine heraus und steckte die Nase hinein. Es roch nach Pulver. Ich wünschte mir, schon groß zu sein und auf die Jagd gehen zu dürfen.

Als wir wieder ins Wohnzimmer gingen, saßen die älteren Geburtstagsgäste schon gemütlich beisammen. Nachdem ich vor allen Gästen meinen von den Eltern beigebrachten “Diener”, den Kopf nach unten senkend, vollführte und „Guten Tag” sagte, durfte ich mir die Geschenke auf dem Geburtstagstisch anschauen. Viele schöne, ein Kinderherz erfreuende Sachen lagen auf dem Gabentisch. Ich erblickte Schokolade, Bonbons, Strümpfe, Hemden und das schönste für mich, ein Gewehr. So einen reichlich gedeckten Gabentisch kannte ich von zu Hause nicht. Klaus, als Geburtstagskind, erklärte mir die Handhabung des Gewehres. Er nahm einen mit einem Gummipfropfen versehenen Holzpfeil und schob diesen von vorne in den Lauf, so weit, bis die Feder gespannt war. Er schoß jetzt auf eine von seinem Großvater an die Wand gehängte Scheibe. „Eine 10!“ rief er freudig und riß den an der Schießscheibe festgesaugten Pfeil ab.

„Schieß du auch mal“, forderte er mich nun auf. Ich preßte den Pfeil vorsichtig in den Lauf, stellte mich hin und wollte schießen, als der Großvater, ein bereits pensionierter Förster, auf mich zukam und sagte: „Junge, du mußt dich anders hinstellen. So schießt man nicht. Der Körper wird etwas nach vorne geneigt und der rechte Arm angewinkelt. Die Füße stehen parallel etwas nach rechts gerichtet. Das Gewehr wird gut in die Schulter eingezogen und die Wange fest an den Gewehrschaft gedrückt.“ Mit diesen Worten stellte er sich vor mich hin und führte es praktisch vor, mich auffordernd, es ihm nachzumachen. Ich strengte mich an, ihm keinen Anlaß zu einer neuen Kritik zu geben. „Jawohl“, lobte der alte Förster, „so ist es richtig.“ Ich zielte, Kimme und Korn in Übereinstimmung bringend, drückte ab und schoß eine “11“. „Bravo!“ riefen alle. „Du wirst einmal ein guter Schütze werden“, munterte der Vater von Jochen und Klaus mich auf. „Eines müßt ihr Kinder, euch noch merken“, ergänzte jetzt der Großvater: „Die Laufmündung darf niemals auf einen Menschen gerichtet sein. Eine geladene Waffe ist sehr gefährlich. Fliegt die Kugel hinaus, ist sie nicht mehr aufzuhalten.“ Wie recht hatte er mit diesem Lehrsatz! Viele Jagdunfälle sind schon deswegen passiert, weil die Waffe unvorschriftsmäßig gehalten oder getragen wurde. Unzählige könnte die Geschichte der Jagd aufzählen. Die Worte des alten Försters habe ich nie vergessen.

Nach der Kaffeetafel stürmten wir Kinder nach draußen. Jochen schlug vor, in den Garten zu gehen. „Jeder darf sich einen Apfel nehmen, und du, Waldemar“, betonte er, indem er mir zunickte, „bekommst zwei, denn ihr habt ja keine Äpfel zu Hause.“ Ich stimmte kopfnickend zu, obgleich ich wußte, daß es den beiden Förstersöhnen untersagt war, mit anderen Kindern ohne Erlaubnis der Eltern in den Garten zu gehen. Wir schlichen uns jetzt an das äußerste Ende des Gartenzaunes und überkletterten ihn behende. Meine Augen weideten sich an dem herrlichen Obst. Die prächtigen Äpfel schillerten in der Sonne und drüben die vielen Birnen und daneben die dunkelblauen Pflaumen. Mir lief das Wasser im Munde zusammen. Meine Augen wurden immer größer. So viel Obst in einem Garten sah ich noch nie. Wir besaßen zu Hause nur einen Obstbaum, und zwar einen Pflaumenbaum, der aber trug noch nie Früchte. Hier dagegen konnte man sich an Obst satt essen, womit wir auch alsbald begannen. Nachdem nun jeder seinen ersten Apfel schmatzend verspeiste, durfte ich den zweiten Apfel in der Tasche verschwinden lassen. Jetzt ging Jochen auf die Pflaumenbäume zu. Wir liefen hinterher. Schon hielt er eine große dunkelblaue Pflaume in der Hand. Er streckte sie mir entgegen und rief begeistert: „Nimm auch eine, die schmecken." Das ließ ich mir natürlich nicht zweimal sagen. Blitzschnell landete eine von diesen Dingern in meinem Mund, um auch schon die Finger gierig nach der nächsten saftigen Pflaume auszustrecken. Nachdem wir alle Fruchtarten ausgiebig genossen und jetzt stramme Bäuche verspürten, schlichen wir nach der uns bereits vertrauten Einstiegstelle zurück und überquerten den Zaun.

Es machte mir aber plötzlich Mühe, die Hürde sportlich zu übersteigen, denn in meinem Magen rumorte es fürchterlich. Durch das Gegenstemmen der rechten Hand an meinem Hintern gelang es mir, noch bis zum nächsten in der Nähe stehenden Holunderstrauch zu eilen. Schnell zerrte ich die Hose runter, hockte mich hin und ließ meinem Hintern freien Lauf. Es knallte, paffte, zischte unter mir, als wäre ein Vulkan ausgebrochen. Klaus rief indessen: „Komm endlich, wir müssen nach Hause gehen, hörst du nicht das Blasen?" Ich glaubte zunächst, er habe eines der von mir verursachten Geräusche vernommen. Aber nein, jetzt hörte auch ich ein Jagdsignal von der Försterei herüberschallen, was das sofortige Nachhausekommen für die Förstersöhne bedeuten sollte. Ich verspürte indes eine spürbare Erleichterung in der Magengegend, nachdem sich der Hintern noch zweimal mit fauchenden Geräuschen meldete.

Ich lief schnell den nach Hause eilenden Freunden hinterher. Dort ermahnte der Förster seine beiden Jungen, auf dem Hof zu spielen und ja nicht sonstwo hinzulaufen. Wir beschäftigten uns jetzt hinter der Försterei mit der Anfertigung von Flitzbögen, um dann mit Pfeil und Bogen auf Indianerpfaden schleichen zu können. Plötzlich kamen zwei Holzknüppel geflogen, die neben uns einschlugen. Hinter dem Hügel sahen wir die Köpfe von drei Jungen herüberlugen, und schon sausten die nächsten Stöcke heran. Dieses war nun doch zuviel. Wenn diese drei uns auch körperlich überlegen schienen, wollten wir uns doch dieser Dreistigkeit erwehren. Wir nahmen sofort hinter dem in der Nähe stehenden Holzschuppen Deckung, suchten uns die Knüppel wieder und warfen sie zu den jetzt sich offen zeigenden Störenfrieden, die allerdings die Würfe gut parierten, indem sie hüpfend zur Seite sprangen. Schon kamen die von uns geworfenen Knüppel quasi als Bumerang zu uns zurück. Werfen, zur Seite springen, Knüppel aufsuchen, wieder angreifen und wieder ausweichen, wechselten minutenlang unser Tun und Treiben ab. Jetzt gelang es mir, auf den linken Burschen werfend, diesem ans Schienbein zu treffen, so daß der laut aufbrüllte und wie ein Rumpelstilzchen von einem Bein aufs andere hüpfte. Er rief wutschnaubend: „Das hast du nicht umsonst getan!“ Schon sahen wir ihn sich nach einem Stück Holz bücken, das dann auch auf mich zuflog. Ich konnte diesem Wurf nicht schnell genug ausweichen, so daß das kantige Stück Holz meinen Kopf traf. Ich brach blutüberströmt zusammen, während der Übeltäter und seine Kumpane, mich liegen und bluten sehend, das Weite suchten.

Jochen kam sofort angerannt und half mir beim Aufstehen. Ich hielt meine Hand auf den Kopf, um das starke Bluten aufzuhalten. Klaus machte den Vorschlag, in die Waschküche zu laufen, um dort die Wunde auszuspülen. Ich mußte mich nun unter die Schwengelpumpe bückend stellen, während Jochen pumpte. Der auf meinen Kopf herunterprasselnde Wasserstrahl bewirkte zwar eine angenehme Kühlung meines heißen Kopfes, aber auch ein verstärktes Bluten der Wunde. Die sich unter meinen Füßen bildende Wasserlache färbte sich rot, so daß ich es mit der Angst zu tun bekam. „Laß sein", rief ich bittend zu Jochen, „mir läuft ja das ganze Blut aus dem Kopf!" Jochen hörte mit dem Pumpen sofort auf. Da er merkte, daß ich nach einem Taschentuch suchte und es nicht fand, nahm er seins und gab es mir. Ich, hastig danach greifend, preßte es auf den Kopf. Dann verabschiedete ich mich schnell und lief quer über die Dünen, dadurch Weg einsparend, nach Hause. Unsere Mutter, mich mit blutverschmiertem Kopf sehend, erblaßte schlagartig und rief: „Gott, oh Gott, was hast du Junge nun schon wieder angestellt?" Sie holte ein weißes Tuch, legte es auf meinen Kopf, befestigte es mit Pflaster und wusch mein blutverschmiertes Gesicht ab. Sie rannte anschließend ins Dorf, um ärztliche Hilfe zu holen.

Nach einer geraumen Zeit, ich mußte solange auf einem Stuhl stillsitzen, kam sie, begleitet von einer Krankenschwester, zurück. Diese kramte in ihrer Tasche umher, holte ein Rasiermesser hervor und fing an, sämtliche Haare rings um die Wunde abzurasieren, so daß mein Haarschnitt einer Glatze ähnelte. Nur gut, daß meine Geschwister Jenny und Gisela nicht zu Hause waren. Das Gespött hätte meine Lage noch verschlimmert. Nachdem die Krankenschwester ihr Werk nochmals überprüfte, ob auch wirklich alle Haare in der Nähe der Wunde entfernt seien, wusch sie die Wunde mit einem scharf riechenden, für mich undefinierbaren Zeug aus. Ich ließ mir nichts anmerken, obgleich mir Tränen in den Augen standen, die ich aber durch schnelles Zwinkern nicht zum Vorschein kommen ließ. Zum Schluß, ich glaubte nicht richtig zu sehen, holte die Weißbeschürzte eine große Mullbinde aus ihrer Sanitätstasche hervor und wickelte sie mir um den Kopf, so daß es einem Turban glich. Für mich hatte dieser Verband am nächsten Tag in der Schule einerseits den Nachteil, daß dieser ungewöhnliche Kopfschmuck bei den Schulkindern Aufsehen, besonders Neugierde, hervorrief und ich wiederholt nach dem Grund meiner Maskierung befragt wurde, andererseits den Vorteil, daß niemand ahnte, daß darunter sich eine Glatze verbarg, und ich keinem unnötigen Spott ausgesetzt war.

Die unterirdische Höhle

Wieder einmal traf ich mich mit den Försterkindern. Jochen hatte den Einfall, eine unterirdische Höhle mit uns zu bauen. Er fragte, was wir dazu meinten. „Aus welchem Material wollen wir sie denn bauen?“ wollte ich wissen. „In dem Holzstall liegen Bretter und Balken“, meinte Jochen. Klaus nickte ihm verständnisvoll zu. Ihr Vorschlag fand auch meine Zustimmung. Eine unterirdische Höhle war für meine Vorstellungen etwas Romantisches. So etwas zu bauen, entsprach schon lange meinem Wunsch. Zu Haus besaßen wir keine Bretter. Jenny und ich, wobei auch unsere ältere Schwester Gisela mithalf, nahmen uns heimlich Bettlaken mit nach draußen und bauten uns daraus ein Zelt. Gisela erhielt dafür von unserer Mutter eine Ohrfeige, als sie die schönen Laken in Gestalt eines Zeltes entdeckte. Wir anderen nahmen schnell Reißaus, als wir die Gefahr auf uns zukommen sahen, und ließen uns bis zum Abend nicht wieder blicken. Im Beisein von unserem Vater, der uns nie schlug, gab es dann abends nur noch Schelte.

Aber jetzt eine richtige unterirdische Höhle zu bauen, das ließ in mir neue Pläne reifen. Schon kam Jochen mit einem Handwagen angefahren. Klaus, der Blondschopf, riß inzwischen die Holzstalltür sperrangelweit auf. Ja, da lagen herrliche Balken und Bretter, kurze und lange. „Und eure Eltern“, fragte ich sicherheitshalber, an den Zirkus mit den Bettlaken denkend, „erlauben sie es?“ „Die sind mit dem Fahrrad weggefahren“, meinte Klaus. Jochen nickte beipflichtend mit dem Kopf. Ich wunderte mich auch schon, daß Klaus den Plan seines Bruders so schnell unterstützte. „Nun faßt mit an!“ forderte Jochen uns auf, indem er ein langes Brett vom Holzstapel zog und damit aus dem Holzstall verschwand. Wir folgten ihm mit den nächsten Brettern. „Jetzt brauchen wir auch noch ein paar Balken“, meinte Jochen, die Fuhre überprüfend. Unser Wagen füllte sich allmählich. Klaus schleppte indes einen Spaten heran, der aber seine Körpergröße übertraf, so daß er vorschlug, doch lieber eine Schaufel, die sie am Strand zum Burgenbau benötigten, mitzunehmen. Auch sie kam mit auf den Wagen.

Klaus schlug nun freudig vor: „Wir werden ‘Pferd und Wagen’ spielen.“ Das Spiel kannte ich. Oft spielte ich es schon mit Jenny und Gisela, nur daß ich meistens den Kutscher imitierte und die Mädels die Pferde sein mußten. Nur wenn Gisela ‘schlapp machte’, das geschah meistens nach zehn Hofumrundungen, mußte ich wohl oder übel erlauben, daß sie, einem dämpfigen Pferd gleichend, sich in den Wagen plumpsen ließ. Jenny und ich zogen ruckartig an, so daß sie dann bald ängstlich ausrief: „Nicht so schnell!“ Aber aus lauter Schabernack fuhren wir dann meistens noch schneller, bis der Wagen umkippte und das Spiel damit ein Ende fand. Heute ahnte ich sofort, wer die Pferde spielen würde. So kam es dann auch. Klaus zurrte schon an einem langen Band, das er mir am rechten und bei Jochen am linken Arm befestigte. Er gab uns zu verstehen, die Deichsel anzupacken, ich rechts, Jochen links, während er auf die Ladung kletterte und es sich bequem machte, indem er die beiden Beine baumeln ließ und nach Kutscherart „Hü!“ ausrief. Wir zogen an, und die Fuhre setzte sich in Bewegung. Nachdem wir den Hof überquert hatten, rief plötzlich uns eine Stimme hinterher: „Wo wollt ihr damit hin?“ Unser Kutscher antwortete: „Wir kommen bald wieder. Wir spielen nur ‘Pferd und Wagen’.“ „Na wartet, das werde ich dem Herrn Revierförster melden“, sagte das Dienstmädchen des Försters noch.

Wir Pferde legten uns jetzt noch kräftiger ins Geschirr, um den Blicken dieses Störenfriedes schnell zu entkommen. Wir steuerten nun dem Weg zu, der zu einer mitten im Altholz liegenden Sandkuppe führte. Am Ziel ankommend, rief der Kutscher „Brrrr!“, und die Pferde hielten schnaufend an. Die letzten hundert Meter wurden uns ganz schön sauer, zumal die Räder immer mehr in den weichen Sand eindrangen. Nachdem wir uns von dem Zaumzeug befreiten, erläuterte uns Jochen, wie er sich das Bauen der Höhle vorstellte. „Wir werden ein tiefes Loch in diesen Dünenhügel buddeln", meinte er, „und werden die Balken drüberlegen und sie anschließend mit Brettern zupacken. Das ganze wird dann mit Sand überschüttet." „Und die Tür?" fragte ich neugierig. „Da müssen wir uns an der Hügelseite durchgraben, um dann in die Höhle hineinkriechen zu können", lautete Jochens sachkundige Antwort. Er erfaßte die Schaufel und begann mit dem Werk. Mühselig gelang es uns, indem wir uns beim Schaufeln abwechselten, in die Erde vorzustoßen.

Wir wollten uns gerade eine Verschnaufpause gönnen, als sich Schritte näherten. Und zwar die des Försters, der schnurstracks, immer unserer Wagenspur folgend, angerannt kam. „Was macht ihr Bengels da?" rief er zornig. „Wollt ihr meine schönen Bretter versauen? Wißt ihr auch, daß es ganz gefährlich ist, unterirdische Höhlen zu bauen? Sie können leicht einstürzen und Kinder begraben", fügte er hinzu, um seinen Worten genügenden Nachdruck zu verleihen. Jochen vertrat eine andere Meinung. Er versuchte, seinem Vater klarzumachen, wie er sich seine Höhle vorstellte. Der aber winkte ab, beharrte auf seinem Standpunkt und gab im energischen Ton zu verstehen, daß wir sofort die Arbeiten abzubrechen und das Material unverzüglich dort wieder hinzubringen hätten, wo wir es wegholten. Ja, er bestand sogar darauf, daß wir auch das Loch wieder zuschippten, damit sich niemand die Füße brechen konnte, wenn jemand in der Dunkelheit die Stelle betrat. Ich konnte mir allerdings nicht vorstellen, wer hier in der Nacht umherstreifen könnte, wagte aber nicht, diesen Gedanken laut auszusprechen. Uns blieb also nichts anderes übrig, als seinen Anweisungen Folge zu leisten, besonders schon deswegen, weil er sich anschickte, die Hand verdächtig zu heben, als Jochen erneut widersprechen und ihn von der Qualität unseres Bauwerks überzeugen wollte. „In dreißig Minuten seid ihr mir zu Hause!“ Mit diesen schroffen Worten, sie noch durch den erhobenen ausgestreckten Zeigefinger bekräftigend, verschwand der Grünrock.

Wir schauten uns wie begossene Pudel an. „Uns hat bestimmt die Elli (das Dienstmädchen) verraten“, meinte Jochen. „Wir bauen uns morgen eine andere Höhle, und zwar aus Farnkraut“, tröstete er uns. „Ich weiß eine Stelle im Wald, da findet uns niemand.“ Nachdem das Loch wieder einigermaßen zugeschüttet war, die Bretter, Bohlen und Schaufeln wieder auf dem Wagen lagen, zogen wir enttäuscht in Richtung Försterei, wobei Klaus dieses Mal mitschieben mußte und keinen Kutscher spielen durfte. Jochen wollte es so. An die mahnenden Worte des Vaters denkend, spornte er uns an, ein schnelleres Tempo anzuschlagen.

Die erste Zigarette

Am nächsten Nachmittag zog es mich wieder zur Försterei. Ich holte mir vorher die Erlaubnis, dorthin zum Spielen zu gehen. Auch Jenny, meine jüngere Schwester, bettelte die Mutter solange an, bis auch sie mitdurfte. Ich erzählte Jenny von dem Plan, uns eine Höhle aus Farnkraut zu bauen. Wir machten uns nun gemeinsam auf die Strümpfe und liefen schnurstracks zur Försterei. Jochen und Klaus empfingen uns freudig. „Ich habe Jenny mitgebracht“, sagte ich, das Gespräch eröffnend. „Sie kann uns gut beim Farnkrauttragen helfen.“ Die anderen beiden nickten zustimmend. Jetzt ergriff Jochen die Initiative und lief mit uns in ein in der Nähe liegendes Erlenbruch, das zur Sommerzeit vollkommen trocken war. Jochen wies auf einige trockene und morsche Erlen hin und meinte überzeugt, daß wir sie mit einem Stoß zum Umfallen bringen können. „Kommt, laßt uns anfangen!“ rief er uns aufmunternd zu und lief auch schon los, eine Erle dabei anvisierend. Wir rannten mit. Ich lief hinter Jochen, dann kam Klaus und als letzte Jenny. Jochen streckte schon von weitem beide Arme nach vorne aus und versetzte der von ihm ausgesuchten Erle einen Stoß, der noch durch uns verstärkt wurde, indem jeder jeden nach vorne schubste. Klaus schrie im selben Moment auf, denn Jenny rammte ihm statt der Arme ihren gesenkten Kopf in den Rücken, um dadurch mehr Wirkung zu erzielen, was ihr auch, allerdings in einer von Klaus nicht gewünschten Weise, gelang. Die Erle brach mit lautem Getöse nach vorne und riß uns allesamt mit zu Boden. Nachdem Jenny und ich uns laut lachend vom Erdboden erhoben hatten, meinte Klaus, der noch am Boden lag und sich den Rücken scheuerte: „So geht das nicht. Wir werden nur zu zweit die Erlen umstoßen.“ Der Vorschlag leuchtete uns ein, zumal wir dann auch mehr schafften. Unter vielem Gelächter brachten wir dann Baum für Baum zu Fall, indem wir uns besonders die morschen Erlen aussuchten. Bei jedem Aufprall einer Erle stimmten wir ein Indianergeheul an und klatschten vor Freude in die Hände. „So, jetzt haben wir genug!“ rief Jochen plötzlich aus. „Es liegen nun zwanzig Stück, die reichen.“

Jetzt begann für uns die schwerere Arbeit, nämlich die Bäume an die Stelle zu schleppen, an der die Höhle gebaut werden sollte. Jochen suchte bereits einen Ort aus und markierte ihn mit einem Stock. Nach, einer kurzen Verschnaufpause gingen wir zu Werke. Die von uns getragenen Hölzer legten wir schräg gegen den von Jochen ausgewählten Baum, so daß ein annähernd rundes Gerüst entstand. „Das hätten wir“, meinte Jochen, unser Bauwerk zufrieden betrachtend. „Jetzt geht es weiter“, sprach er und zückte auch schon ein Taschenmesser und eilte in den angrenzenden Kiefernbestand. Er rief: „Kommt her und helft!“ Wir rannten ins Farnkrautdickicht, die Richtung einschlagend, aus der Jochens Stimme zu hören war. Er forderte uns auf, das von ihm inzwischen schon abgeschnittene Farnkraut zur Höhle zu tragen. Jeder klemmte sich ein Bündel davon unter den Arm und schleppte es, mühsam einen Weg durch das Farnkraut bahnend, zum Bestimmungsort. Dieser Arbeitsgang wiederholte sich so lange, bis Jochen ausrief: „Schluß, wir haben genug!“ Jenny, als kleinste von uns, schleppte tapfer mit. Wenn sie Müdigkeit zeigte, brachte ich sie durch Grimassenschneiden immer wieder zum Lachen und spornte sie damit erneut zum Arbeiten an. Die nächste Arbeit bestand darin, die Wände der Höhle mit Farnkraut abzudichten. Jenny dirigierte von innen, so daß unter ihrer Anleitung alle noch vorhandenen Ritzen zugestopft wurden und somit auch der letzte Lichtspalt verschwand.

An der Hinterseite ließen wir absichtlich eine Öffnung, denn sie sollte als Tür dienen. Hierfür nahmen wir einen alten Kartoffelsack, den Klaus inzwischen von zu Hause holte, und banden ihn oben an der Höhle mit Bindfäden fest. Damit wir uns nicht auf die nackte Erde zu setzen brauchten, packten wir das übriggebliebene Farnkraut auf den Erdboden. Zufrieden krochen wir jetzt gemeinsam in die Höhle. Jeder suchte sich eine Ecke aus. Jochen ließ, als letzter hineinkriechend, den als Tür dienenden Kartoffelsack herunterfallen. Im Nu saßen wir alle in einem finsteren Loch. Niemand konnte den anderen erkennen. „Wir benötigen Talglichter", meinte Jochen. Dabei lüftete er den Sack etwas, so daß ein kleiner Lichtstrahl hereinfiel und unsere Gesichter einigermaßen zu erkennen waren. „Ich werde welche holen", bot er sich an. Und schon kroch er durch die Sacktür und verschwand. Jenny fühlte sich in der Dunkelheit anscheinend nicht wohl, denn sie nestelte so lange am Kartoffelsack, bis es ihr gelang, doch wenigstens einen kleinen Lichtschein ins Innere unserer Behausung eindringen zu lassen. Mich noch neben ihr sitzen sehend, beruhigte sie anscheinend, denn sie gab mir einen Knuff in die Seite und meinte lachend: „So kann man alles besser erkennen." Obgleich Jenny stets bei allen Spielen Mut zeigte und keine Angst kannte, mochte sie die Dunkelheit nicht. Nach einer geraumen Zeit, ich hielt zwischenzeitlich Klaus und Jenny durch Albernheiten, Faxen und Grimassen bei guter Laune, tauchte Jochen wieder auf, zwei Talglichter triumphierend in der Hand haltend, kramte in der Tasche umher, holte Streichhölzer hervor und zündete die Kerzen an, die er und ich jetzt krampfhaft in der Hand hielten. Jetzt umfing uns eine romantische Atmosphäre. Die Flammen züngelten mal nach links, mal nach rechts. Plötzlich fiel Jochen ein: „Jetzt werden wir nach Indianerart die Friedenspfeife rauchen." „Sag bloß", fragte ich, „du hast auch eine richtige Pfeife mitgebracht?"

„Nein", antwortete er mit schelmischem Blick, „dafür aber Zigaretten." Jenny fand das anscheinend amüsant. Neugierig beugte sie sich zu dem in der Hosentasche kramenden Jochen hinüber und fragte jetzt auf die zum Vorschein kommende Zigarettenschachtel zeigend: „Ich darf doch auch mal rauchen?“ „Wir rauchen alle!“ antwortete ich schnell. „So machen es die Indianer auch“, fügte ich noch hinzu, wobei ich mich an Indianererzählungen erinnerte. Schon riß Jochen ein Streichholz an und hielt die Flamme an die in seinen Mund geschobene Zigarette Marke “Juno”. Er sog dabei die Lippen ein, um den Rauch zu inhalieren. Es bestand kein Zweifel, daß er so etwas zum ersten Mal anstellte, denn es dauerte ziemlich lange. Er nahm immer wieder die Zigarette aus dem Mund, bis er als Beweis des richtigen Rauchens Qualm aus dem Munde blies. Nachdem er mehrmals laut hüstelnd drei- bis viermal den Akt des Saugens und Pustens vollbracht hatte, reichte er mir die Zigarette mit den Worten rüber: „Komm, weißer Bruder - auf ewige Freundschaft!“ Auch für mich stellte das Rauchen Neuland dar. Ich sah unserem Vater, der insbesondere Zigarren rauchte, schon oft dabei zu, aber noch nie wagte ich mich, es selbst auszuprobieren, zumal er mich erst kürzlich erneut darauf aufmerksam machte, daß Kinder vom Rauchen sehr krank würden. Um mir noch größeren Respekt vor seinen Zigarren einzuflößen, blies er mir dann noch Rauch ins Gesicht, so daß ich tränenden Auges “die Kurve kratzte“. Aber sollte ich jetzt den anderen davon erzählen? „Sie werden dich zum Feigling erklären“, durchfuhr es mich. Ich nahm also selbstbewußt die mir hingehaltene Zigarette, schob sie mir zwischen Zeige- und Mittelfinger, denn das guckte ich mir so vom Vater ab, und führte sie zaghaft zum Munde. Alle schauten auf mich, ob ich dieses von Jochen fertiggebrachte Meisterstück, nämlich Qualm aus dem Mund auszustoßen, auch vollbringen würde. Aber sagte Vater nicht: „Kinder werden vom Rauchen krank?“ Es regten sich zwei Stimmen in meiner Seele, die eine: „Tu es nicht!“, die andere: „Tu es doch, sonst bist du ein Feigling!“ Die zweite Stimme siegte. Ich wollte kein Feigling sein, sondern Mut beweisen, zumal Jochens Worte: „Nun mach doch schon, die anderen wollen auch!“, mich zur Entscheidung drängten. Nur jetzt nicht blamieren - kam mir in den Sinn, bevor ich zur Tat schritt. Und schon fing ich an, dermaßen ungewollt an der Zigarette zu saugen, daß es den Anschein besaß, ich wolle sie verschlucken. Das kräftige Saugen bewirkte ein urplötzliches Stechen in der Lunge, so als hätte mich jemand mit dem Messer dort gestochen. Während ich die Augen verdrehte, die Luft dabei aus dem Mund und aus der Nase pustete, hörte ich Jenny aufgeregt rufen: „Mensch, Waldemar, bei dir kam eben sogar Rauch aus der Nase! Du machst das besser als Jochen!“ Ich winkte ab, erwiderte nichts, verriet auch nicht, was ich dabei in der Brust verspürte. Ich dachte nur: „Oh, was für ein scheußliches Spiel!“ Nachdem Klaus jetzt an die Reihe kam und der Zigarette recht und schlecht Rauch entzog und Qualm mit seinem kleinen Mund in die Luft pustete, blieb jetzt nur noch Jenny übrig, ihren Mut unter Beweis zu stellen. Sie nahm das qualmende Etwas, denn die ‘Friedenspfeife’ sah schon sehr zerdrückt aus, zwischen Daumen und Zeigefinger. Da wir alle gespannt zu ihr hinschauten, wagte auch sie keinen Rückzieher zu machen. Und schon sahen wir die zerfranste Zigarette in ihrem Mund. Dann setzte auch schon ein Prusten, Fauchen und Husten ein, was ihr unser höllisches Lachen einbrachte. Als wir ihr dann noch Beifall zollten, schnellte sie in die Höhe und verschwand dabei, die Sacktür zur Seite reißend, aus unserer Behausung. Draußen hörten wir ein Geräusch, das auf das Vonsichgeben von Speiseresten schließen ließ. Das bestätigte sich, als ich neugierig den Kartoffelsack etwas beiseite schob, herauslugte und die Schwester in gebückter Haltung sah, wie sie versuchte, sich Erleichterung durch die Entleerung des Magens zu verschaffen. Nachdem wir, auch Jenny, allerdings mit glasigen Augen, alle wieder in der Runde saßen, äußerte niemand mehr sein Verlangen nach der Friedenspfeife. Jochen drückte den Zigarettenstummel an der Schuhsohle aus und meinte, indem er sich von einem noch im Mund befindlichen Tabaksfussel befreite: „Wißt ihr, die Höhle ist jetzt eingeweiht. Morgen werden wir weiter ‘Indianer’ spielen.“ „Aber nicht wieder rauchen!“ rief Jenny bittend aus.

Die mißglückte Schlittenfahrt

Es nahte das Weihnachtsfest. Wir Kinder freuten uns schon Wochen vorher, wenn wir auch nur bescheidene Wünsche anmelden durften, da sonst das Geld der Eltern nicht gereicht hätte. Unser Vater wurde aufgrund einer vom ersten Weltkrieg heimgebrachten Gasvergiftung Invalidenrentner. Die kärgliche Rente reichte kaum für den Unterhalt unserer fünfköpfigen Familie. Für mich war es ein schönes Erlebnis, den Vater beim Aussuchen eines Weihnachtsbaumes begleiten zu dürfen. Vater lehrte mich, nicht jede beliebige Fichte zu fällen. „Nur dort", so meinte er, „wo sie sehr dicht stehen, darf eine dazwischen herausgenommen werden, denn sonst", so erklärte er mir, „würde ein lückiger Wald aufwachsen." Das leuchtete mir ein. Ich half mit, eine entsprechende Fichte zu finden, die meiner Meinung nach zu dicht stand, aber trotzdem einen guten Wuchs mit vielen gleichmäßig gewachsenen Zweigen aufwies. Der Vater nickte, schlug sie mit zwei kräftigen Axthieben ab, richtete sie noch einmal auf, betrachtete sie musternd von allen Seiten und meinte: „Du hast einen feinen Weihnachtsbaum ausgesucht." Mit Stolz erfüllt, den richtigen Baum gewählt zu haben, lief ich, immer wieder die vom Vater unter dem Arm getragene Fichte anschauend, nebenher.

Zu Hause angelangt, stellte er den Baum in einen gußeisernen Ständer, drehte die an den Seiten befindlichen Schrauben so lange, bis der Weihnachtsbaum senkrecht stand. Jetzt ging es ans Aufschmücken. An dieser Arbeit durften wir Kinder uns unter der Anleitung der Eltern beteiligen. Bald zierten bunte Kugeln, Lametta, Engelshaar und Watte, den Schnee imitierend, unseren Baum. Gisela, meine ältere Schwester, interessierte sich besonders für die in der Tüte liegenden Süßigkeiten, die sie vornehmlich an den Zweigen befestigte. Ich paßte auf, daß keiner dieser Zuckersterne und Lebkuchen in ihren Mund wanderte. Jetzt schmückte der

Vater das obere Ende des schon sehr hübsch aussehenden Christbaumes mit einer wattierten Kugelspitze, während unsere Mutter zwölf Lichter, für jeden Monat eine Kerze, wie sie erklärte, anbrachte.

Am Heiligabend saßen wir Kinder im Zimmer, alle festlich gekleidet, und warteten spannend auf den auf altem Brauch beruhenden Ausruf: "Julklapp", der für uns bedeutete: Jetzt hat jemand (in den meisten Fällen unser Vater) Geschenke durch die geöffnete Küchentür geworfen. Wir Kinder stürmten hinaus und sahen Päckchen und Pakete an der Erde liegen. Die Mutter paßte auf, daß jeder das richtige Geschenk bekam, um jeglichen Streit von vornherein zu unterbinden. Gespannt wurden die Geschenke von der äußeren Papierhülle befreit, wobei ich, vor Freude jubelnd, ein Luftgewehr in der Hand hielt. Es handelte sich um einen Vorderlader, erklärte Vater. Ich drehte die Schraube an der Laufmündung ab und holte einen daran befestigten Einstecklauf heraus. Hierzu paßten Diabolokugeln, kleine, eierbecherförmige Bleikugeln, und auch mit Haarbüscheln versehene Bolzen. Beides lag mit im Paket. Ich umarmte Vater und Mutter und bedankte mich herzlich und dachte nur: „Heute ist das schönste Weihnachtsfest!“ Ich wickelte dann noch ein für mich bestimmtes Päckchen aus, versteckte es sofort, um es aus dem Blickfeld der anderen zu bergen. Ich bekam nämlich die schon lange gewünschten Sachen für einige Zaubertricks geschenkt. Spielend saßen wir Kinder um den im Lichterglanz leuchtenden Weihnachtsbaum, der das dunkle Zimmer in ein strahlend helles verwandelte.

Wir schauten immer wieder in die flackernden Kerzenflammen. Jeder suchte sich ein bestimmtes Licht aus, in der Hoffnung, seins brenne am längsten, um als Sieger in den Genuß einer Süßigkeit, die er sich vom Baum nehmen durfte, zu kommen. Ich stellte schon am vorjährigen Weihnachtsfest fest, daß nur ein sorgfältig senkrecht aufgestecktes Licht die Chance besitzt, am längsten zu brennen, da bei den anderen die Brenndauer durch das herabträufelnde Stearin verkürzt wurde. So gewann ich auch in diesem Jahr auf Anhieb, nahm mir einen Zuckerstern und packte ihn, was Gisela nicht ganz recht war, in eine Schachtel, um ihn versteckt aufzubewahren. Ich konnte Süßigkeiten wochenlang aufheben, während meine Schwestern solche Dinge sofort im Magen verschwinden ließen. Zu unserer Ehre sei aber erwähnt, daß wir Kinder zum Aufteilen von Schokolade, Bonbons und anderen Sachen durch die Eltern frühzeitig erzogen wurden und es auch gerne taten. Am nächsten Tag probierte ich das Gewehr aus. Das Laden der Waffe erwies sich als etwas umständlich, dafür schoß sie aber genau. Ich trainierte fast täglich. Jenny schloß sich an und brachte es auch bald zu einer treffsicheren Schützin. Wir schossen beide um die Wette. Ich träumte davon, später einmal Förster zu werden.

Gleich nach Weihnachten zog es mich wieder zur Försterei zu meinen Freunden Jochen und Klaus. Alles lag verschneit. Der herrliche Schnee lockte zum Schlittenfahren. „Den Schlitten dafür erhielt Klaus sicher zu Weihnachten", dachte ich mir. So war es auch. Klaus zeigte mir freudig das neue Geschenk vom Weihnachtsmann. Wir begaben uns zu dem in der Nähe der Försterei liegenden Berg und fuhren, mal zu zweit, mal alleine, den Berg hinunter. Da in der Talsohle Kiefern standen, mußte man aufpassen und diesen gut ausweichen. Nach einer geraumen Zeit glaubte ich, die Schlittenfahrt einmal liegenderweise ausprobieren zu müssen. Klaus übergab mir den Schlitten, ich legte mich darauf und sauste den Berg hinunter. Da ich in dieser Fahrweise noch gar keine Übung besaß, gelang es mir nicht, mein Fahrzeug schnell genug mit den ausgestreckten Beinen in die notwendige Fahrtrichtung zu steuern. Da passierte es schon. Der Anprall gegen eine dicke Kiefer hatte zur Folge, daß der Schlitten einen Satz in die entgegengesetzte Richtung machte und ich einen gewaltigen Stoß gegen das Bein erhielt. Eine schmale Leiste der Schlittensitzfläche bohrte sich ins Fleisch des linken Oberschenkels. Ich stand auf und hielt mich taumelnd am Baum fest. Jochen und Klaus kamen gelaufen. „Ist dir was passiert?“ fragte Klaus aufgeregt. Da ich einen Schmerz im Oberschenkel verspürte, langte ich in die Hosentasche und merkte, daß sowohl diese als auch die Unterhose aufgerissen waren. Den Zeigefinger durch die Löcher steckend, tastete ich mich vorsichtig an die schmerzende Stelle heran. Ich fühlte ein tiefes Loch. Aus der klaffenden Wunde sickerte Blut in die Unterhose. Da ich nicht mehr in der Lage war, das lädierte Bein aufzusetzen, bot Klaus sich sofort an, mich auf dem Rodelschlitten nach Hause zu ziehen. Daheim angekommen, dankte ich Klaus für seine Hilfe und humpelte, die Zähne zusammenbeißend, langsam Schritt für Schritt in die Küche.

Mutter merkte sofort, daß das Unglück bei mir wiedermal nicht schlief. Ich wollte zunächst nicht so richtig mit der Sprache heraus. Da ich immer wieder an den linken Oberschenkel faßte, brachte ich sie auf die richtige Fährte. Sie forderte mich auf, die Hose herunterzuziehen. Als sie das große Loch im Oberschenkel - ich stellte es mir selbst gar nicht so groß vor - sah, fing sie an zu jammern: „Nein, nein, dich bringen sie noch einmal tot auf den Hof. Was bist du bloß für ein Unglücksrabe!“ Sie half mir beim weiteren Entkleiden und brachte mich ins Bett. Sie legte schnell ein weißes Tuch auf die jetzt nicht mehr blutende Wunde und rannte ins Dorf, um einen Arzt zu holen. Da unser Dorfarzt Dr. Beu gerade mit Hausbesuchen beschäftigt war, dauerte es ziemlich lange, bis die Mutter ihn im richtigen Haus fand. Er kam sofort mit. Nachdem er meine Wunde mit kritischem Blick musterte, meinte er, er könne sie nicht mehr nähen, auch nicht klammern, da schon zu lange Zeit vom Unfallgeschehen bis jetzt verstrichen sei. Die Wunde müsse so wieder zuheilen. Allerdings würde eine Narbe zur Erinnerung zurückbleiben. Weiter gab er mir zu verstehen, daß ich großes Glück im Unglück besaß. Ein Stück tiefer wäre die Schlagader verletzt und ich wohl verblutet. Damit hatte er sicherlich recht. Hilf- und ratlos wären wir höchstens auf den Gedanken gekommen, es noch einmal unter der Pumpe zu versuchen, um das Bein zu kühlen. Anschließend tupfte der Arzt die Wunde mit einem von Desinfektionsmittel getränkten Wattebausch ab, legte einen großen Verband um den Oberschenkel und verschrieb Kamillenbäder. Mit der Bemerkung, er käme in zwei Tagen wieder, und ich solle ja im Bett liegen bleiben, verabschiedete er sich, mir noch gute Besserung wünschend. Da mußte ich nun - es sollten drei Wochen werden! - das Bett hüten und konnte nicht im Schnee umhertollen, wie es jetzt zu dieser Zeit die anderen Kinder taten.

Ich grübelte: „Warum bist du nur so ein Pechvogel?" Dabei begann mein Leben doch mit einem riesigen Glück, denn Mutter erzählte mir, sie sei von der Haustreppe gefallen, und kurz darauf wäre ich geboren, während ein zweiter Junge, mein Zwillingsbruder, tot zur Welt kam.
Aber nach einem Jahr zeigte sich meine erste Pechsträhne. Ich warf die leere Milchflasche aus dem Bett, kletterte hinaus, trampelte in den Scherben der zerbrochenen Flasche herum und verletzte mir die Fußsohle derart, daß unser Vater mich noch abends zum Arzt tragen mußte - übrigens zu dem selben, der jetzt mein Bein behandelte - und dem nichts anderes übrigblieb, als die Wunden wieder zusammenzunähen.
Dreijährig setzte ich mich, so ähnlich wie es später meine Krähe fertigbrachte, auf den wippenden Deckel eines mit heißer Lauge gefüllten Waschtopfes, den Mutter vom Herd an die Erde stellte. Der Deckel rutschte weg, und ich sauste mit dem Hintern in die heiße Brühe. Ich wäre wohl elendig verbrüht, wenn sie nicht in diesem Moment, mein Gebrüll hörend, in die Küche hereingerannt gekommen wäre. Als sie

mich im Waschtopf schreiend sitzen sah, riß sie mich aus dem heißen Naß und stauchte mich in einen daneben mit kaltem Wasser gefüllten Eimer. Sie riß mir die Kleidung vom Leib, trocknete mich vorsichtig ab und packte mich ins Bett.

Ich erinnere mich, daß sie eine alte Frau aus Prerow, Frau Bollnow, aus der Nachbarschaft holte, die, tief gebeugt, über meinem Hintern Worte murmelte und wieder verschwand. Mein Hinterteil, das dem eines roten Mantelpavians glich, puderte Mutter mit Kartoffelmehl ein. Sie erzählte mir später, mein Allerwertester habe bald wieder ein normales Aussehen bekommen. Sie meinte, durch das kalte Wasser kam es zu keinen schlimmeren Verbrennungen und das Besprechen der Frau bewirkte ein schnelles Heilen. Unsere Eltern glaubten stark an die heilende Wirkung eines solchen Besprechens. Unseren Vater, so erinnere ich mich, plagte mehrmals in seinem Leben die sogenannte "Gürtelrose", eine sehr schmerzhafte Entzündung am Körper, die er stets von der genannten alten Frau behandeln ließ.
Mir kam jetzt auch das damalige, unglücklich verlaufene Heuspiel wieder in den Sinn. Uns lockte das frisch eingefahrene, duftende Heu auf der Försterei an. Die Försterjungen und ich tobten mit einer großen Begeisterung darin umher. Jeder wollte den anderen mit Nochhöherklettern übertrumpfen. Ich aber, der die höchste Stelle auf dem Heuboden erreichte, konnte mich an dem rutschenden Heuballen nicht mehr festhalten und sauste in die Tiefe, an der Kante der Scheunenwand vorbei, und schlug mit der Schulter und dem Kopf auf der Lehmtenne auf. Schlagartig wurde es finster um mich. Als ich taumelnd aufstand, mußte ich zunächst überlegen, was überhaupt geschah. Jochen und Klaus schauten betroffen von oben herab und fragten, ob mir etwas passiert sei. Nach einer Weile verspürte ich, mich an der Wand festhaltend, Schmerzen an Schulter und Kopf. „Ich gehe jetzt nach Hause", sagte ich mit kleinlauter Stimme. Jochen

riet mir, zu Hause eine Mondaminsuppe kochen zu lassen, die wäre gut. Ich wußte mit diesem Rezept zwar nichts anzufangen, nickte aber zustimmend. Ich schlich dann, noch etwas benommen von dem Heusturz, auf dem kürzesten Weg durch die Schmideberge nach Hause. Gisela, die sich schon im Kochen übte und hierbei Talent zeigte, kochte mir eine Mondaminsuppe, als ich sie darum bat, zumal sie mich bedauerte. Die Suppe schmeckte gut und ich bildete mir ein, die größten Schmerzen damit vertrieben zu haben. Der Schwester hämmerte ich ein, ja nicht unserer Mutter von meinem Sturz zu erzählen. Daß sie Wort hielt, stellte ich daran fest, daß es keine Nachfragen seitens unserer Mutter gab. Wieder stand bei diesem Unglück ein riesiges Glück an meiner Seite, denn beim Aufprall auf ein Ackergerät wäre es wohl schlecht um mich bestellt gewesen.

Als ich diese Unfälle so Revue passieren ließ, traten Gisela und Jenny an mein Bett heran, um mich zu trösten. Gisela meinte, ich möchte doch einmal meine Weihnachtssachen zum Zaubern zeigen. Schließlich bekamen sie sie noch nicht ein Mal zu Gesicht. Das stimmte. Ich übte, um die Tricks nicht zu verraten, alleine damit. Die Zaubersachen versteckte ich bei mir im Bett. Nur Mutter wußte davon. Ich ließ mir jetzt eine Mütze bringen, fuhr mit der Hand hinein und zeigte ihnen den durchgesteckten Finger, ohne die Mütze beschädigt zu haben, wovon sich die Schwestern überzeugen konnten. Sie bemerkten nicht, daß ich blitzschnell als Hilfsmittel einen Gipsfinger von außen auf die Mütze steckte. Dieser Finger wirkte so echt, daß mir der Bluff glänzend gelang. Anschließend nahm ich ein Ei in den Mund und ließ es hier verschwinden. Die Schwestern schauten verwundert in meinen wieder geöffneten Mund und glaubten, ich hätte es verschluckt, zumal ich meinen Adamsapfel mehrmals hoch- und runterfahren ließ, um ein Herunterschlucken des Eies zu imitieren. Ich schob mir in Wirklichkeit ein aus Zelluloid bestehendes halbiertes Ei, das eine rote Farbe von innen und eine weiße von außen aufwies, in den Mund. Ich ließ zunächst das weiße Eiteil herausschauen, imitierte eine Schluckbewegung, drehte das Ei blitzschnell mit der Zunge herum und ließ die Mädels in meinen geöffneten Mund schauen. Da sie die rote Innenwand des Eies sahen, glaubten sie meine leere Mundhöhle zu erblicken. Trotz angestrengten und neugierigen Überprüfens konnten sie nichts Auffälliges entdecken. Das überzeugte sie, daß ich das Ei verschluckte. Aber der Clou kam in dem Moment, als ich nach mehrmaliger Bewegung des Adamsapfels plötzlich das Hühnerprodukt wieder im Munde zum Vorschein kommen ließ, denn es bereitete mir keine Schwierigkeit, die Eihälfte im Mund zu drehen, eine fürchterliche Grimasse zu ziehen und damit den Anschein zu erwecken, ich hätte das verschluckte Ei wieder aus dem Magen nach oben befördert. Während Gisela an Hexerei glaubte, sah Jenny mich noch eine Zeit lang mißtrauisch an. Sie nutzte später meinen Schlaf aus, um vorsichtig meine Bettdecke anzulüften und eine Kontrolle durchzuführen. Hier erblickte sie meine Zauberhilfsmittel, verriet aber nie meine Tricks den anderen Kindern, denen ich Zirkusvorstellungen gab.

Die Zirkusvorstellungen

Bei meinen Zirkusvorführungen, bei denen sich die Kinder der Nachbarschaft versammelten, boten ich und Jenny ein reichhaltiges Programm. Außer den bereits beschriebenen Zaubertricks brachte ich solche Nummern wie Kirschkernschlucken, Seiltanzen, Reckartistik, Schaukelspringen, Fahrradkunststücke und Fallschirmspringen. Nach den beiden Zaubertricks mit Finger und Ei nahm ich eine Kirsche, aß sie auf und zeigte deren übrig gebliebenen Stein im Mund vor, schluckte ihn hinunter, aber nur so weit, daß er noch in meiner Speiseröhre unter Kontrolle blieb. Ich ließ die Kinder eins nach dem anderen in meinen Mund schauen, hustete und spuckte dabei den Kern vor den verblüfften Gesichtern meiner Gäste im hohen Bogen aus. Ich wiederholte diesen Akt mit einer zweiten Kirsche, um zu beweisen, daß ich ein perfekter Kirschkernschlucker sei. Der einsetzende Beifall der Kinder war Lohn für meine Anstrengung. Das Seiltanzen führte ich auf der Umzäunung unseres Komposthaufens aus. Die schmale Bretterkante, das Seil ersetzend, verlangte eine gute Konzentration und Balance, um das andere Ende des Zaunes zu erreichen. Dies trainierte ich vor Jahren auf dem Bretterzaun an der Försterei, natürlich begleitete mich dabei mein Pech. Ich berücksichtigte damals das regnerische Wetter und damit die schlüpfrige Oberfläche des Bretterzaunes nicht. Ich rutschte aus und schlug mit dem Knie dermaßen auf die scharfe Kante des Zaunes, daß ich mit blutigem Knie humpelnd das Weite suchte. Aber hier, auf dem elterlichen Zaun, fühlte ich mich sicher. Beim Abrutschen hätte ich mich sofort nach der Kompostseite fallen lassen. Ich wäre dann zwar in dem weichen Dung zu liegen gekommen und hätte das Gelächter der Kinder auf mich gezogen, aber alles ohne kaputtes Knie. Diese artistische Darbietung verlief ohne Zwischenfall und brachte mir wiederum Beifall ein. Den nächsten Auftritt gestaltete ich mit Jenny gemeinsam. Wir turnten jeder an einem Reck, das wir mit besonders großen Nägeln absicherten. Wir versuchten beide, die Übungen synchron abzuwickeln, begannen mit dem Aufschwung, es folgte die Bauchwelle rückwärts, vorwärts, sprangen, eine Flanke ausführend, auf die Reckstange in sitzender Haltung, griffen mit den Händen einwärts und drehten die Kreuzwelle. Es schlossen sich vier Sitzwellen rückwärts an. Jetzt leiteten wir den Abgang ein, indem wir mit den Händen einwärts griffen, uns hochstemmten, nach vorne fallen ließen und, an den Hacken hängend, eine Welle nach vorne drehten. Blitzschnell streckten wir jetzt die Beine nach vorne, bogen das Kreuz hohl, ließen uns beim Überfliegen der Reckstange los, sausten im hohen Bogen nach vorne und landeten, in stehender Haltung die Arme nach oben streckend, auf dem Erdboden. Diese artistische Übung rief bei den Kindern Jubel hervor. Jetzt traten wir an die selbstgebaute Schaukel heran. Jenny setzte sich auf das Schaukelbrett, während ich sie mit einem kräftigen Stoß anschubste, so daß sie schnell an Höhe gewann. In einer angemessenen Höhe ließ sie sich vom Sitzbrett nach vorne abgleiten, sauste schwungvoll durch die Luft und landete in einer hierzu von uns angelegten Sprunggrube. Sie bekam Beifall. Die Kinder brüllten: „Hurra! Hurra!“, einer lauter als der andere.

Jetzt kam ich an die Reihe. Aber, lieber Leser, vermuten Sie jetzt nicht wieder einen Unfall. Nein, ich sprang ebenfalls im richtigen Moment ab, als mich die Schaukel in die richtige Höhe gebracht und nach vorne getragen hatte. Ich landete ebenfalls, den Körper abfedernd - heute würde man vielleicht “teleskopsprungartig” sagen - in dem weichen Sand der Sprunggrube. Ich erreichte als älterer Bruder natürlich eine bessere Sprungweite, da ich eine größere Absprunghöhe und meine längeren Beine dazu ausnutzen konnte. Nach dieser Darbietung setzte ein erneutes Hurrageschrei und Beifallklatschen der Kinder ein. Dieser Luftakrobatik-Nummer folgte das Rückwärtsfahren mit dem Fahrrad. Da ich inzwischen meine Fahrradkünste laufend auf einem alten Fahrrad trainierte und vervollständigte, fiel es mir nicht schwer, meine Runden zu drehen. Ja, ich war jetzt sogar imstande, beide Arme seitwärts auszustrecken und den Hintern zum Lenken des Fahrrades zu benutzen. Die kommende Nummer mußte allerdings vorzeitig abgebrochen werden, da der Regenschirm beim Herunterspringen vom Holzstalldach nach oben umklappte, die Fallgeschwindigkeit, mir gar nicht passend, zunahm, ich zu hart auf dem Erdboden landete und mir den Fuß verstauchte. Die versammelten Kinder zeigten in dem Moment mehr Interesse für den nach oben umgeklappten Regenschirm, als mir Anerkennung für meinen aufgebrachten Mut zu zollen. Ich nahm ihnen den Schirm weg, versprach, in der nächsten Woche wieder eine Zirkusvorstellung zu geben, und schickte sie humpelnd vom Hof. Jenny meinte auf meinen Fuß zeigend: „Gebrochen kann er nicht sein, dann würdest du ihn gar nicht aufsetzen können." Ich nickte, verschwand im Holzstall, um den Regenschirm wieder zu reparieren, was mir auch zum Glück gelang, denn nun konnte ich ihn unbeschadet wieder an seinen ursprünglichen Platz stellen. Unser Zirkusprogramm wurde beim nächsten Mal dahingehend geändert, daß wir an Stelle des Fallschirmsprunges einen Boxkampf zeigten. Ich animierte Gisela solange, bis sie einwilligte, sich auch einmal von der sportlichen Seite zu zeigen. Zu diesem Zweck band ich Gisela und Jenny alte Lumpen, Boxhandschuhe ersetzend, an die Hände, stellte sie als die stärksten Boxer der Welt vor und ließ sie aufeinander rennen.

Gisela, die Dicke, haute blindlings auf Jenny, die Dünne, ein. Die Dünne wich wie eine Katze den Schlägen aus, griff die Dicke von hinten an, schubste sie um und warf sich auf sie. Es entwickelte sich jetzt mehr ein Ring- als ein Boxkampf. Beide rollten sich im Gras, die Dicke mal oben, mal unten und umgekehrt. Ich riß die Dicke von der Dünnen herunter und befahl, vernünftig zu boxen. Wieder gingen sie aufeinander los. Als Gisela wieder der Jenny einen Schlag versetzen wollte, wich diese aus und Gisela fiel der Länge nach ins Gras, so daß ich sie, um dem Spiel ein Ende zu bereiten, kurzerhand bis zehn auszählte. Sie ließ das Zählen über sich ergehen, wahrscheinlich froh darüber, sich keiner weiteren Strapaze aussetzen zu müssen. Jenny verbeugte sich kurz zum Publikum und erhielt anhaltenden Beifall. Die Kinder freuten sich wahrscheinlich darüber, daß eine kleine Dünne eine große Dicke besiegte. Gisela machte gute Miene zum bösen Spiel und meinte, sie hätte Hunger, verschwand und ließ sich nicht mehr blicken.

Der Rattenfänger von Hameln

Gerne erinnere ich mich an meine Kindheit zurück, wenn wir Kinder auch armselig aufgewachsen sind. Unsere Eltern schenkten uns ihre ganze Liebe. Sie versuchten stets, uns zu bescheidenen, pflichtbewußten und ehrlichen Menschen zu erziehen. Wenn sie uns auch viele freie Zeit zum Spielen ließen, mußten wir doch pünktlich zum Essen erscheinen. Während Jenny wie ein Junge mit uns Fußball oder Indianer spielte und mit Pfeil und Bogen sowie mit dem Luftgewehr umgehen konnte, sah man Gisela mehr im Haushalt, um der oft kranken Mutter zu helfen. Gerne turnten Jenny und ich am Reck oder trainierten Leichtathletik. Als willkommener Tummelplatz für uns Kinder gestaltete sich zeitweilig ein Bauplatz im Walde dicht am Westrand. Hier wurde für Hermann Göring ein Jagdhaus gebaut. Für den Transport und die Bearbeitung der riesigen Kiefernstämme wurden Loren benötigt. Diese lockten uns Kinder zum Toben an. Wir nutzten hierzu die Wochenenden aus, an denen man keine Bauarbeiter sah. Obgleich sich das Bergabfahren mit den Loren als lebensgefährlich erwies, kannten wir keine Gefahr. Es ging so lange gut, bis ich beim Absprung ein Bein zwischen Schiene und Lore bekam und mir einen Bluterguß einhandelte.

Göring hielt sich nach Fertigstellung dieses Objektes einen Löwen namens "Bubi". Er ließ, damit Bubi nicht von Schlangen gebissen wurde, Jagd auf Kreuzottern veranstalten. Zur damaligen Zeit standen sie nicht unter Naturschutz. Die Forstarbeiter bekamen 50 Pfennig vom Staat für jeden abgelieferten Kopf dieser Giftschlangen. Außerdem dezimierten von weither angereiste Schlangenfänger den Kreuzotternbestand, um das Gift der Schlangen für die Herstellung von Arzneien zu gewinnen. Durch das vor Jahren erlassene Naturschutzgesetz wurde das Töten der schon vom Aussterben bedrohten Kreuzotter verboten und das Fangen nur in

Ausnahmefällen gestattet. Es muß an dieser Stelle erwähnt werden, daß jede Schlange normalerweise vor dem Menschen flieht, es sei denn, daß sie plötzlich durch Treten oder Berühren oder Ähnliches überrascht wird und sie aus Notwehr beißt.

So passierte in den 70er Jahren folgender Fall. Ein junges verliebtes Paar machte Picknick im Darßer Wald, stieg danach auf das Motorrad und fuhr Richtung Prerow. Plötzlich verspürte die Soziusfahrerin einen stechenden Schmerz im Nacken, schrie auf und veranlaßte ihren Freund zum Anhalten. Er sprang vom Motorrad und erblickte eine sich aus dem von seiner Freundin auf dem Rücken getragenen Campingbeutel windende und zischende Kreuzotter. Er riß dem Mädel den Vorratsbeutel vom Rücken und warf ihn zu Boden, während die Otter das Weite suchte. Der Nacken der Freundin wies eine kleine Bißstelle auf und begann sich zu röten. Nachdem Überwindung des Schreckens, faßten sie den richtigen Entschluß, sofort den nächsten Arzt in Prerow aufzusuchen, was ihnen auch 15 Minuten später gelang. Eine sofortige Spritze konnte eine Blutvergiftung und böse Folgen verhüten.

Göring interessierte sich sehr für den Darß. Er ließ dann Mitte der 30er Jahre Wisente, Bisons, Elche, Mufflons, Damwild und Uhus aussetzen. Der verdiente Professor Lutz Heck, der damalige Direktor des Berliner Zoos, wies Göring als Reichsjägermeister darauf hin, daß es nur noch ca. 70 reinrassige Wisente auf der Welt gäbe. Deshalb machte er den Vorschlag, mit Wisenten und Bisons eine sogenannte Verdrängungszucht durchzuführen, um letzten Endes den reinrassigen Wisent wieder zu vermehren. Als geeignetes Waldgebiet hierfür wurde auf Geheiß von Göring der Darß ausgewählt. Forstmeister Mueller ließ ein ca. 100 Hektar großes Eingewöhnungsgatter bauen, dessen Höhe zwei Meter betrug und aus drei Millimeter starkem Draht und achtzig mal achtzig mm Maschenweite bestand. Im Gatter lag eine gut meliorierte Wiese, “Kiepenbruch” genannt. Eine eigens für die Wisente gebaute Fütterung erhielt einen extrem starken ein Meter hohen Zaun, um die Herde an das Überspringen von niedrigen Hindernissen zu gewöhnen, was auch sehr bald beobachtet werden konnte, als nach einigen Tagen der Zaun geöffnet wurde und die Tiere über eine einen Meter hohe Stange springen mußten.

Der tiefere Sinn lag darin, daß die Herde auch später auf die übrigen Waldwiesen gelangen konnte, denn die meisten waren mit einem 1,10 m hohen Zaun eingegattert, um sie vor dem Brechen der Wildschweine zu schützen. Die übrigen Wildarten überfielen spielend diese Zäune und konnten somit dort äsen. So auch bald die Wisentherde. Der Wisentstier stammte aus dem “Saupark Springe“, während sieben Bisons aus Kanada kamen, nachdem sie im Berliner Zoo, unter Aufsicht von Professor Heck, einige Wochen Quarantäne hinter sich brachten. Sehr bald übernahm die älteste Bisonkuh die Führung des kleinen Rudels. Nach einem halben Jahr wurde auch das größere Eingewöhnungsgatter geöffnet, so daß die Herde die Freiheit auf dem Darß genießen konnte. Sie zogen gerne Kilometer weit gegen den Wind. Ab und zu traf man sie auch am Ostseestrand an, besonders gerne dann, wenn sie Fliegen und Bremsen plagten. Sie suhlten sich entweder im salzigen Meerwasser oder im Sand. Manchmal mußten auch einige Strandkörbe dran glauben. Als Junge, ich fuhr jeden Morgen von Prerow nach Barth mit der Bahn zur Schule, erlebte ich wiederholt, daß die Wisentherde auf den Schienen stand und den Zug zum Stehen brachte. Passierte es morgens, freuten wir Kinder uns, denn wir kamen mit Verspätung in den Unterricht. Erlebten wir es nachmittags auf der Rückfahrt, fluchten wir mordsmäßig, denn die Verspätung erfolgte zu Lasten unserer Freizeit. Obgleich der gesamte Darßer Wald eingegattert war, verstanden es die Wisente, durch kräftiges Stemmen gegen den

Zaun, und dadurch Löcher verursachend, sich freie Bahn auf die Feldmark zu verschaffen. Normalerweise zeigten sich die Wisente als ein behäbiges Wild. Ich erinnere mich, daß ich als Junge öfters zur Buchhorster Maase radelte und sie aus naher Entfernung fotografierte. Nur zur Setzzeit der Kälber mußte man die Muttertiere stets mit Vorsicht genießen. Im Jahre 1944 zählte die Herde ca. 50 Stück.
Für die Elche ließ Forstmeister Mueller ein Eingewöhnungsgatter in der Nähe der Försterei Prerow (damals hieß sie Laspeyreshagen) bauen. Hier blieben sie einige Monate und wurden dann in die freie Wildbahn entlassen. Da sie aber die Menschen kannten, denn ständig standen Schaulustige am Gatter, waren sie oftmals in den Dörfern des Darßes anzutreffen. Außerdem zeigte sich der Darß für sie als viel zu klein. Wenn sie mit ihren langen Läufen zum Laufen ansetzten, durchquerten sie schnell die Halbinsel. Sie erwiesen sich auch als gute Schwimmer. Vom Darß hinüber zur Insel Rügen bedeutete für sie keine Entfernung.

Obgleich der Darßer Wald kein Biotop für das Muffelwild darstellte, wollte es Göring einbürgern. Diese Tiere hielten sich dann vielfach im trockenen Dünengelände des Prerower Reviers auf und mieden die vielen Naßstandorte. Auch für das Damwild ist der Darß nicht geeignet, da zu wenige Wiesen und entsprechende Laubbestände vorhanden sind. Von den ausgesetzten Uhus sah man schon bald nichts mehr. Ein Exemplar hielt sich Forstmeister Mueller in einer Voliere. Einen Uhu sah ich damals zufällig in der Nähe der Försterei Prerow sitzen. All diesen Tierarten ist dann 1945 der Garaus gemacht worden, teils durch die einmarschierende Rote Armee, teils durch Wilddieberei Einheimischer beziehungsweise durch gemeinsames Jagen mit der Besatzungsmacht.

Von dem plötzlichen Auftauchen einiger Elche auf dem Darß in den 70er Jahren habe ich in meinem Buch “Wo Adler noch und Stürme jagen” geschrieben.

Göring besuchte Mitte der 30er Jahre mehrmals den Darß, meistens zur Hirschbrunft. Ich erlebte mal folgendes: Ein großes Ereignis bildete für uns das Schützenfest in Prerow. Ich erinnere mich - ich mag zehn Jahre alt gewesen sein - als der Festumzug, vorneweg eine Blaskapelle und der Fahnenträger, Malermeister Möller, durch die festlich mit Girlanden geschmückten Straßen marschierte. Auf dem Festplatz hinter dem Bürgermeisteramt herrschte ein buntes Treiben. Karussells, Losbuden, Glücksräder, Kuchen- und Wurststände zogen uns in ihren Bann. Nur mit der einen von den Eltern erhaltenen Reichsmark konnte ich nicht viel anfangen. Ein Heringsbrötchen, drei mal Karussell fahren, ein Los und eine Brause reichten aus, um sich von dieser einen Reichsmark trennen zu müssen. Aber an diesem Nachmittag hatte ich Glück. Plötzlich fing die Musik an zu spielen, der schon betrunkene Malermeister Möller tanzte oben auf dem Tisch, hielt inne, sprang herunter, stürzte aus dem Zelt hervor und begrüßte einen weiß gekleideten, auf einem braunen Pferd reitenden dicken Herrn.

Es sprach sich sehr schnell rum, daß dies der Reichsjägermeister Hermann Göring sei, der ein paar Schüsse abgeben wolle. Dienstbeflissen half man ihm vom Pferd und geleitete ihn zum Schießstand. Dieser bestand aus einem in Mannshöhe angebrachten und mit Einkerbungen versehenen schrägen Querholz, das als Auflage des Gewehres diente. Geschossen wurde mit alten Karabinern aus dem ersten Weltkrieg auf einen aus Holzteilen künstlerisch angefertigten, mit Zepter und Weltkugel versehenen Reichsadler, der auf einem ca. 15 m hohen Mast thronte. Hermann Göring griff nach dem ihm gereichten Karabiner und feuerte dreimal auf diesen bereits bis dahin von Schüssen durchlöcherten Vogel und schmunzelte, als die hinter ihm stehenden Schützen ihm sein Schießkönnen bestätigten, indem sie alle zum Ausdruck brachten, sie hätten Splitter fliegen sehen.

Dann überquerte Göring den Festplatz, um sich den versammelten Schaulustigen zu zeigen, und begab sich in Richtung der am anderen Ende stehenden Bäckerbude.

Er mußte sich wie der Rattenfänger von Hameln vorgekommen sein, denn wir Kinder folgten ihm alle in einer großen Schar. Am Kuchenstand angekommen, kaufte er sämtliche dort auf dem Kuchenblech liegenden Pfannkuchen und fing an, sie an die ihn umlagernden Kinder zu verteilen. Da ich in diesem Moment einen hinteren Platz einnahm, mußte ich blitzschnell handeln. Ich versuchte, mich durch die Kinderschar durchzudrängeln, um ebenfalls in den Genuß eines solchen Leckerbissens zu kommen, zumal die von den Eltern erhaltene Reichsmark ausgegeben war und ich noch Hunger verspürte. Ich kroch also, und da kam mir meine kleine Figur zur Hilfe, durch die Beine einiger größerer Jungen, um schnell an das ins Auge gefaßte Ziel zu gelangen. Es gelang mir auf diese Art und Weise, mich neben dem großen, dicken Spender zu plazieren. Ich streckte ihm die Hand entgegen, mich auf Zehenspitzen stellend, um mit größerer Wahrscheinlichkeit gesehen zu werden. Und siehe da, ehe ich mich versah, landete auch schon ein von Göring dargereichter Berliner Pfannkuchen in meiner Hand. Reinbeißen in den Kuchen, umdrehen und aus dem Kreis der Kinder verschwinden geschah im Nu. Der Zufall wollte es, daß ich Göring bei seinem Ritt durchs Dorf noch einmal auf meinem Heimweg begegnete. Er fragte mich nach dem kürzesten Weg, um zur Post zu kommen. Ich konnte damals noch nicht wissen, daß dieser Mann eines Tages als Kriegsverbrecher am Pranger stehen würde, denn sonst hätte ich ihn zum Bahnhof geschickt.

Sein Jagdhaus wurde 1945 durch die Waffen-SS gesprengt. Obgleich das Haus 150 bis 200 Meter von der Ostsee entfernt stand, liegen inzwischen die letzten Betonplatten vom Kellergewölbe unmittelbar an der Düne, da die See in den verflossenen 49 Jahren die Westküste bis dahin weggerissen hat. Im Frühsommer 1994 machten sich zwei Jungen an diesen Betonteilen zu schaffen. Eine Platte begrub einen der beiden, so daß dieser nur noch tot geborgen werden konnte.

Der gutmütige Studienrat

Die Eltern hatten mich inzwischen auf die Realschule in Barth geschickt. Die Schule wurde alsbald Oberschule, so daß man auch hier das Abitur erlangen konnte. Ich mußte jeden Morgen die Bahn von Prerow nach Barth benutzen, um zur Schule zu gelangen. Diesen Zug lobten besonders die Urlauber, die im Sommer die Badeorte auf dem Darß aufsuchten, denn sie erreichten ihr Ziel, von Hamburg oder Berlin kommend, ohne umsteigen zu müssen. Die Bahnfahrt nach Barth wurde von uns Schülern gerne ausgenutzt, um die Schularbeiten anzufertigen. Ansonsten waren wir die Herren im Schülerabteil. Andere Mitreisende nahmen selten bei uns Platz, da ihnen das laute Geschnatter auf die Nerven ging. Da im Winter nachmittags nur wenige Züge fuhren, lief ich mit mehreren Jungen ab und zu, bei zugefrorenem Bodden, per Schlittschuh nach Hause.

Wir liefen an den kleinen Inseln Oie und Kirr vorbei, die eine Gesamtgröße von ca. 450 Hektar aufweisen, insbesondere Salzwiesen tragen und die nahrungs- und nistökologische Bedingungen für eine größere Zahl von Limikolen, Enten und Möven in sehr günstiger Weise bieten. Hier kann man ab Frühjahr den sehr selten vorkommenden Säbelschnäbler beobachten. Auch der Austernfischer sowie die Uferschnepfe lassen sich hier und da erblicken. Rotschenkel und Kiebitze kommen verhältnismäßig häufig vor. Die nahezu letzte geeignete Brutmöglichkeit finden hier die vom Aussterben bedrohten Arten Kampfläufer und Alpenstrandläufer. Regelmäßige Brutvögel sind in mehreren Paaren auch der große Brachvogel und der Sandregenpfeifer. Außer vielen Entenarten kommen auch die Brandgans und der Mittelsäger in geringer Zahl vor. Das Brutvorkommen an Sturm- und Silbermöven wird nicht gerne gesehen, da durch sie die Limikolenarten gefährdet sind. Diese Inseln, die heute vom Nationalpark "Vorpommernsche Boddenlandschaft" betreut werden, entsprechen an Artenvielfalt und -häufigkeit den Parametern, die allgemein für die Ausweisung international bedeutsamer Feuchtgebiete gelten. Hier ist die Aufgabe gestellt, diese typischen Lebensgemeinschaften der beweideten, salzwasserbeeinflußten Boddenwiesen zu erhalten, insbesondere den Reproduktionsraum für die bestandesgefährdeten Wasser- und Waatvogelbestände.

Wenn wir zur Winterzeit mit unseren Schlittschuhen an der Küste dieser Inseln vorbeiliefen, sahen wir außer einigen Stockenten, die über uns hinwegflogen, kaum etwas von dieser Vogelwelt, trotzdem stellte sie doch eine romantische Landschaft dar. Kurz darauf unterquerten wir die Meiningen-Brücke, die wir täglich als Realschüler benutzten, da sie unsere Halbinsel mit dem Festland verbindet. Dann bogen wir in den Prerower Strom ein und kamen an der Hertesburg vorbei. Der Sage nach sollen sich hier Klaus Störtebeker und seine Vitalienbrüder oft versteckt haben, um von hier aus ihre Kaperfahrten in der Ostsee zu unternehmen. Diese Burg stammt wahrscheinlich aus dem 12. Jahrhundert. Ihre Reste, der frühdeutsche Turmhügel, befinden sich heute noch auf der rechten Uferseite des Prerower Stromes. Nach ca. 15 km Laufstrecke kamen wir im Prerower Hafen an. Hier spielten wir oft Eishockey. Trug die Eisdecke uns noch nicht oder nicht mehr, liefen wir auf den überschwemmten Wiesen in Prerow. Mit roten Wangen kamen wir nun zu Hause an. Meinen Eltern war es gar nicht recht, von diesem erneuten Abenteuer zu erfahren, der Gedanke, daß wir im Eis einbrechen könnten, machte ihnen Angst.

An unserer Schule wurde der Sport groß geschrieben. Leichtathletik, Geräteturnen und Handball waren meine Lieblingsdisziplinen. Unser Sportlehrer, Studienrat Mertens, galt bei uns als Vorbild. Seine sportlichen Leistungen spornten uns an, ihm nachzueifern. In guter Erinnerung sind mir unser Französischlehrer, Studienrat Gadow, mit Spitznamen Schieter, unser Biologielehrer Horney, immer auf gerade

Haltung und gute Disziplin in der Klasse achtend, und besonders unser Latein- und Deutschlehrer, Studienrat Dr. Gülzow, der zwar mit seinem hohen Wissen imponierte, uns aber durch seine Gutmütigkeit zu Streichen verleitete. Ich muß wohl einen Stein bei ihm im Brett gehabt haben, denn ich erhielt eines Tages einen Brief von ihm, in dem er mir das Angebot machte, ihn außerhalb des Unterrichtes mit "Onkel Erich" anzureden und "du" zu ihm sagen zu dürfen. Bei mir stieß dies auf Unverständnis. Standen hier meine guten Leistungen in Latein Pate oder konnte er schon ahnen, daß ich später einmal eine Frau, die ein Nachkomme des berühmten Ernst-Moritz Arndt ist, heiraten würde? Da hätte er im letzten Falle ein Prophet sein müssen. Aber Tatsache ist, daß Dr. Gülzow schon zu meiner Schulzeit sich als Ernst-Moritz-Arndt-Forscher einen Namen machte.

Die Liebe zur Heimatgeschichte kam in seiner unermüdlichen Arbeit zum Ausdruck, die sich mit der Erforschung und Veröffentlichung der Geschichte unserer Vorpommernschen Heimat befaßte. Ich antwortete ihm auf seinen Brief in schriftlicher Form. Es ehre mich sein Angebot, ich könne es aber nicht gutheißen, da es einer Bevorzugung gegenüber den anderen Schülern gleichzusetzen wäre und ich so etwas als ungerecht betrachten würde. Gespannt erwartete ich seine Reaktion auf meine Antwort, aber es geschah während des Unterrichts nichts Außergewöhnliches. Er behandelte mich genau wie alle anderen Schüler, was mir sehr recht war. Trotzdem ließ er in den nächsten Wochen seine mir zugedachte Zuneigung spüren, indem er mich und einen weiteren Schüler zu sich nach Hause einlud. Er bat uns auf dem Teppich Platz zu nehmen, von den dargereichten Keksen zu naschen und ihm zuzuhören, indem er und seine Frau Geschichten vorlasen, deren Inhalte mir jedoch entfallen sind. Leider nutzten einige Schüler seine Bescheidenheit, Hilfsbereitschaft und Gutmütigkeit aus, so daß die Klassendisziplin zu wünschen übrig ließ. Eines Tages unternahmen wir

anläßlich eines so genannten Wandertages mit ihm als verantwortlichen Klassenleiter einen Ausflug per Kleinbahn von Barth nach Stralsund. Seine Haare sträubten sich, als er unsere waghalsigen Kletterkünste von Trittbrett zu Trittbrett, um von einem Wagen zum anderen zu gelangen, beobachten mußte. In Stralsund, auf der Promenade des Strelasunds, entdeckten einige Schüler einen Automaten, eine Henne darstellend, die nach entsprechendem Geldeinwurf Schokoladeneier aus dem Hintern fallen ließ. Jene Schüler fanden schnell heraus, wie man der Henne sämtliches von ihr verschluckte Geld stehlen konnte. Sie steckten es heimlich in die Taschen und brachten es am nächsten Tag mit in die Schule, wo es unter uns aufgeteilt werden sollte. Die meisten, so auch ich, distanzierten sich von diesem unehrlichen Unternehmen. Meine Eltern erzogen mich dazu, mir niemals etwas zu nehmen, was mir nicht gehört, und wenn es nur ein Pfennig ist. Dadurch geriet ich auch später niemals in diesbezügliche Konflikte. Dr. Gülzow, von jener Missetat am nächste Tag erfahrend, ordnete an, das Geld dem Automatenbesitzer zurückzubringen und sich zu entschuldigen.
Unser Klassenleiter wurde in den nächsten Tagen erneut geärgert, indem ein Schüler während des Lateinunterrichts bewußt die zweite Silbe vom Wort Jupiter anstelle der ersten wiederholt auch dann falsch betonte, als Dr. Gülzow ihm die richtige Betonung des Wortes immer wieder vorsprach. Es ging so weit, daß die Stimme vom Studienrat in eine immer höhere Tonlage geriet, sich überschlug und er sich, nach Luft ringend, erschöpft auf den Kathederstuhl sinken ließ. Wir sahen ihn dann für einige Wochen nicht wieder. Es hieß, er habe einen Nervenzusammenbruch erlitten und müsse das Bett hüten.

Eine praxisnahe Lehrstunde

Immer wieder erinnere ich mich gerne an meine Kindheit. Zwischen dem Elternhaus und der Försterei lagen die sogenannten Schmideberge. Hier spielten wir Indianer, schossen mit dem Luftgewehr oder sogar mit einer Kleinkaliber-Waffe, die die Förstersöhne heimlich mitbrachten. Mitten unter uns fand man stets meine Schwester Jenny, die wie ein Junge mit umhertollte. Ich streifte auch gerne mal allein durch Wiesen und Wälder. Ich interessierte mich für alles, was da kreuchte und fleuchte. Bald konnte ich anhand von Büchern viele Blumen, Sträucher, Bäume und Vögel bestimmen. Die große Liebe zur Natur, besonders zum Wald, wurde besonders durch unseren Vater geweckt. Er nahm mich öfters auf seinen Spaziergängen im Walde mit und zeigte mir immer wieder etwas Neues. Er lehrte mich Achtung vor jedem Tier zu haben, und sei es die rote Waldameise, die für den Wald so nützlich ist. Er öffnete mir Augen und Ohren, um einen Waldspaziergang richtig genießen zu können. So kam es nicht von ungefähr, daß in mir der Wunsch immer mehr heranreifte, Förster zu werden. Überglücklich verließ ich die Oberschule, da ich nun die Forstlehre antreten durfte und diese sogar auf dem Darß.

Mein Lehrchef wurde Revierförster Dall, der Vater meiner Freunde Jochen und Klaus. Ich fuhr keine fünf Minuten mit dem Fahrrad bis zur Försterei, um mich für die Einweisung in die täglichen Arbeiten zu melden. Ich lernte alle Forstarbeiten von der Pike auf kennen. So mußte ich bald mit der Sense mähen, um die kleinen Kiefern- und Fichtenpflanzen vom lästigen Farnkraut zu befreien. Ich lernte die Axt schwingen, um eine Kieferndickung auszulichten. Schwere körperliche Arbeit stellte dann nachher der Holzeinschlag dar, wo hohe Bäume mit Axt und Handsäge gefällt werden mußten. Ich biß die Zähne zusammen, um mir den Schmerz der aufgescheuerten Blasen an den Händen zu verkneifen.

K-P. Reif

Nach drei Monaten körperlicher Arbeit, war ich enttäuscht, noch nicht einmal die Waffen meines Chefs gesehen, geschweige denn mit einer Jagdwaffe auf eine Scheibe geschossen zu haben. Mit großen Freude begleitete ich dann den Revierförster, als er mich am Wochenende mitnahm, damit ich ihm beim Abschuß eines Stück Kahlwildes helfen konnte. Er stellte sich am h-Gestell nördlich der Buchhorster Maase hin. Meine Aufgabe bestand nun darin, die Abteilung 142, vom i-Gestell beginnend, langsam durchzudrücken. Ich nahm auftragsgemäß einen Stock, suchte mir einen Rotwildwechsel aus, der Richtung h-Gestell führte, und ging gemäßigten Schrittes auf dem Wechsel entlang. Ab und zu schlug ich mit meinem Knüppel sacht gegen die Bäume.

Es dauerte nicht lange, als ich vor mir ein Rudel Kahlwild und einen Hirsch ausmachte, die in Richtung meines Chefs zogen. Mehrere Minuten später fiel ein Schuß. Als ich, vorsichtig nach links und rechts schauend, auf den Gestellweg trat, sah ich den Schützen. Er winkte mich zu sich. „Ich habe auf das vorletzte Tier, vermutlich ein Geltier, geschossen. Es zeichnete, ist aber mit dem Rudel in die Abteilung 141 geflüchtet.“ Er nahm seinen Rauhhaarteckel namens “Murphy” an die Leine und führte ihn zum Anschuß. Der Hund blieb, die Nase tief am Boden, plötzlich stehen und verwies einige Tropfen Schweiß. Freudig riß der Chef den vom Schweiß durchtränkten Grashalm ab, hielt ihn mir entgegen und meinte: „Das rührt von einem einwandfreien Lungenschuß her. Dieser hellrote, blasige Schweiß ist ein sicheres Zeichen. Das Stück wird höchstens noch 80 bis 100 m geflüchtet sein.“ Er setzte den Hund erneut an und forderte ihn mit den Worten: „Such verwund, mein Hund!“ auf, weiterzusuchen. Murphy zog mit tiefer Nase die Suchleine straff, während der Schütze und dann ich dem Hund folgten. Jedes Mal, wenn der Teckel seine Nase in den Boden stieß und neuen Schweiß verwies, rief der Revierförster freudig aus: „Brav mein Hund, such verwund.“ Die Schweißstärke nahm inzwischen zu. „Das ist ein gutes Zeichen“, meinte er. Er sollte recht bekommen. Nach ca. 80 m fanden wir das bereits verendete Stück. Der Chef liebelte freudig seinen Hund ab, indem er mit der Hand mehrmals dessen Hals abklopfte und ihn mit den Worten lobte: „Das hat mein Hündchen brav gemacht!“

Ich sah, daß der Schuß eine Handbreite hinter dem Blatt saß und daher die Lunge erwischte. Ich schnitt mit meinem Jagdmesser einen kleinen Zweig von einer in der Nähe stehenden Fichte ab, strich ihn über die Ausschußstelle, um ihn mit etwas Schweiß zu benetzen, und überreichte den auf meinen Hut gelegten Bruch mit „Waidmanns Heil“. Der Schütze erwiderte freudig: „Waidmanns Dank.“ Er teilte den Bruch, steckte die Hälfte an die Halsung seines erfolgreichen Hundes, ihn dabei nochmals abliebelnd, und die andere Hälfte an seinen Jagdhut. „Hast du bemerkt“, fragte er mich, „daß das verendete Stück Wild auf der Einschußstelle liegt?“ „Nein“, antwortete ich, betrachtete den Ausschuß und stellte fest, daß es stimmte. „Ja, achte zukünftig darauf. Du wirst bemerken, daß die verendeten Stücke fast ausnahmslos auf der Einschußstelle liegen. Eins mußt du dir außerdem merken: halte so wie ich immer eine Handbreite hinter dem Blatt an. Solche Schüsse haben den Vorteil, das Wildbret, außer den Rippen, nicht viel zu zerstören und eine tödliche Wirkung zu erzielen, da die Lunge getroffen wird.“ „Ich werde versuchen, das zu beherzigen“, erwiderte ich. „Hinzu kommt noch“, meinte er, „daß ein Lungenschuß guten erkennbaren Schweiß liefert und somit eine leichte Nachsuche ermöglicht.“

Ich gewöhnte mir viele Jahre später eine andere Schießpraxis an, die sich bestens bewährt. Ich halte grundsätzlich hochblatt an. Dieser Schuß bewirkt ein sofortiges Zusammenbrechen des Stückes, da hier die Lunge und wichtige Nervenstränge getroffen werden, vorausgesetzt, daß das

Stück einwandfrei breit stand. Sonst erwischt man auf der Ausschußseite die Leber mit und das Wild flüchtet noch 80 bis 150 m, was ich gerade vermeiden will. Ein weiterer Vorteil des Hochblattschusses liegt in der geringen Wildbretzerstörung. Ein direkter Blattschuß zerstört das Vorderblatt, meistens sogar beide, und führt daher zu Wildbretverlusten. Ausschlaggebend aber für mich ist, daß das breitstehende Wild sofort im Feuer zusammenbricht. Somit wird selbst bei starken Hirschen und Keilern vermieden, daß sie in hohe Farnkraut-, Schilf- und Moorpartien, deren es auf dem Darß viele gibt, flüchten und eine oftmals komplizierte Nachsuche hervorrufen. Hinzu kommt, daß die Variante Zeit und Kosten einspart.

Wie oft versuchte ich später, die von mir geführten Jagdgäste zu beeinflussen, dem Wild einen solchen Schuß anzubringen. Bejahend nickten sie alle. Doch nur verschwindend wenige schossen dann so. Jedes Mal fragte ich nach dem Schuß, wie sie abgekommen seien. Die meisten Gäste antworteten: „Wie Sie empfahlen: hochblatt.“ Meine Antwort lautete dann immer wieder: „Wenn Sie hochblatt getroffen hätten, wäre das Stück sofort zusammengebrochen. Da es aber hochflüchtig in den Bestand verschwunden ist, liegt bestenfalls ein Blattschuß vor, und wir finden das Stück 80 bis 100 m vom Anschuß.“ In den meisten Fällen bestätigte sich meine Annahme. Stolz meinten die Gäste dann: „Freuen Sie sich doch. Ich habe einen einwandfreien Blattschuß angebracht.“ „Ja“, erwiderte ich, „aber schauen Sie sich den gewaltigen Ausschuß an. Drei Kilogramm Wildbret sind zerstört.“ Ob die Gäste es wahrhaben wollten oder nicht, recht mußten sie mir in dieser Beziehung doch geben. Hinzu kommt, daß beim Zielen auf das Blatt die Gefahr von Laufschüssen besteht. Die meisten Tiefschüsse resultieren aus dem so genannten “Mucken” des Jägers. Das heißt, daß der Schütze, während er den Knall ängstlich erwartet, die Augen zukneift und unbeabsichtigt die Laufmündung beim Bedienen des Abzuges nach unten reißt. Dem Geschoß wird dadurch eine ungewünschte Richtung verliehen, so daß häßliche Laufschüsse vorkommen können. In solchen Fällen ist es immer ratsam, sofort den Hund zu schnallen, der das kranke Wild unverzüglich stellen kann, damit der Jäger die tödliche, qualerlösende Kugel anbringen kann. Anderenfalls läuft man Gefahr, das angebleite Stück nicht wiederzusehen, da es in solchen Fällen oftmals noch sehr weit zieht, bevor es sich im Wundbett niedertut.

Mein Lehrchef zeigte, nachdem er das erlegte Stück auf den Rücken drehte, auf das Tier und sagte: „Wie du siehst, hat es kein Gesäuge, also kein Kalb geführt und ist daher ein Geltier. Der Abschuß ist somit richtig. Du mußt dir folgendes merken", fuhr er fort, „nichtführende Stücke ziehen meistens am Ende des Rudels. Leittiere führen grundsätzlich ein Kalb mit und sind mittelalte Stücke. Auf das erste Tier, das Leittier, schießt man nicht, es sei denn, man will das zu große Rudel dazu zwingen, sich zu teilen, da es land- und forstwirtschaftliche Schäden in größerem Umfange verursacht und sich durch schwache Tiere und Kälber in negativer Hinsicht auszeichnet." „Dann haben Sie heute", so fragte ich, „auf das allerletzte Stück geschossen?" „Ja und nein", antwortete er, „Ja, weil dieses Stück als letztes im Rudel zog. Es erschien mir alt, da mir der schlanke Träger im Unterschied zum starken Körper, das graue Haupt, die eingefallenen Flanken und der Hängebauch auffielen. Und nein, weil als letztes Stück ein gut veranlagter mitteljähriger Hirsch kam. Auch das mußt du dir einprägen: der Hirsch zieht grundsätzlich dem Rudel hinterher. Ich konnte alle Stücke gut ansprechen, da ich hinter dem Farnkraut in guter Deckung stand und das Rotwild sich mir einzeln präsentierte, als es auf der Schneise verhoffte. Du hast übrigens deine Sache gut gemacht. Man muß leise durch den Bestand gehen und ab und zu gegen die Bäume klopfen, um so das Wild zum Ziehen zu veranlassen."

Ich wollte mir den Anschuß noch einmal genau ansehen, als mich der neben dem Tier sitzende Teckel anknurrte und nach meiner Hand schnappte, die ich aber blitzschnell vor den fletschenden Dackelzähnen in Sicherheit bringen konnte. „Ja, das ist sein Stück“, betonte der Revierförster, „er hat es in Besitz genommen, veteidigt es und läßt nur seinen Herrn gewähren.“ „Unglück schläft nicht“, dachte ich. „Woran man nicht überall denken und aufpassen muß!“ Der Chef faßte die Hundeleine, zog den Teckel, der nur widerwillig das Stück verlassen wollte, an einen in der Nähe stehenden Baum und befahl: „Schön ablegen!“ Dieser nahm auf dem vom Revierförster abgelegten Rucksack Platz und schaute ihm interessiert nach. „Ich werde jetzt das Stück aufbrechen, damit du siehst, wie es vorschriftsmäßig gemacht wird“, sagte nun der Lehrchef zu mir. Er zog sich den Lodenmantel und sogar den Rock aus. Er merkte an meinem verdutzten Gesicht, daß er wider Erwarten und wider den von ihm mir beigebrachten theoretischen Kenntnissen so entkleidet mit dem Aufbechen begann.

„Ja, laut Waidmannsbrauch“, so erklärte er mir, „darf man außer dem Mantel nichts ablegen. Man muß nach dem Aufbrechen so sauber aussehen, als hätte man keine rote Arbeit geleistet, aber in der heutigen Zeit (wir führten inzwischen drei Jahre Krieg) ist unsere Bekleidung knapp und muß geschont werden. Daher ist es heute erlaubt, sich so an das Aufbrechen heranzuwagen.“ Schon holte er sein Jagdmesser aus der Hosentasche und schärfte zunächst die Decke an beiden Seiten vom Äser des Tieres auf und schaute sich interessiert, den Oberkiefer nach oben und den Unterkiefer nach unten drückend, die Zähne an. „Sieh mal her“, forderte er mich auf, „die Zähne sind fast heruntergeschliffen. Es ist so, wie ich vermutete: ein sehr altes Tier.“ Ich nickte, obgleich mir das Verständnis für die richtige Beurteilung noch fehlte. Erst ein eifriges Studium und Anstellen von Vergleichen ermöglichte es mir später, ein ziemlich einwandfreies Urteil

über das Alter eines erlegten Stückes abgeben zu können, wozu heute noch so mancher Jäger mangels Wissens nicht in der Lage ist und Aufholbedarf zeigt. Er drehte unter meiner Mithilfe das Tier auf den Rücken, schärfte mit dem Jagdmesser die Decke der Unterseite des Hauptes auf, legte den Schlund und die Drossel frei, schärfte beide durch und verknotete den Schlund so, daß, wie er mir erklärte, kein Geäse herausdringen kann und somit eine Verschmutzung des inneren Wildkörpers beim weiteren Aufbrechen vermieden wird. „Das brauchst du nur bei Rot-, Damm-, Muffel- und Rehwild, die Wiederkäuer sind, zu machen. Bei den Wildschweinen ist es also nicht notwendig. Dabei mußt du allerdings aufpassen, daß du die Galle an der Leber fein säuberlich entfernst, was du beim Rotwild nicht brauchst, da Wiederkäuer keine Galle besitzen, was du sehen wirst, wenn wir nachher dem erlegten Stück die Leber entnehmen."
Jetzt stellte der Revierförster sich zwischen die Hinterläufe des Tieres, diese dabei nach links und rechts wegbiegend, setzte das Waidmesser oberhalb der Beckenknochen an und schärfte, die Klinge zwischen dem linken Mittel- und Zeigefinger führend, die Decke bis an den Brustkorb auf, legte das Messer beiseite und griff mit beiden Händen in den Wildkörper. „Jetzt mußt du aufpassen, und das ist sehr wichtig", sagte er, „daß du den Schlund, der am Pansen sitzt, erwischt." Und schon zog er den von vorhin verknoteten und prall mit Geäse angefüllten Schlund heraus und legte ihn vorsichtig beiseite. Dann griff er erneut mit beiden Händen in den Wildkörper und riß, die Leber dabei zurückschiebend, das Gescheide heraus und packte es laut Waidmannsbrauch rechts neben das Tier. Jetzt nahm er die am Messer befindliche Säge zur Hand und brach das sogenannte "Schloß" auf, nachdem er mich vorher mit dem Finger die erhöhte, als Knorpelnaht erscheinende Stelle anfassen ließ, damit ich merkte, wo man die Säge ansetzen muß, um ein leichtes Sägen zu ermöglichen. Es klappte auf Anhieb bei ihm. Er konnte somit die beiden Knochenbecken weit auseinander-

brechen, so daß der Weiddarm und die Blase freilagen und mit dem Messer ringsherum abgeschärft werden konnten. „Folgendes mußt du beachten“, meinte er, sich dabei aufrichtend, „es darf kein Druck auf die Keulen ausgeübt werden, um das ‘Schloß’ aufzubrechen, da sonst das Wildbret von den Beckenknochen abreißt, austrocknet und entwertet wird. Außerdem können sich hier Bakterien leichter ansiedeln. Jetzt darf man“, so erklärte er weiter, „nicht das Öffnen der Brandadern vergessen.“ Er schärfte mit dem Messer die mit Blut gefüllten Adern in Längsrichtung auf, so daß der Schweiß fontänenartig herausspritzte. Schon sah ich ihn, mit dem Messer innen am Brustkorb längsschärfend, das Zwerchfell lösen, mit beiden Händen nach vorne in den Wildkörper greifen, die Drossel fassen und das gesamte Geräusch, Herz, Lunge, Leber, herausreißen. „Nun schau her“, rief er, auf das Geräusch zeigend, „so muß es gemacht werden. Gewöhn’ es dir nicht so an, wie es Jäger fertigbringen, die sowohl das Gescheide als auch das Geräusch in einem Zuge herauswürgen - anders kann man es nicht bezeichnen - nur weil sie nicht richtig lernten, den Schlund vorher, so wie ich es eben vormachte, zu erfassen, um das Gescheide vom Geräusch zu trennen. Hinterher fangen diese Jäger an, zwischen dem Aufbruch umherzuwühlen, um Leber, Lunge, Herz und Nieren zu finden. Ein unästhetischer Anblick wird dann dem Zuschauer geboten. Jetzt hilf mir“, forderte er mich auf, „das Stück hochzuziehen, damit es gut ausschweißen kann.“ Jeder von uns packte einen Vorderlauf, um das Tier hochzurichten, so daß der gewünschte Erfolg erzielt wurde. Nachdem er die Beckenhöhle mit dem Messer noch einmal sauberstrich, meinte der Chef: „jetzt wollen wir uns die Grandeln anschauen.“ Ich sah in meinem Leben bisher weder Grandeln, noch wußte ich, wo sie zu suchen sind. Er bog den Äser auf, zeigte an dem Oberkiefer auf zwei Zähne und sagte: „Sowohl die Hirsche als auch die Tiere besitzen an dieser Stelle Grandeln, die der Schütze sich ausbrechen und behalten darf. Sie sind begehrt, da man sie für Grandelschmuck wie Ringe, Schlipsnadeln, Broschen und ähnliches verwerten kann.“ Schon schärfte er diese Zähne durch zwei schräg angesetzte Schnitte heraus und meinte, die Grandeln hin und her drehend: „Da sie von einem sehr alten Tier stammen, ist leider die wertvolle braune Färbung schon abgeschliffen, schade darum. Aber was hilft's. Dafür haben wir einen guten Hegeabschuß zu verbuchen, und das ist noch wertvoller.“ Wir zogen jetzt das erlegte Stück unter eine schattige Buche, so daß es eine etwas schräge Lage zum weiteren Ausschweißen bekam. „Wir werden das noch verblenden“, sagte er, „damit kein Fuchs bis zum Abtransport mit dem Pferdegespann in die Versuchung kommt, das Wildbret anzuschneiden.“ Er nahm die leere Patronenhülse und packte sie auf eine Keule des Alttieres. „So, das wird reichen“, meinte er, schnappte sich das Geräusch und verstaute es in seinem mit einer Schweißeinlage versehenen Rucksack. Befriedigt, er über den guten Abschuß, ich über die sehr interessante praxisverbundene Lehrstunde, fuhren wir nach Hause. Später rief er noch: „Vergiß nicht, bei Erich Niemann in Prerow vorbeizufahren, damit ihr gemeinsam das Tier mit dem Pferdegespann reinholt.“ Ich rief zurück: „Geht in Ordnung!“

Der Sonntagshase

Meine Lehre machte Fortschritte. Ich durfte inzwischen mit einer Kleinkaliber-Waffe auf Scheiben schießen und erlebte bereits meine erste Entenjagd auf dem Darßer-Ort-See mit. Diese beschrieb ich näher in meinem Buch "Wo Adler noch und Stürme jagen". Am Wochenende sagte mein Lehrchef zu mir, daß wir uns montags das Ahrenshooper Gehölz ansehen wollten. Ich freute mich, denn diesen Revierteil kannte ich noch nicht. Den Sonntagnachmittag nutzte ich, um mit meinem Freund Günther Bartikowski nach Barth ins Kino zu fahren. Unser Zug passierte die Meiningen-Brücke, hielt in Bresewitz und fuhr dann Richtung Pruchten. Ich öffnete das Fenster, um frische Luft zu schnappen. Da passierte es: Der Gegenwind riß mir meinen Forsthut vom Kopf. Dieser flog im hohen Bogen in die Wiese. Der Schreck saß mir in den Gliedern, denn zur damaligen Zeit war ein nicht kopfbedeckter Lehrling in Uniform unmöglich. Und ohne Hut hätte ich mich nicht vor meinem Chef sehen lassen dürfen. Da ich momentan nur einen Forsthut besaß, blieb mir nichts anderes übrig, meinen Freund Günther zu bitten, mit mir auf der nächsten Bahnstation auszusteigen, um den Hut zu suchen. Er willigte ein. So stiegen wir in Pruchten aus, wanderten parallel des Schienenstranges und bogen an der Stelle in die Wiese ein, wo ich annahm, daß dies der Ort sei, wo der Hut sich selbstständig machte.

Unsere Suche gestaltete sich kompliziert, da es anfing dunkel zu werden. Wiederholt liefen wir zu einigen dunklen Flecken, die sich aber als Maulwurfhügel entpuppten. Weiter tappten wir im Dunkeln, um den entflogenen Hut zu finden. Durch mehrmaliges Zurufen verständigten wir uns gegenseitig. Wieder sah ich einen schwarzen Fleck. Schnell bückte ich mich und faßte in einen Kuhfladen, zum Glück in einen trockenen. Ich gab nicht auf, ich bin von Hause aus ein

Optimist. Plötzlich trat ich auf etwas Weiches. Im Nu griff ich danach und hielt meinen Hut in der Hand. Schnell formte ich ihn und stülpte ihn mir überglücklich auf den Kopf. Ich rief meinem Freund zu: „Komm her, ich habe den Ausreißer!“ Beide landeten wir nach einer Stunde Suche wieder auf dem Bahnhof in Pruchten. Wir warteten den nächsten Zug ab, um dann nach Hause zu fahren, denn die letzte Kinovorstellung hätten wir nicht mehr geschafft. Später haben wir oftmals noch über diese Hutsuche lachen müssen.

Am Wochenanfang meldete ich mich wie an jedem Morgen in der Försterei, um meinen Arbeitsauftrag zu erhalten. Mein erster Blick galt beim Betreten des Zimmers dem Gewehrschrank meines Lehrchefs. Ich hoffte auf die Erlaubnis, alleine auf Jagd gehen zu dürfen. Den zweiten Blick richtete ich auf die rechts in der Ecke stehende große Standuhr. Gerne lauschte ich dem herrlich klingenden Gong dieser Uhr. Mich ergriff das Gefühl zu träumen, Klänge aus einer anderen fernen Welt zu hören. Mich aus meinen Gedanken reißend, trat der Revierförster, freundlich wie immer, aus seinem kleinen Büro und sagte: „Fahre zunächst nach Ibenhorst. Dort wirst du den Haumeister Krämer treffen. Dem hilfst du beim Holzaufmessen. Richte dich so ein, daß du dich pünktlich um zehn Uhr bei der Einfahrt des Ahrenshooper Gehölzes einfindest.“ Verabredungsgemäß traf ich den als fleißigen, gewissenhaften Forstkollegen bekannten Haumeister Krämer. Während ich mit der Kluppe den Durchmesser sowie mit dem Meßstab die Länge der gefällten Kiefernstämme maß, schlug Krämer die jeweilige Nummer, die Länge und den Durchmesser mit einem Numerierhammer vorne an den Stamm. Anschließend übertrug ich die Werte in das Nummernbuch.
Die Arbeit ging uns flott von der Hand. Jetzt wurde es Zeit, mich aufs Fahrrad zu schwingen, um pünktlich am Ahrenshooper Gehölz zu erscheinen. Vor mir lag ein ca. 54 ha großes Waldstück, unmittelbar vor dem bekannten Urlauberort

Ahrenshoop. Es handelt sich um ein sehr altes Waldgebiet, das bereits im Jahre 1552 beschrieben wird. Diese Waldgesellschaft stockt auf stark zersetzten, 0,5 bis 1 m mächtigen Bruchwaldtorfen. Der Untergrund ist Seesand. Die Bestockung weist alle Altersklassen auf und setzt sich in erster Linie aus Stieleichen, Rotbuchen, Moorbirken, Ebereschen und Wildapfel zusammen. Besonders auffallend ist die Strauchschicht, die zum überwiegenden Teil aus Stechpalmen besteht. Bemerkenswert ist auch die Bodenflora, die durch Waldmeister, Maiglöckchen und Salomonsiegel geprägt wird. Jetzt hörte ich auch schon den Chef mit seinem kleinen Mifa-Motorrad angetuckert kommen. Auf dem Rücken trug er seinen mit dem Kopf aus dem Rucksack schauenden Rauhhaardackel und eine Doppelflinte. „Aha“, dachte ich, „irgendwie sieht es hier nach Jagd aus.“ Ich hatte recht. „Wir werden“, so der Revierförster, „versuchen, einen Hasen zu bekommen, den ich dringend für den kommenden Besuch benötige.

Wir schoben beide unsere fahrbaren Untersätze in die Büsche, danach erklärte er mir den Ablauf der Jagd. „Du wartest fünf Minuten“, meinte er, „dann drückst du die linke Seite dieses Waldstückes durch, indem du hin und her, kreuz und quer bis an den Wiesenrand gehst. Sollte ein Schuß fallen und hörst du mich rufen, dann brichst du dein Treiben ab und kommst an den Weg, an dem ich stehe. Ansonsten gehst du, wie gesagt, an die Wiese." Ich wartete nun, schaute auf meine Taschenuhr und begab mich pünktlich nach fünf Minuten auf die linke Seite des Bestandes. Es bot sich mir ein herrliches Bild: Uralte Eichen und Buchen mit eingesprengten Birken, darunter viele Ilex-Büsche. Begeistert von diesen herrlichen, urwüchsigen Bäumen, trieb ich nun kreuz und quer, um einen Hasen aufzustöbern. Vor mir sprangen plötzlich drei Rehe ab, die ich wahrscheinlich aus ihrem Bett hochmachte. Sie verhofften nach einigen Fluchten und äugten zu mir zurück. Jetzt konnte ich sie als Ricke, Schmalreh und weibliches Kitz ansprechen. Sie sprangen aber bald hochflüchtig in Richtung Waldkante ab. „Ein Reh will der Revierförster ja nicht schießen", dachte ich. „So mußt du dich weiter anstrengen, damit ihm das Richtige vor die Flinte läuft." Plötzlich sah ich etwas Braunes. Da entdeckte ich auch schon die langen Löffel. Das konnte nur ein Hase sein, in der Tat. Nach ein paar Schritten erkannte ich einen in der Sasse liegenden Hasen. Er ließ mich auf fünf Meter herankommen, um dann eiligst aufzustehen und nach mehreren geschlagenen Haken die Richtung zu wählen, in der meiner Meinung nach der Chef stehen mußte.

Ich sollte recht haben, denn es brach ein Schuß. Ruckartig blieb ich stehen, um mich zu orientieren, wie ich auf dem kürzesten Weg zum Schützen gelangte. Aber dann hörte ich ihn auch schon rufen: „Hoop!" Ich antwortete mit einem ebenfalls langgezogenen „Hoop!". Als ich mich zielstrebend seinem Standort näherte, sah ich, wie er den erlegten Hasen musternd hochhielt und ihm anschließend die Blase ausdrückte. „Das hat auf Anhieb geklappt", empfing er mich. „Der Hase kam bei mir auf zwanzig Schritt angehoppelt und wollte gerade hinter einem Ilexbusch verschwinden, als ich ihn auf den letzten Drücker noch erwischen konnte." „Waidmanns Heil!" sagte ich und freute mich mit ihm. „Bist du auch mit offenen Augen durch diesen Wald gegangen?"

fragte er mich. „Ist er nicht herrlich? Man bezeichnet ihn als Plenterwald. Du wirst dich erinnern, wie ich dir neulich im Unterricht etwas über die verschiedenen Wirtschaftsformen, auch über den Plenterwald, erzählte. Die Stämme werden hier auf kleinster Fläche stammweise genutzt, so daß sich nebeneinander Holz von allen Altersklassen befindet. Dies entspricht der Natur. Holzeinschlag darf man nur sehr behutsam und umsichtig durchführen. Die zu fällenden Bäume dürfen möglichst keinen Unterwuchs beschädigen. Wir werden beide demnächst hier Bäume auszeichnen, und zwar solche, die krank oder schon abgestorben sind, bzw. deren Kronen ausgebrochen sind."

Dieses Ahrenshooper Gehölz wurde dann im Jahre 1961 unter Naturschutz gestellt, sogar zum Totalreservat erklärt. Das heißt, daß man hier alles der Natur überließ, weder Holzeinschlag noch die Aufbereitung umgefallener Bäume vornehmen durfte. Dieses Waldgebiet stellt auch heute immer noch eine Sehenswürdigkeit dar und wird gerne von den Urlaubern aufgesucht. Von den uralten Eichen und Buchen überschattet, finden wir hier das größte europäische Ilex-Vorkommen (Ilex-Aquifolium).

„So, das wär's!" meinte Revierförster Dall. „Du fährst jetzt wieder nach Ibenhorst und hilfst dem Haumeister Krämer." Er verstaute den Hasen im Rucksack und begleitete mich bis zu unserer Ausgangsstelle, setzte sich auf sein Motorrad, trat ein paarmal kräftig in die Pedale, um den Motor anzuwerfen, grüßte noch einmal freundlich zurück und tuckerte in Richtung Born. Ich sah ihm und seinem aus dem Rucksack äugenden Teckel nach und dachte: „Einen Hasen hätte ich auch gerne noch geschossen." Auch sein Hund wird nicht ganz zufrieden gewesen sein, sicher vermißte er eine Nachsuche. Ich freute mich, einen herrlichen Wald kennengelernt zu haben.

In der Rotwildfütterung versteckt

Eines Tages sprach der Lehrchef zu mir: „Du wirst dich heute nachmittag an der Fütterung in Abteilung 156 ansetzen, um das Rotwild zu zählen. Du mußt aber gut in Deckung sitzen, damit das Wild dich nicht eräugt.“ Das erschien mir mal wieder ein interessanter Auftrag zu sein. In den späten Nachmittagsstunden bestückte ich die vor der Rotwildfütterung aufgestellten Tröge mit Kastanien, Eicheln, Roggen- und Sojaschrot und überlegte, wo ich mich am besten verstecken könnte, um meine Aufgabe erfolgreich zu lösen. Ich schaute mich um und konnte mich nicht dazu entschließen, mich an den Dickungsrand zu stellen, da der Wind ungünstig blies. Außerdem mußte ich damit rechnen, daß das Wild die Dickung als Anmarschweg benutzte, was aufgrund der vielen Wechsel sehr wahrscheinlich war. Jetzt kam mir der Einfall, mich einfach oben auf das in der Rotwildfütterung lagernde Heu zu packen. Auch der Wind wäre dazu günstig, Witterung könnten sie also nicht von mir bekommen. Gedacht, getan. Ich kletterte seitlich auf das in der Fütterung befindliche Heu, kuschelte mich ein, so daß nur der Kopf herausschaute, und wartete auf die Dinge, die da kommen sollten. Ich lag vielleicht eine knappe halbe Stunde in meinem weichen Heubett, als auch schon die ersten Gäste kamen: Sauen. Eine Bache mit sechs Frischlingen stürzten sich auf die von mir auf den Erdboden geschütteten Eicheln.

Es dauerte nicht lange, als die nächsten Schwarzkittel erschienen. Drei Überläufer wollten sich an diesem herrlichen Fraß beteiligen. Aber die Bache, die diese unerwünschten Gäste eräugte, warf auf, stieß ein kurzes “Wuff” aus und scheuchte so die drei Überläufer in die Dickung zurück. Die Bache kehrte zurück, sicherte eine Weile und machte sich dann wieder gemeinsam mit den Frischlingen über die Eicheln her. Ich hörte deutlich das gierige Zerknacken der Früchte. Aber schon wieder steckte ein Überläufer vorsichtig den Kopf aus der Dickung, um sich langsam an die am Rande liegenden Eicheln heranzutasten. Das gelang ihm aber nicht, da die futterneidische Bache ihn mit erneutem "Wuff" dorthin zurückscheuchte, von wo er kam. Man hörte am fernen Knacken in der Dickung, daß sie ihn wohl gleich über eine größere Strecke abschlug, um ihm seine Frechheit ein für alle Mal auszutreiben. Diese Gelegenheit nutzten die beiden anderen Überläufer. Sie fraßen, was das Zeug hielt. Wagten sich Frischlinge in ihre Nähe, hauten sie kurz mit ihrem Gebrech nach oben und warfen den Getroffenen in die Luft, was dieser mit einem schrill klagenden Laut quittierte. Dies wiederum alarmierte die Bache, die ihren Frischlingen zur Hilfe eilte. Aus der Dickung zurückgeflüchtet, stürzte sie sich auch schon auf einen der beiden Überläufer. Der Angegriffene flüchtete in großem Bogen um die Rotwildfütterung, um dann Kurs auf die Dickung zu nehmen, während der zweite Überläufer es vorzog, gleich freiwillig im dichten Gehölz zu verschwinden.

Nach wenigen Minuten erschien die Bache wieder, aber diesmal auf der gegenüberliegenden Seite meines Verstecks. Sie näherte sich auf dreißig Schritt, warf plötzlich auf, nahm das Gebrech hoch und windete. Da hörte ich schon ihr lautes Blasen, das die Frischlinge dazu veranlaßte, aufzuwerfen. Sie blies noch stärker, um dann mit aufgerichtetem Pürzel in die Deckung zu verschwinden. Den Frischlingen blieb nichts anderes übrig, als ihrer Mutter, die die höchste Alarmstufe ankündigte, gehorsam zu folgen. Alles klar. Die Bache bekam Wind von mir. Schade, das interessante Spiel nahm auf diese Art und Weise ein schnelles Ende. In der Hoffnung, bald wieder Wild beobachten zu können, legte ich mich wieder in eine bequeme Lage, wobei ich das weggerutschte Heu über den Körper schüttelte. Um mich herum herrschte Stille. Ein leiser Windhauch strich über die Baumwipfel, der die kleinen Zweige in eine geringe Bewegung versetzte. Die Sonne verschwand bereits vor kurzem hinter den Baumkronen. Der frische Heuduft zog in meine Nase, was ein plötzliches Kribbeln verursachte und mich zum Niesen zwang. „Ein Glück“, dachte ich, „mit diesem Geräusch hätte ich sämtliches Wild vertrieben.“ Die Zeit verstrich. Nichts rührte sich. Nur ein Eichelhäher krächzte weit von mir entfernt. Dies ließ mich hoffen, das von ihm angemeldete Wild bald sehen zu können. Aber nichts geschah. Eine Müdigkeit überfiel mich, die durch das mollige, warme Heubett noch verstärkt wurde. Als mir die Augen mehrmals zufielen, sagte ich mir: „Du darfst nicht einschlafen und womöglich nur von Wild träumen, statt es mit offenen Augen zu beobachten und zu zählen.“

Tja, mein Geist war willig, aber das Fleisch schwach, denn ich schlief fest ein. Ich träumte von einer Treibjagd, an der ich als Jäger teilnahm. Auf dieser Jagd flüchtete mir von hinten ein Keiler zwischen die Beine. Das Gewehr flog im hohen Bogen weg und mir blieb nicht erspart, mich mit vorgestreckten Händen an den Tellern dieses Urians festzuhalten, um auf dem hochflüchtigen Borstenvieh davonzureiten. Ich zog, nicht faul, das Messer aus der Tasche, klappte es auf und stach den Wüterich dummerweise nur durch den großen Teller. Der Keiler, von einer ungewöhnlichen Last bepackt und jetzt noch durch so einen blöden Stich gereizt, ging mit steil hoch gerichtetem Pürzel in eine solche hohe Flucht über, daß er selbst die Übersicht verlor und gegen eine Eiche prasselte, während ich im hohen Bogen vom Keiler flog und auf den Boden aufschlug. Ich überprüfte meine Knochen auf Vollständig- und Funktionstüchtigkeit. Mein Gesicht erhellte sich, als ich feststellte, daß ich mich mit heilem Körper an den vor der Eiche mit gebrochenem Genick liegenden Keiler heranwagen konnte. Ich zückte also das Messer und fing an, ihn aufzubrechen. Als ich ihm sein Patengeschenk entfernen wollte, wurde ihm das wohl doch zu bunt. Er schlug mit beiden Hinterläufen stracks nach hinten aus, so daß ich beiseite geschleudert wurde und zusehen mußte, wie mein mir schon sicherer Braten noch hochflüchtig und mit winkendem Pürzel von mir Abschied nahm. Plötzlich werde ich am Arm geschüttelt, sehe meine Mutter am Bett stehen, die mich aufgeregt fragt: „Willst du denn heute gar nicht zur Arbeit gehen?“, während ich schlagfertig antwortete: „Mutter, ich muß noch eine Nachsuche machen.“ Hiermit endete mein Traum.

Ich öffnete blinzelnd die Augen, schloß sie wieder, um erneut ein Blinzeln zu wagen und zu prüfen, ob ich noch träumte oder schon wach sei. Ich traute meinen Augen nicht: an allen Krippen standen Hirsche, die sich das von mir dargereichte Futter munden ließen. Hellwach fing sofort an zu zählen: acht Geweihte, welch herrlicher Anblick vor mir in nur dreißig Metern Entfernung. Ich sah: es handelte sich hier um mittelalte Hirsche, vom Achtender bis zum Sechzehnender. Sie standen gleichmäßig verteilt an die Krippen. Hier gab es kein Gerangel und keinen Futterneid, wie ich es vorhin bei den Schwarzkitteln erlebte. Ich wagte nicht, mich zu rühren, um durch meine Bewegung bei den Hirschen nicht den Verdacht aufkommen zu lassen, es läge etwas im Heu, was dort nicht hingehöre. Der Wind strich auf mich zu. Es bestand also keine Gefahr, das Wild zu vergrämen. Einer der Hirsche sicherte ständig. Ab und zu aufwerfend, äugten sie in die Richtung, aus der sie Gefahr vermuteten. Da sie sich kaum für meine Lagerstatt interessierten, wog ich mich in Sicherheit. Plötzlich verspürte ich wieder dieses verdammte Kribbeln in der Nase, das ein verräterisches Niesen ankündigte. Mich an den Ratschlag meines Lehrprinzen erinnernd, daß das Massieren der Nasenspitze mit Daumen und Zeigefinger ein lautes Niesen verhindern solle, versuchte ich dies sofort. Ich verspürte einen Erfolg, denn das Kribbeln in der Nase verschwand im Nu. Mein erneuter Blick zu den Hirschen bestätigte mir, daß ich weder verdächtige Bewegungen noch Laute verursachte. Sie steckten noch alle friedlich ihren Windfang in den Trog oder bewegten erhobenen Hauptes den Äser hin und her, um die Kohlrüben mit den Zähnen zu zerkleinern und in den Pansen wandern zu lassen. Doch plötzlich änderte sich das Bild. Ein lautes knackendes Geräusch ließ die Hirsche aufwerfen. Alle äugten mit nach vorn gerichteten Lauschern in die Dickung, aus der das verdächtige Geräusch kam. Als nochmal Äste brachen, war es ihnen zuviel. Die Geweihten flüchteten in entgegengesetzter Richtung. Schnell entschwanden sie meinen Blicken. Gespannt sah ich zum Dickungsrand, um irgendwas Verdächtiges zu erspähen.

Die Abenddämmerung brach herein. Der Wind blies stärker, ich verspürte eine frische Kühle im Gesicht. Schnell schüttelte ich mein Bett etwas auf und warf verstärkt Heu über meinen Körper, um nicht zu frieren. Ich mußte jetzt mit einem langen Aufenthalt in diesem Versteck rechnen. Auf jeden Fall wollte ich noch den das Geräusch verursachenden Übeltäter zu Gesicht bekommen. Äste brachen erneut. Das Knacken kam näher und entfernte sich wieder. Eine Eule rief in der Nähe "uhuuuuuu, uhuuuuuu". Der Ruf ging mir durch Mark und Bein. Ein noch nicht gekanntes, schauerliches Gefühl überfiel mich. Da hörte ich schon wieder knackende Geräusche in der Dickung. „Sollte sich hier ein Mensch umhertreiben? Aber was wollte er dort, zumal die Lichtverhältnisse für ein eventuelles Suchen nach einem Weihnachtsbaum nicht mehr ausreichten. Außerdem war erst in drei Wochen Weihnachten. Wer holt sich jetzt schon einen Baum?" Erneut dachte ich über die Ursachen dieser merkwürdigen Geräusche nach und erschrak plötzlich. Unmittelbar vor mir knackte es ganz laut. Jetzt bewegten sich einige Kiefernzweige. Das konnte ich deutlich aufgrund des inzwischen über den Waldrand einfallenden Mondlichtes erkennen. Es schob sich ein dunkler Körper aus der Dickung. Ich schaute krampfhaft durch das mir vom Revierförster mitgegebene Fernglas. „Sehe ich richtig?" Ein großer Keiler stand dort, äugte in meine Richtung und rührte sich nicht vom

Fleck. Das Gewaff leuchtete ab und zu im Mondlicht, so daß ich auf einen alten Bassen schloß. Der lange Pürzel mit dem großen Quast bestärkte mich in meiner Ansicht. Dann machte er zwei bis drei Gänge, äugte wieder einige Minuten regungslos zu den von mir hingeschütteten Eicheln. Endlich zog er langsam auf die Fütterung zu und fing an, die Eicheln aufzunehmen. Das Zermahlen dieser Früchte und das anschließende Schmatzen zeugten davon, daß ich ihm einen gut gedeckten Tisch bereitete.

Das plötzliche "Uhuuuuuu, Uhuuuuu" des Waldkauzes ließ den Schwarzen aufwerfen. Er sicherte einige Sekunden, um sich dann wieder genüßlich dem Fraß zuzuwenden. Ich hörte ein erneutes Ästeknacken in der Dickung. Auch der Keiler warf auf und sicherte. Ein zweites Geräusch aus derselben Richtung wurde meinem Schwarzen zuviel. Er flüchtete in die Dickung. Ich hörte ein Prasseln, ein Hin- und Herflüchten in der Dickung und schließlich das kurze Aufklagen eines Stück Schwarzwildes. Es dauerte nicht lange, bis mein Keiler wieder aus der Kieferndickung hervortrat. Mein Glas hochnehmend, erkannte ich, daß es gar nicht mein Keiler war, sondern ein anderes Stück Schwarzwild ohne Gewaff. Aber was, ein junger Keiler oder ein weibliches Stück? Das zu erkennen, ließ das noch zu schwache Mondlicht nicht zu. Der Schwarzkittel zog langsam auf die Fütterung zu und begann vorsichtig mit dem Eichelfraß. Plötzlich sah ich doch, wie sich mein Keiler, am aufblitzenden Gewaff erkennbar, vorsichtig aus der Dickung schob. Er äugte zu dem bereits auf der Dickung schmatzenden Stück, trollt auf seinen Artgenossen zu und versuchte, das Stück zu beschlagen. Die auf das Liebesspiel noch nicht eingestimmte Bache wehrte sich, biß und flüchtete in die Dickung zurück, während der Keiler sich hinterhermachte. Ich hörte dann noch mehrmals das Hin- und Herpoltern der beiden und das vom Liebesspiel herrührende Klagen der Bache, was nun in immer größeren Entfernungen und Zeitabständen zu hören war. „Was nun?"

dachte ich. Ich verspürte plötzlich einen Lufthauch im Nacken. „Sollte der Wind sich gedreht haben?“ Ich hob den im Mund angefeuchteten Zeigefinger über den Kopf. Dies bestätigte meine Vermutung. Bliebe ich jetzt liegen, würde alles an den Trögen und auf der Kirrung stehende Wild durch mich vergrämt. Es blieb mir also nichts anderes übrig, als aus meinem Versteck hervorzukriechen. Wieder auf der Erde, reckte ich mich, denn durch die lange seitliche Körperlage wurden doch einige Glieder steif. Es bereitete mir dank des Mondlichtes keine Mühe, das Versteck meines Fahrrades zu finden. Ohne das Licht am Fahrrad einschalten zu müssen, fand ich unter Begleitung des am herrlichen Sternenhimmels stehenden Vollmondes den Weg nach Hause. Als ich im Bett lag, dachte ich noch lange über das am heutigen Abend Erlebte nach. Dann fiel ich in einen tiefen Schlaf.

Ich habe dann nach vielen Jahren den im Heu der Rotwildfütterung erlebten Traum in Gedichtform gekleidet. Man möge mir nicht böse sein, dieses in meinem Heimatdialekt getan zu haben.

Schwiensrieden

Wat nu neulich doch passiert,
dat drägt tau tau Heiterkeit.
Dat is gor nicht so verkihrt,
wenn man dat vertellen deit.

Bi ein’ Driwjagd wihr dat mal,
dor schöt einer up ein Schwien.
Hei schöt alle Löp dor kahl,
jo, wi kann dat anders sin.

Ein Keiler grep plötzlich an!
Taufällig möt ik dor stahn.
Oh, wat löp hei, wat hei kann.
Minsch, ik har em gor nicks dan.

Ihrer ik mi nu verseih,
nee, wat Getös, Gelächter,
dor towt hei mi dörch dei Bein,
jawoll,so dwast von achtern.

Dat Biest schleudert hoch nu mi,
as har hei mit mi kein Last.
Schnell hol ik mi nu an't Vieh
an dei groten Teller fast.

Doch dit hett hei falsch verstahn:
hei käm richtig nu in Draff.
Let im Lopen noch ein' gahn,
joggte blindlings mit mi af.

Sien Pürzel hoch, oh mi leif,
hürt schon dei Engel singen.
Seh mi schon mit Kranz und Schleif
hin' up den Kirchhoff lingen.
Oh,wo will hei hen mit mi?
Dit mag ik gor nich lieden.
Sall ik mit dat Borstenvieh
noch in den Holt rinrieden?

Mit 'ner Hand versöcht ik schnell,
dat Metz nu ruttautrecken,
um mit ordlich lut Gebell
den Keiler so tau strecken.
Jo, nu holt ik ut taun'n Stich,
min Ogen blitzten heller.
Oh, ik stöt den Wüterich
dörch den rechten Teller.

Nee, dit künnt hei gor nicht af.
Hei let em richtig glieden.
Bannig würd dei Arm schon schlaff
bi dit verdammte Rieden.

Plötzlich joggt hei geg'ne Eik.
Ik sauste hoch in Bogen.
Minsch, ik föl wahrhaftig weik,
heil wier min Krüz und Krogen.

Und mien Keiler leg wi dot.
Doch sien Waffen wier'n noch heil!
Bloß sien Kopp wier bäten rot.
Minsch, ik dacht dat wier so'n Deil!

Wi ik hinnen schnieden will,
ganz erbarmungslos und frech,
oh, dor hölt dat Biest nich still,
fort hei hoch und rönnt mi wech.

Ik kreech een Schlag von hinnen:
seh Mudder am Bett dor stahn.
„Bist du denn ganz von Sinnen?
Wist du nich tau Arbeit gahn?"

Und ik kiek ehr an ganz kolt
und fohrte hoch vom Laken:
„Mudder, ik möt schnell tau Holt,
ik möt 'ne Nahsäuk maken!"

Die Dachsbuletten

Meine Forstlehre mußte ich jäh unterbrechen. Der Krieg tobte bereits vier Jahre. Seine Schrecken lernte ich bereits während der Arbeitsdienstzeit kennen. Bei einer Flak-Einheit dienend, schossen wir mit unseren Geschützen auf Flugzeuge, die fortwährend Berlin angriffen. Die Stadt brannte an allen Ecken und Kanten. Das alles sollte aber erst für mich der Vorgeschmack sein, denn bald darauf wurde ich Soldat bei der Division Hermann Göring. Nach einer harten - ich möchte behaupten, unmenschlichen - Ausbildung in Holland lernte ich die Kriegsschauplätze in Italien und im Osten kennen. Hitler bereitete uns junge Menschen mit seinen Parolen "Volk ohne Raum", "Verteidigung des Vaterlandes" und dergleichen mehr auf diesen wahnsinnigen Krieg vor. Mit Begeisterung trainierten wir Jungen Geländespiele und das Marschieren, und mit Elan zogen wir in den Krieg, im Bewußtsein, etwas Gutes für das Vaterland zu tun. Aber das böse Erwachen kam an der Front, als es nur noch ein Rückwärts gab, unsere für den Erdeinsatz eingesetzten Flakgeschütze zerstört waren und wir uns als Grenadiere verteidigen mußten. Mehrmals wurden wir eingeschlossen, doch jedes Mal schafften wir es mit Blutvergießen, den Kessel zu durchbrechen. So trieb uns die Rote Armee quer durch Ostpreußen.

Ab Mitte Januar 1945 trat der Gegner zum Gegenangriff in Ostpreußen an. Nach mehrstündigem Artilleriefeuer rollten seine Panzertruppen unentwegt voran. Eine erdrückende Übermacht. Auf elf sowjetische Soldaten kam ein deutscher Verteidiger. Immer wieder mußten wir unsere Stellungen und Boden für Boden aufgeben. Ende Januar meldeten die Sowjets die deutschen Verluste an der Ostfront mit 295.000 Toten und 86.000 Gefangenen an. Sie zerstörten 3.000 Panzer, 15.000 Geschütze, 552 Flugzeuge und 34.000 Fahrzeuge. Furchtbare Szenen spielten sich auch unter der Bevölkerung ab. Hunderttausende Menschen flohen in eisiger Kälte. Endlose Trecks versperrten die Straßen. Alles floh gen Westen. Es herrschte überall Panik, Schrecken und Chaos. Ende Januar legte die Rote Armee eine Atempause ein. Sie besetzte Polen und eroberte auch Ostpreußen, bis auf das Gebiet um Königsberg. In diesem Kessel kämpfte auch ich bis fast zum letzten Tag. Hitler prophezeite am 30. Januar 1945 in seiner letzten Radioansprache den Endsieg durch den Einsatz von Wunderwaffen. Diese Wunderwaffen, auf die wir ja sehnlichst warteten, kamen nicht. Somit schwand auch bei uns Soldaten immer mehr die Hoffnung, diesen mörderischen und irrsinnigen Krieg gewinnen zu können. Das herrliche Ostpreußen, das ich von Erzählungen und von Jagdbüchern her kannte, sollte ich nur als Kriegsschauplatz kennenlernen. Ringsherum brennende Städte und Dörfer, verwüstetes Land, übersät mit Toten. Grausame Bilder prägten sich bei mir tief ins Bewußtsein ein. Ich wurde davon überzeugt, daß ein Krieg das Furchtbarste auf der Welt ist.

Ich hoffte, endlich einmal Fronturlaub zu erhalten. Aus diesem Grunde sparte ich die als Marketenderware erhaltenen Zigaretten auf, um sie unserem Vater mit heimzubringen und ihm eine Freude zu bereiten. Ich trug sie immer bei mir in meinem Sturmgepäck. Da ich selber nicht rauchte, häufte sich der Vorrat entsprechend an. Wir befanden uns erneut auf dem Rückmarsch. Eine über einen Bach führende Brücke sollte überquert werden. Wir saßen auf unserer Zugmaschine, als plötzlich der morsche Brückenbelag nachgab. Er fing an zu knistern, zu knacken und letzten Endes zu bersten. Wir sahen uns bestürzt an, ahnten was jetzt passieren mußte. Wir hielten uns krampfhaft an den Sitzen fest und sausten in die Tiefe. Da der Bach nicht allzu tief und breit war, erreichten wir schwimmend, bzw. bis an den Hals im Wasser watend das Ufer. Unsere Rucksäcke schwammen auf dem Wasser. Unsere Zugmaschine und Kanone wurden anschließend von einem Panzer wieder herausgezogen. In meinem von mir aus dem Wasser gezogenen Rucksack mußte ich mit traurigen Blicken erkennen, daß ich jetzt die für den Vater aufgesparten Zigaretten wegwerfen mußte, da es keine Gelegenheit gab, sie wieder zu trocknen.

Nur wenige angenehme Erinnerungen dieses Krieges sind bei mir haftengeblieben, so unter anderem eine kleine Feier im Erdbunker an der Front. Eines Abends gab unser Unteroffizier bekannt, daß zwei Mann und ich zu Gefreiten befördert seien. Schon holte er eine Flasche mit Gin hervor und forderte uns auf, diese Beförderung zu feiern. „Wenn Sie schon nicht rauchen, Gefreiter Martens“, sprach er, „dann müssen sie heute beweisen, daß Sie trinkfest sind.“ „Oh, das kann noch heiter werden“, dachte ich. „Aber hier, zum Gelächter aller unter den Tisch fallen, das machst du nicht.” Schon prostete er mir und den anderen zu und rief: „Laßt uns auf die Beförderung trinken. Zum Wohl!” Das Thema 1 bei den Soldaten: schmutzige Witze erzählen, bestimmte schon die nächsten Minuten. Da sie merkten, daß ich auf diesem Gebiet nicht so recht zu Hause war, verlangten sie, daß ich zumindest eine Jagdgeschichte erzählen sollte. Ich ließ nicht lange auf mich warten und fing an zu erzählen:

„Ein Förster vom Darß schoß eines Morgens auf ein großes Wildschwein, das nach dem Schuß hochflüchtig in den am Bodden liegenden Schilfgürtel verschwand. Der Jäger fand zu Beginn der Nachsuche ein Stückchen zerschossene Leber. In der Hoffnung, das Wildschwein nach diesem Leberschuß bald zu finden, setzte er seinen Hund an, der ihm auch sofort die Schweißfährte anzeigte und ihn mit ins Schilf hineinzog. Nach einigen Metern fand der Hund die nächsten Leberstücke. Der Förster folgte seinem ihn förmlich nach vorne reißenden Hund immer schneller in der felsenfesten Überzeugung, die angeschossene Wildsau nach nur noch kurzer Entfernung verendet zu finden, zumal er nach dem wiederholten Finden von Leberstücken sich einreden mußte, den

gesamten Rest der Leber entdeckt zu haben. Nach der Durchquerung der Schilfstreifen lag nun der Bodden vor ihm. Die Schweißfährte führte ins Wasser. Der Hund versuchte seinen Herrn ins kühle Naß zu ziehen, was dieser aber verhinderte, nicht gewillt, sich auch noch ein nasses Fell zu holen. Er brach die Nachsuche entäuscht ab.
Nach ca. drei Wochen führte man eine Treibjagd jenseits des Boddens auf dem Festland durch. Ein Jäger schoß auf ein großes Schwein. Der Schütze brach nach dem Treiben seine erlegte Sau auf und suchte nach der Leber, da ihm seine Frau ausdrücklich mit auf den Weg gab, auf jeden Fall eine Leber mitzubringen, da es am Sonntag ein Festessen geben sollte. Er grabbelte wiederholt zwischen Därmen herum. Kopfschüttelnd gab er das Suchen auf. So etwas passierter ihm noch nie: Er schoß ein Schwein ohne Leber.
Es war also sonnenklar, was der Förster allerdings nicht ahnen konnte, daß er das vor einigen Wochen angeschossene Schwein vom Darß erlegte. Dieses erreichte damals schwimmend das andere Ufer und suchte dort im Walde Zuflucht bis ihm jetzt dieses Schicksal ereilte."

Meine Zuhörer lauschten gespannt meiner Geschichte. Der Unteroffizier, der zwischenzeitlich schon reichlich in die Flasche schaute, meinte mit schwerer Zunge: „Ja, so etwas soll's geben. Es gibt Tiere, die können was ab. Das hat schon mein Großvater gesagt, und der war auch Jäger." Er goß sich erneut vom Wacholder-Branntwein ein. „Trinken wir auf die Jägerei", lallte er und wollte mit mir anstoßen. Erstaunt über meinen leeren Becher, nahm er die Flasche und goß ihn bis zum Rand voll. „So!" meinte er, die Augen verdrehend, „jetzt wird 'Ex' getrunken. Auf die Jägerei. Prost!" Er vergewisserte sich anschließend, ob ich auch alles austrank, indem er seine Nase tief in meinen Becher steckte. Davon überzeugt, rief er aus: „Jawohl, du bist der richtige Jäger. Du kannst saufen wie ein Loch!" Er bemerkte glücklicher Weise nicht, daß ich nach seinem Einschenken blitzschnell den

Inhalt auf die Erde goß. Es wurde ein feucht-fröhlicher Abend. Mich aber unter den Tisch trinken, das schaffte der Unteroffizier nicht.

Wie es mir gelang, aus dem Hexenkessel Ostpreußen hinauszukommen, wie ich ins Internierungslager in Eger (Tschechoslowakei) kam, dann den Darß wiedersah und anschließend die Forstschule besuchte, erzählte ich in meinem Buch "Wo Adler noch und Stürme jagen".

Nach Ablegen des Försterexamens erhielt ich 1948 das Revier "Jägerbrück". In der Försterei, in einem winzigen Dorf zwischen Torgelow und Eggesin gelegen, wohnten außer mir die beiden Familien But und Arndt. An einem Morgen erschien Herr But, der mit seiner kinderreichen Familie aus dem Sudetenland vertrieben wurde und jetzt bei mir oben in der Försterei wohnte, und erzählte mir aufgeregt, man habe ihm über Nacht die Ziege aus dem Stall gestohlen. Dieses war bereits der dritte Einbruch in wenigen Wochen. Das erste Mal stahl man ihnen fast alle Hühner, dann die Gänse und jetzt die Ziege. Mit meiner Erlaubnis rief er seinen bei der Polizei in Ueckermünde arbeitenden Sohn an. Er sollte sofort mit einem Spürhund kommen, um dem Dieb das Handwerk zu legen. Nach einer Stunde erschien sein Sohn. Er setzte den mitgebrachten Schäferhund dort an, wo der Dieb die Ziege im Stall durch ein in das Lehmfachwerk eingeschlagenes Loch hindurchzerrte. Der Spürhund führte seinen Herrn über den Hof der Försterei und verfolgte die Fährte schnurstracks. Wir sahen deutlich, wie der Dieb wohl versuchte, einen Graben zu überspringen, was ihm jedoch anscheinend nicht gelang. An der Dorfstraße angekommen, zog der Hund in Richtung Gaststätte. Plötzlich blieb er stehen, roch an der Betondecke, lief mehrmals in der Runde und kam wieder zu der selben Stelle auf der Straße zurück. Der Polizist meinte zu uns. „Hier stand wahrscheinlich ein Fahrzeug, mit dem die Ziege dann abtransportiert wurde. Ich muß leider die Suche abbrechen. Es hat hier keinen Zweck mehr." Mir tat es in der Seele weh, ausgerechnet diese Umsiedlerfamilie mit den vielen Kindern von diesem niederträchtigen Diebstahl betroffen zu sehen. Drei Wochen später stahl man dem Gastwirt des Dorfes eine Kuh aus dem Stall. Einen Langholzhänger, der in der Nähe der Försterei abgestellt stand und von dem am nächsten Tag ein Reifen ausgewechselt werden sollte, bockte man nachts mit untergeschobenen Holzkloben auf und befreite ihn von allen Rädern. Sämtliche Diebstähle blieben während meiner Tätigkeit in Jägerbrück unaufgeklärt, obgleich die Polizei sich angeblich Mühe gab, die Diebe zu fassen.

Im Sommer 1948 wurden wir von schweren Gewittern heimgesucht. Ich kannte auch Gewitter vom Darß her, die sich aber meistens über dem Bodden bzw. der Ostsee entluden. Als Kind erlebte ich zweimal, daß durch Blitzeinschläge zwei Häuser in Prerow abbrannten. An einem Nachmittag erschien bei mir in Jägerbrück ein vor einigen Tagen aus der Gefangenschaft zurückgekehrter Bürger aus dem Nachbarort Borken und bat mich, ihm Pfähle für seinen schon morschen Zaun anzuweisen. Nachdem wir uns über einen Termin zur Holzanweisung einigten, sah ich dunkle Wolken am Himmel hochziehen und in der Ferne Blitze, die, von einem Donner begleitet, auf ein starkes Gewitter schließen ließen. „Bleiben Sie so lange bei mir im Büro sitzen, bis das Unwetter vorüber ist!" bat ich den Holzwerber. „Nein, nein", sprach er, „ich habe keine Angst vor dem Gewitter. Außerdem dauert es noch eine ganze Zeit, bis es hier ist. Bis dahin bin ich schon zu Hause." Trotz meiner nochmaligen Bitte ging er in Richtung Borken. Am nächsten Morgen rief seine Frau bei mir an, ob ich wüßte, wo ihr Mann abgeblieben sei, denn er wollte doch nur zur Försterei gehen und sofort zurückkommen. Sie ließ daraufhin den Weg zu mir durch mehrere Bürger absuchen. Man fand ihn schließlich tot unter einer großen Eiche liegen. Er suchte hier Schutz vor dem einsetzenden starken Regen und wurde vom Blitz erschlagen. Er beachtete das alte Sprichwort: "Vor den Eichen sollst du weichen, die Buchen sollst du suchen" nicht, wobei es überhaupt nicht ratsam ist, sich bei Gewitter, unter einen Baum zu stellen, da der Blitz oftmals in den höchsten Punkt des Geländes einschlägt, so oftmals in Bäume, deren Wurzeln mit dem Grundwasser in Berührung stehen.

Einige Tage später half mir der Haumeister Arndt beim Aufmessen und Numerieren von Grubenlangholz. Nachdem wir unsere Arbeit beendeten, fuhren wir mit dem Fahrrad zu einem Saufang, den der Haumeister vor einigen Tagen mit meiner Genehmigung wieder fängisch stellte. Die Freude war groß, als wir eine Bache mit sechs 20 bis 25 kg schweren Frischlingen gefangen sahen. Ich erinnerte mich sofort an die drei Überläufer, die sich während meiner Lehrzeit auf dem Darß fingen und die beim Aufstellen der Transportkisten wieder ausbrachen. „Wie wollen wir die jetzt töten?" fragte ich. „Ich fahre schnell nach Hause und hole meine Saufeder", meinte jetzt Arndt, der anscheinend dies nicht das erste Mal erlebte. Nach einer halben Stunde erschien er wieder und wischte sich den Schweiß von der Stirn. Ich betrachtete seine selbstgebaute Saufeder. Sie bestand aus einer zwei Meter langen Eisenstange mit einem daran befestigten russischen Seitengewehr. Schon sah ich den Haumeister schnellen Schrittes auf den Saufang zugehen. In diesem Moment flüchtete die Bache in voller Fahrt auf Arndt zu. Dieser stach die Saufeder mit einer Schnelligkeit, die ich ihm gar nicht zutraute, durch den Maschendraht, so daß sich die Sau die lange Klinge vorne in den Stich bohrte, rücklings zusammenbrach und nach wenigen Minuten verendete. „Das war der erste Streich, und der zweite folgt sogleich!" rief Arndt triumphierend aus. Der Haumeister ging jetzt zur Ecke, in der sich die großen Frischlinge drängten. Als Arndt sich ihnen näherte, liefen sie einen Bogen und preschten jetzt auf ihn zu. Dieser schob erneut die Saufeder mit voller

Bravour durch den Maschendraht, so daß er einen der Angreifer vorne traf und dieser ebenfalls schnell verendete. Jetzt begann es komplizierter zu werden. Die restlichen fünf Frischlinge griffen zwar immer wieder an, stoppten aber kurz vor Reichweite der Saufeder ab und wichen zur gegenüber liegenden Seite aus. „Wissen Sie was“, sagte ich zum Haumeister, „ich bin weitaus jünger als Sie. Ich werde hineinklettern und die Frischlinge erlegen.“ „Wenn Sie den Mut haben, dann bitte“, antwortete er. Ich kletterte behende über den Zaun, ließ mir die Saufeder durchreichen und stellte mich jagdbereit mit dem Rücken zur Wand. Meine Augen fixierten die in der Ecke postierten Frischlinge. Ich ging mit vorgehaltenem Spieß auf sie zu. Die Frischlinge ließen nicht lange auf sich warten und griffen mich mit “wuff-wuff” in voller Flucht an. Mit der Saufeder stach ich blitzschnell auf den ersten Angreifer ein, sah ihn zusammenbrechen und die anderen in die Ausgangsposition zurückflüchten. Jetzt passierte dasselbe wie vorher beim Haumeister. Die Schwarzen brachen seitwärts aus und gönnten sich in der Ecke eine kurze Verschnaufpause. Nun mußte ich auf sie zugehen, um sie aus der Reserve zu locken. Daraus folgte, daß sie erstmal am Zaun entlang flüchteten, einen Bogen liefen und mit voller Bravour auf mich zustürmten. Kurz vor mir drehten drei Frischlinge ab, während einer in die von mir auf ihn zugestoßene Saufeder hineinlief und somit tödlich getroffen zusammenbrach. Beim Abfangen der letzten drei Schwarzkittel kam ich mir wie ein Torero vor, nur daß ich statt mit einem Stier mit Wildschweinen kämpfte. Ich sprang mal nach links, mal nach rechts und riß meinen Körper herum, einen von hinten angreifenden Frischling zu erwischen. Ich will nicht verhehlen, daß mir der Angstschweiß von der Stirne rann. Ich wollte auch nicht aufgeben, um mir Angst nachsagen zu lassen oder nur halbe Arbeit verrichtet zu haben. So ließ ich nicht locker. Von den immer wieder angreifenden Sauen brachte ich schließlich eine nach der anderen zur Strecke. Erschöpft lehnte ich mich für einige Minuten an den Zaun und dachte: „Einmal und nie wieder!“ Wir brachen die Schwarzkittel an Ort und Stelle auf, schwarteten sie ab und zerlegten sie. Der Haumeister brachte das Wildbret im Dunkeln auf der Karre zur Försterei. Hier teilten wir die Beute, von der sowohl die drei Familien in der Försterei als auch die Forstarbeiter Wildbret abbekamen, die sich alle freuten, weil sie sich mal wieder satt essen konnten.

Eines Tages erschien mein Haumeister und lud mich freundlich zum Bulettenessen am kommenden Sonntag ein. Er habe einen Dachs gefangen und seine Frau würde von dem Fleisch wunderbare Buletten zubereiten. „Schmecken die?“ fragte ich vorsichtig. „Was Besseres gibt es nicht“, betonte der Haumeister. Er redete jetzt so lange auf mich ein, bis ich zusagte. Ich zählte noch drei Tage bis zum Sonntag, aber je näher der Tag des Dachsschmauses heranrückte, um so mehr dachte ich mit einem immer mehr sich verstärkenden Unbehagen an die von seiner Frau vorbereiteten Buletten. Am Sonntagmittag klopfte es auch schon an meiner Zimmertür. „Kommen Sie bitte. Das Essen ist hergerichtet. Wir warten schon.“ Mir fiel es nicht leicht, zögernd zu erwidern: „Ja, ich komme.“ Als ich das Zimmer vom Haumeister betrat, sah ich die Familie schon, mich sehnlichst erwartend, am gedeckten Tisch sitzen. Mitten auf dem Tisch stand die Schüssel mit den noch dampfenden Dachsbuletten. „Nehmen Sie schnell Platz“, forderte mich Frau Arndt auf. „Heiß schmecken die Buletten am besten.“ Ich saß kaum am Tisch, da pikten die Kinder mit ihren Gabeln gierig in die Schüssel und packten sich einen von diesen runden Fleischklößen auf ihren Teller. Sie konnten kaum abwarten, bis ihre Mutter Kartoffeln und Soße auffüllte. Schon sah ich auch den Haumeister sich den Teller vollschieben. Ich legte mir inzwischen einige Kartoffeln auf und nahm etwas Soße. Da rief auch schon die Frau: „Aber Herr Förster, Sie haben ja noch keine Bulette genommen. Langen Sie ruhig zu, sie werden Ihnen schmecken. Seien Sie nur nicht so schüchtern.“

Als mich auch ihr Mann mit Nachdruck nun zum Zulangen aufforderte, mußte ich wohl oder übel doch etwas unternehmen, um nicht die Köchin zu beleidigen. Ich angelte mir jetzt vorsichtig einen etwas kleiner geratenen Fleischkloß aus der Schüssel und packte ihn mir auf den Tellerrand. Schon hörte ich die Frau vom Haumeister erneut sagen: „Nun probieren sie doch die Buletten, sie sind ein Gedicht“, indem sie ihre Kinnladen hin und her schob, um es mir deutlich zu demonstrieren, wie recht sie habe. Ich gab mir jetzt einen Ruck, diesen mich auf dem Teller anglotzenden Fleischkloß erst einmal zu zerkleinern. Schnell schob ich mir ein Stück Kartoffel in den Mund, um noch eine kleine Galgenfrist zu gewinnen. Den Kindern mundete es besonders. Sie schmatzten und langten erneut mit der Gabel in Richtung der Dachsbuletten-Schüssel. „Sei kein Feigling und iß auch davon“, versuchte ich mir nun einzureden. „Na, wie schmeckt es?“ fragte jetzt der Haumeister gespannt. Blitzschnell stach ich nun in die Bulette, um zumindest eine ehrliche Antwort geben zu können. Ich führte die Gabel mit dem aufgespießten Fleischkloß an den Mund, öffnete ihn und biß mit langen Zähnen ein Stückchen ab. In dem Moment bekam ich das Gefühl, Wind von dem gefangenen

Dachs zu erhalten. Meine Nasenflügel vibrierten, mein Magen kam in Erregung und versuchte, den bereits heruntergeschluckten Bissen nach oben zu würgen. Ich drückte mit der Hand meinen Mund gewaltsam zu, sprang, wie von der Tarantel gestochen, vom Stuhl, lief durch das Zimmer, riß die Tür auf und rannte aus dem Haus, um mich an einem hinter der Försterei stehenden Strauch von dem für mich widerlich schmeckenden Fleischbrocken zu befreien. Höflichkeitshalber steckte ich nach einer Erholungspause meinen Kopf durch die Zimmertür und sagte verhalten: „Entschuldigen Sie bitte, mir ist nicht gut. Irgendwas muß mir nicht bekommen sein. Ich lege mich etwas hin." Ich wagte mit dem einen Auge nach der Dachs-Schüssel zu schielen und stellte mit Befriedigung fest, das Festessen nicht gestört zu haben, denn ich konnte kaum noch Buletten in der Schüssel entdecken.

Ein zugelaufener Hund

Schweren Herzens mußte ich das Revier Jägerbrück verlassen. Ohne vorher mit mir zu sprechen, bekam ich von der damaligen Landesregierung ein Telegramm, ich habe das Revier Hütten bei Bad Doberan zu übernehmen. Auch hier lebte ich mich schnell ein. Dieses wunderhübsche Revier mit vielen Buchen, Eichen, Lärchen, Fichten und Kiefern gefiel mir auf Anhieb. Die herrlichen Karpfenteiche gaben dem Wald ein besonders romantisches Gepräge. Ich fand inzwischen eine liebe Frau, die ich in unserem gemeinsamen Heimatort, in Prerow, heiratete. Marga ging es flott von der Hand, die übernommene Försterei in Hütten wohnlich herzurichten. Wir schafften uns bald Hühner, Enten und Puten an. Eine Kuh spendete uns Milch. Die zur Försterei gehörenden landwirtschaftlichen Flächen und Stallungen verpachtete ich an einen Parkentiner Bürger.

Eines Tages inspizierte ich auf der Försterei den mit Getreide gefüllten Stallboden. Als ich die Bodenluke öffnete, bot sich mir ein wahrhaft schauerlich-schönes Bild. In der einen Ecke saßen die Mäuse und auf der anderen unzählige Ratten. Alle taten sich gütlich an den reichlich vorhandenen Getreidekörnern.

Schnell klappte ich die Bodenluke wieder zu und benachrichtigte den Pächter Bernhard Schwarz. Ich bat ihn, gegen diese lästigen Ratten etwas zu unternehmen. „Ich werde meinen Hund rufen“, meinte Bernhard, „der frißt sie auf.“ „Welcher Rasse gehört er denn an, daß er solche Viecher frißt?“ fragte ich ihn. „Das ist ein echter Dorkö“, antwortete er stolz. „Von der Rasse habe ich noch nie etwas gehört“, erwiderte ich. „Einen Dorkö kennen sie nicht?“ fragte er verwundert. „Dorkö bedeutet Dorfköter“, erklärte er mir lachend. Der Pächter pfiff jetzt seinen Hund namens “Nelly“, es war in der Tat ein Mischling, der da freudig um die Ecke gesprungen kam. Anscheinend eine Kreuzung zwischen Terrier und Spitz. Bernhard ging auf der steilen Bodentreppe voran, während sein Hund gewandt hinter seinem Herrn herkletterte. Der Pächter stieß die Bodenluke auf und rief: „Nelly, friß die Ratten auf!“ Ich erklomm schnell die letzten Treppenstufen, um das Schauspiel mit zu erleben. Nelly sauste auf dem Getreideboden hin und her, um eine der vielen umherflitzenden Ratten zwischen die Zähne zu bekommen, aber diese erfaßten sofort die Situation und erkletterten blitzschnell die Wände bzw. die Pfosten, so daß Nelly, des steilen Kletterns unkundig, von unten zugucken mußte, wie die fetten Ratten, auf dem Gebälk sitzend, sich eins ins Fäustchen lachten.

Bernhard Schwarz, wütend geworden, holte nun den großen in der Ecke stehenden Bootshaken und stocherte von unten nach den auf den Balken hin und her laufenden dunklen Gesellen. Sein Keschern bewirkte, daß eine Ratte die Balance verlor, herunterstürzte und sofort versuchte, an dem nächsten Balken wieder hochzuklettern. Jetzt schlug aber Nellys Stunde. Ehe die Ratte sich versah, landete sie auch schon im Fang des Dorkö, der kräftig zubiß und deren Rückrat mit seinen scharfen Zähnen zermalmte und ihr Lebenslicht auslöschte. Ich traute meinen Augen nicht: Nelly fraß die Ratte mit Stumpf und Stiel auf. Nur den Schwanz ließ sie als Beweis ihres gelungenen Fanges auf dem Kornboden liegen. „Haben Sie das gesehen?“ fragte mich der stolze Hundebesitzer. „Das macht Nelly immer so. Den giftigen Schwanz frißt sie nicht mit auf.“ Und schon sah ich den Pächter wieder mit dem langen Bootshaken in Richtung der auf dem Gebälk lauernden Ratten hantieren. Noch dreimal gelang es ihm, für seine Nelly Beute zu machen, die sie wieder bis auf die Schwänze gierig verschlang. Inzwischen verteilten sich die Biester so, daß dem Bernhard, dem der Schweiß schon über sein puterrotes rundes Gesicht lief, die

Lust verging, noch länger mit der langen Stange umherzufuchteln. „Ich werde jetzt beigehen“, meinte Schwarz, „und eine Tonne bauen. Mit der fange ich die Ratten weg.“ Am nächsten Tag führte er mir sein Kunstwerk vor. Für eine mit Wasser gefüllte Tonne konstruierte er einen sich drehenden Deckel. Auf diesem befestigte er angeräucherten Speck, so daß die herangelockten Ratten mit dem sofort umklappenden Deckel ins Wasser fielen und ertranken. Da die Tonne sich durch den Deckel immer wieder selbst fängisch stellte, gelang es dem Pächter, tatkräftig in Kürze viele Ratten wegzufangen. Ab und zu wurde zusätzlich Nelly ins Spiel gebracht, so daß der Rattenbestand bald dezimiert wurde.

An einem der nächsten Abende wurde ich in eine unerwartete Aufregung versetzt. „Kommen Sie bloß mit nach draußen!“ sagte der Landwirt Bernhard Schwarz aufgeregt, als er mein Büro betrat, „es fielen schon mehrere Schüsse bei Ihnen im Revier. Da müssen Wilddiebe ihr Unwesen treiben.“ Ich stürzte aus dem Zimmer und lief mit ihm um die Hausecke. Ich horchte gespannt ins Dunkel hinein, um etwas Verdächtiges zu hören. Ein herrlicher Sternenhimmel deutete auf gutes Wetter für den nächsten Tag hin. Plötzlich fiel mitten im Revier ein Schuß. Ich schaute in die Richtung, aus der der Knall zu uns herüberschallte. Da sah ich oben auf der Kuppe zwischen den Bäumen einen Feuerschein. „Das sind Wilddiebe. Die brutzeln dort ihr geschossenes Wild!“ rief der Landwirt erregt aus. „Wir müssen etwas unternehmen“, forderte er mich auf. „Tja, aber was?” dachte ich. Ich war nicht im Besitz einer Waffe. Unbewaffnet Wilddieben das Handwerk zu legen, schien mir aussichtslos. Hinzu kam, daß die Dunkelheit die Situation erschwerte. „Ich rufe unseren Dorfpolizisten an“, beruhigte ich ihn. Nach einer halben Stunde traf der mit einer Pistole bewaffnete Polizeiwachtmeister ein. Wir erzählten ihm von den Schüssen und zeigten auf das immer noch zwischen den Bäumen ab und zu aufflackernde Feuer. „Hoffentlich haben die Diebe nicht eine von meinen draußen auf der Wiese weidenden Kühen abgeknallt und schmoren jetzt das Fleisch am Feuer“, jammerte Bernhard Schwarz. Der Polizist, ein kleiner stämmiger Polizeiangestellter, meinte: „Wir werden sehen. Machen wir uns auf die Socken.“ Ich holte mir nun eine Taschenlampe aus dem Büro und schritt auf Geheiß des Wachtmeisters voran.

An dem klaren Sternenhimmel stand jetzt der Vollmond. Unser Weg führte zunächst an der großen Koppel vorbei, auf der die Kühe vom Pächter weideten. Er blieb stehen und zählte sie. „Gott sei Dank!“ rief er freudig aus, „sie sind noch alle da.“ „Dann laßt uns weitergehen“, forderte ich beide auf. Ich schlug die Richtung ein, aus der oben auf dem Berg erneut der Feuerschein zu uns herüberleuchtete. Ich marschierte forsch vorneweg, hinter mir Bernhard Schwarz und als letzter wackelte der korpulente Gesetzeshüter, seine Pistole schußbereit haltend, hinterher. „Warum läuft er eigentlich als letzter?“ fragte ich mich. „Hat er womöglich Angst? Vielleicht vermutet er einen Angriff von hinten“, redete ich mir ein. Wir näherten uns dem angesteuerten Ziel. Unten angekommen, meinte der Wachtmeister: „Wir werden den Berg erstürmen.“ Schon liefen wir, ich voran, den Berg hinauf. Der Polizist keuchte hinterher, während Bernhard mutig neben mir lief. Oben angekommen, entdeckten wir zwei junge schlafende Burschen, die Decken über den Körper gezogen, am Lagerfeuer liegen. „Aufstehen!“ brüllte der Polizist.

Schlaftrunken befreiten sich die beiden von ihren Decken und erhoben sich mühsam. „Wo habt ihr eure Waffen?“ fragte der Wachtmeister. „Wir haben keine“, antwortete einer der Jugendlichen. Ich begab mich zur anderen Seite des Berghanges und entdeckte dort einen dritten Burschen. „Steh mal auf!“ forderte ich ihn auf. Dieser erhob sich umständlich. Ich bückte mich und nahm eine unter seinem Körper gehaltene Kleinkaliber-Waffe hoch. „Was habt ihr mit dieser Waffe gemacht?“ fragte der Polizist in barschem Ton. „Nichts“, versuchte jetzt einer von ihnen zu schwindeln. „Na, dann packt mal eure Sachen zusammen und kommt mit“, bestimmte der Wachtmeister. Sie rollten ihre Decken ein, schnallten sich ihre Lederkoppel mit dem Brotbeutel um und folgten uns, nachdem sie erst noch auf mein Geheiß Sand über die glühenden Holzscheite warfen. Auf der Försterei wurden sie noch einmal einem Verhör unterzogen. Sie gaben zu, auf Hasen geschossen zu haben. Sie, Oberschüler aus Bad Doberan, wollten während der Ferien etwas Außergewöhnliches erleben. Wie sie zu der Waffe kamen, wollten sie nicht verraten. Der Wachtmeister nahm sie dann mit nach Bad Doberan zwecks Protokollaufnahme. Ich hoffte im stillen, daß man Nachsicht mit diesen jungen Burschen üben möge.

Einige Wochen später erhielt ich vom Haumeister Zingler in Nienhagen an der Ostseeküste Nachricht, daß sich die Holzdiebstähle in dem dortigen Waldteil, der auch noch zu meinem Revier zählte, häuften. Überraschte Holzdiebe drohten ihm bereits Prügel an. Ja, einer wäre sogar mit der Axt auf ihn losgegangen. Ich benachrichtigte den zuständigen Dorfpolizisten, der dann mit mir den von Zingler genannten Bürger aufsuchte. Schon als wir den Hof betraten, sahen wir große Holzmieten stehen, die zwangsläufig Verdacht erregten. Nach der Herkunft des vielen Holzes befragt, antwortete der Bürger wütend: „Ausgerechnet bei mir suchen Sie gestohlenes Holz? Dies sind nur kleine Fische. Da gehen Sie mal zum Nachbarn. Da sehen Sie ganz andere Mengen.“ Somit bekannte er sich zu seinem Diebstahl und gab uns noch einen wertvollen Hinweis mit auf den Weg. Nachdem der Wachtmeister, ein dicker Ostpreuße, ihm zu verstehen gab, daß das Holz beschlagnahmt sei, begaben wir uns zu dem Nachbarn. Hier entdeckten wir drei große Holzmieten und verstecktes Holz im Schweinestall. Wütend über unseren ungebetenen Besuch denunzierte auch dieser Bürger einen weiteren Dorfbewohner. Ende vom Lied war, daß durch die vielen Hinweise der überführten Holzdiebe zwanzig bis dreißig Einwohner sich für ihre Verfehlungen verantworten mußten. Der Dorfpolizist bekam dadurch alle Hände voll zu tun. Er nahm das von ihm beschlagnahmte Holz protokollarisch auf und leitete entsprechende Ordnungsstrafverfahren ein. Das Polizeikreisamt ordnete an, das beschlagnahmte Holz an das Krankenhaus und an Kindergärten auszuliefern. Polizeifahrzeuge rückten an und fuhren es zu den angewiesenen Stellen ab. Obgleich eine Liste über Namen der Holzdiebe und Mengen des Holzes seitens des Wachtmeisters vorlagen, passierte es, daß auch nicht beschlagnahmtes Holz mit abtransportiert wurde, was natürlich zu berechtigter Verärgerung und zu Eingaben der Bevölkerung führte.

Ich hatte eines Tages dienstlich auf dem Kreisforstamt in Bad Doberan zu tun, wo mich der Leiter des Forstamtes, Forstmeister Klewe, ein auffallend dicker, großer und spitzbärtiger Forstmann, aufforderte, in den nächsten Tagen mit dem zuständigen Holzaufkäufer der Deutschen Holzzentrale (DHZ), die dringend Zellstoffholz benötigte, zu verhandeln. Er gab mir noch einige Tips mit auf den Weg, um das Holz so gut wie möglich zu verkaufen. Als ich auf den Zug von Bad Doberan nach Parkentin wartete, sprang mich plötzlich ein kleiner brauner Hund an und freute sich. Ich streichelte ihn, holte eine Brotschnitte aus meiner Aktentasche und gab sie ihm zu fressen. Dieser verschlang sie heißhungrig und bettelte, ihm noch mehr Freßbares anzubieten. Auch zur nächsten Schnitte schnappte er, als wenn er schon eine Woche nichts zu fressen bekommen hätte. Ich fragte die auf den Zug wartenden Leute, wessen Hund ich hier füttere. Aber alle meinten, er wäre herrenlos. Einer wollte ihn schon Tage hier beobachtet haben.

Als der Zug einlief und ich das Abteil betrat, stellte ich zu meinem Erstaunen fest, den Hund neben mir stehen zu sehen. Er war mir nachgelaufen, erweckte mein Mitleid, so daß ich ihn kurzerhand erneut streichelte und ihn auf meinem Schoß Platz nehmen ließ. Ich stieg in Parkentin aus, um dann einen guten Kilometer bis zur Försterei zu Fuß zu laufen. Mit Mühe kam ich mit einigermaßen sauberen Schuhen über den auf halber Strecke liegenden lehmigen Berg, da es am vergangenen Tag stark regnete und der Boden jetzt noch schmierig war. Ich mußte an den Besuch meines Vaters denken, der vor einigen Wochen an dieser Stelle mit seinen blank geputzten Halbschuhen stecken blieb. Er meinte nur: „Das scheint hier ja eine fruchtbare Gegend zu sein. So einen fetten Lehm, der einem die Schuhe auszieht, gibt es auf dem Darß nicht." Der Hund begleitete mich treu und brav, als wenn er bisher keinen anderen Herrn besaß. Ich versuchte, seine Rasse zu erraten. Er ähnelte einem Deutsch-Kurzhaar, wobei mir der Kopf zu spitz und lang erschien. Zu Hause angekommen, fragte Marga mich: „Wo hast du den süßen kleinen Hund her? Wollen wir den behalten?" „Ich werde sicherheitshalber bei der Polizei in Bad Doberan anrufen", meinte ich, „wenn sich niemand meldet, behalten wir ihn." Freudig kam mir jetzt meine Zitta, die Langhaarteckel-Hündin entgegen gesprungen und beschnupperte den neuen Artgenossen. Schon kam ein dritter aus dem Büro gestürmt und freute sich ebenfalls über den neuen Gast. Es handelte sich um einen aus dem Dorf ausgeborgten Rauhhaarteckel. Wir wollten diesen Rüden, der unsere inzwischen heiß gewordene Zitta deckte, noch eine Woche in Pflege behalten, da der Besitzer mit seiner Familie in den Urlaub fuhr.

An einem Morgen nahm ich die drei Hunde mit ins Revier. Mit riesigem Spaß schaute ich ihnen bei ihrem Umhertollen zu. Rief ich: „Zitta, bei Fuß!", kam nicht nur sie, sondern es kamen auch die beiden anderen, da sie sich mit angesprochen fühlten. Plötzlich sah ich meine Langhaarteckel-Hündin in einem mir noch nicht bekannten Dachsbau verschwinden. Der Rauhhaarteckel lief sofort hinterher. Ich traute meine Augen nicht, als auch der hochbeinige, kurzhaarige Hund aus Bad Doberan in dem Bau verschwand, nachdem er sich den Röhreneingang etwas größer kratzte. Ich eilte an die Dachsröhre heran und rief laut „Zitta, komm raus!“ Da hörte ich sie Laut geben, der immer kräftiger wurde. Zwischen ihrer Stimme vernahm ich die des Rauhhaarteckels und, kaum zu glauben, auch die des Hochbeinigen, der besonders giftige, schrille Töne von sich gab. Es nutzte kein Rufen, Pfeifen oder Locken. Alle drei gaben Laut um die Wette. Aus dem wütenden Bellen meiner Hündin entnahm ich, daß sie den Dachs ständig angriff und von den anderen beiden wahrscheinlich unterstützt wurde. Daß es sich wirklich um einen Dachs- und nicht Fuchsbau handelte, konnte ich an der tief ausgefahrenen Rinne vor dem Baueingang erkennen. In der Nähe befanden sich die typischen “Dachstoiletten”.

Jetzt hörte ich plötzlich ein Aufklagen des Rauhhaarteckels, danach ein verstärktes Lautgeben meiner Zitta. Als ich nun wieder das Klagen eines Teckels deutlich hörte, schob sich der Hochbeinige rückwärts heraus und kam zum Vorschein. Er schüttelte sich den Sand aus der Haardecke und sah mich an, als wolle er sagen: da unten ist aber was los! Kurz darauf kam auch mein ausgeborgter Rauhhaarteckel rückwärts aus dem Bau gekrochen. Er jaulte auf, verdrehte halb benommen die Augen. Oh, wie sah der aus. Er schweißte aus mehreren Wunden. Der Dachs schlug ihm mehrere tiefe Löcher. Ich streichelte ihn. Er schaute mich traurig

an und kroch bis an die in der Nähe stehende Buche und fing an, sich seine Wunden zu lecken. Jetzt sah ich - Gott sei Dank - auch meine Zitta, die ihren Kopf aus dem Bau steckte. Auch sie blutete etwas, schien aber ansonsten einigermaßen heil geblieben zu sein. Am wenigsten bekam der Findling ab. Er leckte seinen Fang ab und sprang wieder quietschvergnügt zwischen die Hundemeute, die aber keine Lust verspürte, mit ihm umherzutollen. Es blieb mir jetzt nicht erspart, den schwer verletzten Rauhhaarteckel auf dem Arm nach Hause zu tragen und dort ins Körbchen zu legen. Dank Margas liebevoller Pflege gelang es, den vollkommen entkräfteten und mit großen tiefen Wunden bedeckten Teckel wieder gesund zu pflegen.

Wäre dies heutzutage passiert, hätte man die Hunde wochenlang in Quarantäne halten müssen, um einem eventuellen Verdacht auf Tollwut nachzukommen. Übrigens wuchs mein Hochbeiniger zu einem hübschen Dobermann heran, den ich dann später an einen Bekannten in Bad Doberan verschenkte.

Der übermütige Förster

Erneut mußte ich ein herrliches Revier verlassen. Ich wurde 1949 zur Landesregierung in Schwerin versetzt. Ungern trennte ich mich von meinen Försterkollegen aus der Oberförsterei Bad Doberan. Alle Kollegen wurden nach und nach abberufen und mit höheren Aufgaben bedacht. Karl Mehl, unser Oberförster, der mit mir das Diplom an der Forsthochschule Tharandt erlangte, leitete viele Jahre eine schöne Oberförsterei auf der Insel Rügen, nachdem er im Ministerium in Berlin, als Direktor des Forstbetriebes Rostock und der Verwaltung im Betrieb Stralsund arbeitete. Günter Holzhauer studierte später ebenfalls an der Hochschule und war viele Jahre Direktor in den Forstbetrieben Hagenow und Stralsund. Leider ereilte ihn kurz vor dem Rentenalter der Tod. Man fand ihn im Walde, das Messer noch in der Hand haltend. Gerade noch mit dem Aufbrechen eines Wildschweines beschäftigt, setzte ein Herzschlag seinem arbeitsreichen Forst- und Jägerleben ein Ende. Auch der tüchtige Kollege Waldemar Krischausky leistete später gute Arbeit als Oberförster im Forstbetrieb Stralsund. Einen jungen Kollegen von uns sperrte man inzwischen wegen illegalen Waffenbesitzes ein. Ein weiterer Revierförster nahm auch die Arbeit in der Landesregierung auf, wählte aber dann, in eine andere Funktion berufen, den Freitod. Ungern verabschiedete ich mich auch von unserem immer gut gelaunten Forstsekretär Siegfried Röfke.

Da ich in Schwerin zunächst nur ein kleines Zimmerchen beziehen konnte, blieb meine Familie - inzwischen erblickte unser erster Sohn Heino das Licht der Welt - noch in Hütten wohnen. Die Wochenenden verlebte ich zu Hause. Marga und Rita, die Frau meines Nachfolgers Kurt Voelckner, freuten sich immer, wenn ich kam und ihnen von meinen Erlebnissen erzählte. Überraschungen erlebte ich auf den Dienstreisen mehr als genug. Ich denke nur an den musikalischen

Fahrer unseres Pkw, Typ F8. Wenn ich dienstlich auf den Forstämtern zu tun hatte, passierte es wiederholt, daß der Fahrer, der im Wagen auf mich warten sollte, verschwand. Er nutzte nämlich die Gelegenheit, die nächste Gaststätte in der Stadt aufzusuchen, sich ans Klavier zu setzen und lustige Sachen zu spielen. Er animierte die anwesenden Gäste so lange, bis sie das Tanzbein schwangen. Anschließend warfen sie ihm Geld in seine eigens dafür hingelegte Mütze. So verdiente er sich während meiner Abwesenheit zusätzliches Taschengeld. Obgleich ich ihn kritisierte, wagte er es dennoch ab und zu, wieder rückfällig zu werden. Ich mußte ihn später, selbst nun verantwortlicher Abteilungsleiter, versetzen lassen.

Oder ich denke an die Fahrt mit dem großen BMW nach Perleberg. Ich bekam den Auftrag, an der Beerdigung eines Forstarbeiters teilzunehmen. Dieser verunglückte beim Holzeinschlag tödlich. Er und sein Kumpel versuchten, einen in einem anderen Baum hängengebliebenen Stamm zu Fall zu bringen, indem sie erneut eine Buche abschnitten und diese auf den schräg stehenden Baum fallen ließen. Als auch das nichts nutzte, eilte der Forstarbeiter zu dem Baum, der den hängenden Stamm trug, um ihn zum Fällen vorzubereiten. In selben Moment krachte es oben in der Krone und der Hänger löste sich. Dem Forstarbeiter gelang es nicht, aus dem Gefahrenbereich zu springen, so daß er wie ein Pfahl von dem herabstürzenden Baum in den Boden gerammt wurde. Er war auf der Stelle tot. Ich sollte nun an seiner Beerdigung teilnehmen. Wir fuhren zwischen Schwerin und Ludwigslust, als sich plötzlich ein Rad von einem Pferdewagen löste und auf uns zurollte. Mein Fahrer Willi Rump, ein besonders umsichtiger und tüchtiger Kraftfahrer, riß geistesgegenwärtig das Lenkrad nach rechts rum, lenkte das Auto auf den Sommerweg, so daß wir gerade noch an dem rollenden Rad vorbeikamen und somit einem Unglück aus dem Weg fuhren. Hinter Ludwigslust durchquerten wir ein

Dorf, als plötzlich ein Ferkel vor unseren Wagen lief. Trotz scharfen Bremsens überrollten wir das Tier. Es verendete sofort. Die Bäuerin zeterte. Ich machte ihr klar, daß der Fahrer keine Schuld habe. Sie müsse die Schuld bei sich selber suchen und zukünftig ihre Schweine nicht auf die Straße laufen lassen.
Auf der Beerdigung angekommen, erlebte ich den nächsten Schreck. Als der Sarg in die Gruft hinuntergelassen wurde, machte die Frau des Verstorbenen einen Satz nach vorne, um mit hineinzuspringen. Blitzschnell riß ich sie zurück und konnte im letzten Moment dieses tragische Unglück verhindern. Auf der Rückfahrt nach Ludwigslust sahen wir von weitem einen großen Menschenauflauf. Schon stoppte ein Verkehrspolizist unsere Fahrt, ließ uns rechts ranfahren und sagte zu uns: „Laden Sie bitte den Schwerverletzten ein und bringen Sie ihn schnell ins Krankenhaus nach Ludwigslust." Schon schleppten sie einen alten, blutüberströmten, von einem Auto überfahrenen Mann an und packten ihn auf den Rücksitz unseres Wagens. Der Polizist rief uns noch zu: „Beeilen Sie sich!" Willi Rump drückte auf das Gaspedal, löste am Auto einen Dauerhupton aus und jagte mit uns wie besessen Richtung Ludwigslust. Auf dem Hof des Krankenhauses angekommen, sprang ich ins Gebäude und suchte einen Arzt, was mir auch schnell gelang. Dieser eilte sofort mit mir nach draußen und besah sich den Schwerverletzten. Als er diesem die Augenlider hochklappte, sagte er nur noch: „Zu spät. Schaffen Sie ihn bitte nach drüben." Dabei zeigte er auf ein Quergebäude. Hier standen zwei Sanitäter, die uns den Toten abnahmen. Inzwischen kam auch das Auto der Verkehrspolizei gefahren. Als sie von dem Tod des Verunglückten erfuhren, meinte einer der Polizisten zu mir: „Fahren Sie doch bitte zu der Frau des Toten und überbringen Sie ihr die Nachricht." Er wollte mir jetzt die Wohnanschrift dieser Frau nennen, als ich dazwischen rief: „Das dürfte doch jetzt wohl Ihre Aufgabe sein, zumal ich diese Familie nicht kenne." Aufgrund der heutigen Vorfälle mit

den Nerven fertig, drehte ich mich um und sagte: „Ich wünsche Ihnen noch einen guten Abend.“ Schon fuhren wir Richtung Schwerin, in der Hoffnung, wenigstens den Rest des Tages ohne Zwischenfälle verleben zu können.

Da ich die Freizeit in der Woche ohne Familie verbringen mußte, widmete ich mich jetzt wieder mehr dem Sport. Ich spielte Fußball mit und nahm als Halbrechtsstürmer an den Spielen, die zwischen den einzelnen Ministerien ausgetragen wurden, teil. Es ging oftmals hart her. Ich werde es nicht vergessen, als ich unserem Verteidiger Gustl Habrecht, von einem Gegenspieler gefoult, beim Aufstehen helfen wollte und dieser abwinkte: „Laß mal, das Bein ist gebrochen.“ Einer unserer besten Mitarbeiter, Verantwortlicher für Investitionen in der Forstwirtschaft, mußte etliche Wochen pausieren. Ich selber zog mir zu guter Letzt bei diesem harten Spiel gegen das Ministerium des Inneren einen Muskelfaserriß im Oberschenkel zu, so daß ich mit Mühe und Not den Bahnhof erreichte. In Parkentin angekommen, rief ich bei Marga an, die mich, unfähig das verletzte Bein aufzusetzen, dann auf dem Fahrrad nach Hause schob. Ich kam mir vor, wie der alte Mann in dem Film “Der verkaufte Großvater“, der sich auch auf dem Fahrrad schieben ließ. Da dieses nun am Wochenende passierte und Marga es verstand, mein Bein durch liebevolle Pflege und kalte Umschläge zu heilen, fuhr ich montags schon wieder zum Dienst.

In den Mittagspausen unternahmen wir meistens einen kleinen Stadtbummel in Schwerin. Ein junger Mitarbeiter von uns, Wolfgang Bork, ein fast zwei Meter langer Kollege, begleitete mich mehrmals. Wir tauschten Erinnerungen vom Darß aus, da er dort ebenfalls als Lehrling eine kurze Zeit wirkte. Doch diese Stadtbummel mit ihm arteten aus, so daß man Gefahr lief, sich mit ihm zu blamieren. Er war ein ausgesprochenes Unikum. Zum Beispiel zerrte er mich in ein in der Schloßstraße gelegenes kleines Geschäft, das mit Spielsachen handelte. Als die Verkäuferin erschien, griff er in die vor ihm auf dem Ladentisch stehende Schüssel, nahm eine Hand voll Knallerbsen heraus und warf sie blitzschnell gegen die Wand, so daß die Verkäuferin schnell hinter dem Ladentisch Deckung nahm und abwartete, ob nicht noch eine Ladung hinterkam. Er freute sich über den gelungenen Scherz und das ängstliche Gesicht der verstörten Verkäuferin. Er sagte lachend: „Entschuldigen Sie bitte, aber ich wollte nur einmal ausprobieren, ob die Dinger auch funktionieren und nicht überlagert sind. Was kostet der Spaß?“ Die Verkäuferin nahm ihm das geforderte Geld ab und machte gute Miene zum bösen Spiel und meinte: „Zukünftig lassen Sie bitte diese Scherze.“

Wenig später ging Wolfgang plötzlich eilig auf einen nicht gerade intelligent aussehenden jungen Mann zu und trat ihn stampfend auf seinen Fuß. Dabei rief er begeistert aus: „Mensch August, dich habe ich ja lange nicht mehr gesehen. Wo hast du dich so lange herumgetrieben?“ Der Getretene hüpfte vor Schmerzen auf einem Bein und brüllte: „Mensch, ich kenne Sie nicht.“ Wolfgang reichte ihm schnell die Hand und sprach: „Oh, entschuldigen Sie bitte. Eine Verwechslung. Sie haben eine täuschende Ähnlichkeit mit meinem Freund August.“ Bei diesen Worten schüttelte er dem Fremden dermaßen den Arm durch, daß dieser sich mit Gewalt losreißen mußte. Der Gepeinigte blökte: „Wollen Sie mir auch noch meinen Arm abreißen? Nun ist aber genug.“ „Nichts für ungut“, versuchte er den Verhohnepiepelten zu beschwichtigen, zog seinen grünen Veloursshut, machte einen tiefen Bückling, drehte sich um und kam auf mich zu. Ich stellte mich derweil einige Meter weiter an ein Schaufenster und schüttelte mich vor Lachen, obgleich mir der Veralberte, der sich noch mehrmals verstört umsah, auch leid tat. Wolfgang trieb seinen Spaß doch wohl zu weit. Der aber meinte zu mir: „Hast du gesehen, wie er wie ein Rumpelstilzchen umherhüpfte?“ Ich war nur froh, daß Bork keine Uniform trug und somit seine Herkunft nicht preis gab.

Ein anderes Mal brachte er einen vollkommen demolierten Regenschirm mit und begab sich mit mir in ein Geschäft, in dem unter anderem Schirme repariert wurden. Im Laden sahen wir zunächst niemanden. Als Wolfgang den kaputten Schirm aufspannte, ging eine Tür auf und ein kleiner Schoßhund sprang in den Raum. Als der Hund den aufgeklappten Regenschirm erspähte, bellte er fürchterlich. Bork sprang mit elegantem Sprung auf den Ladentisch, fuchtelte wie wild mit dem vollkommen zerschlissenen Schirm und rief, total verängstigt mimend, zu der hereinkommenden jungen Ladeninhaberin: „Nehmen Sie bitte den Hund weg! Ich habe Angst! Ich werde von jedem Hund gebissen!" „Der Hund beißt nicht", versuchte sie ihn zu beruhigen. „Doch, doch, auch der beißt. Alle Hunde beißen mich", jammerte Wolfgang. Dabei klappte er den Schirm runter und hoch, so daß der Hund erst recht zum Bellen gereizt wurde. „Sehen Sie, wie wütend der Hund auf mich ist?" schrie er. „Seien Sie nicht albern", rief jetzt die Ladenbesitzerin, „und kommen Sie vom Ladentisch herunter!" „Erst wenn Sie den garstigen Hund aus dem Raum bringen", erwiderte er und fuchtelte erneut mit dem Schirm in Richtung des immer mehr kläffenden kleinen Schoßhundes. Der jungen Frau blieb jetzt nichts anderes übrig, als ihren Hund zu packen und ihn in ihrem Zimmer einzusperren. „Sie müssen entschuldigen", meinte Bork und kletterte vom Ladentisch, „aber ich bin schon so oft von Hunden gebissen worden, daß ich mir es nicht mehr leisten kann, meinen Hintern noch einmal hinzuhalten." Als die hübsche junge Frau durch ihr Lächeln zum Ausdruck brachte, ihm noch einmal zu verzeihen, spannte Wolfgang den vollkommen demolierten Schirm auf und meinte: „Ich habe mit ihm Pech gehabt. Ein dusseliger Nachbarschütze auf einer Treibjagd ballerte mir eine Schrotladung durch meinen schönen, bei dem Regenwetter aufgespannten Regenschirm. Mein Hund besorgte anschließend den Rest. Was meinen Sie? Können Sie den wieder aufmöbeln?"

Die Frau schaute ihn mißtrauisch an und schüttelte bedenklich den Kopf. Dann sagte sie: „Den Schirm können Sie ihren Kindern zum Spielen geben, denn der ist nichts mehr wert." „Schön wär's", erwiderte Wolfgang schnell, „ich habe weder eine Frau, geschweige denn Kinder. Aber wie wär's mit Ihnen? So wie ich es einschätze, sind Sie auch noch auf der Suche." Sie konnte sich das Lachen nicht halten und meinte: „Ich suche einen Mann, den die Hunde nicht beißen. Wünschen die Herren sonst noch etwas?" Bork konnte es sich nicht verkneifen, mit mir den Laden verlassend, ihr noch zuzurufen: „Ich lasse mich trotzdem bald wieder sehen. Denn mir ist soeben wieder eingefallen: Hunde, die bellen, beißen nicht."

Einige Wochen später kam Wolfgang aus dem Urlaub zurück. Er verbrachte ihn auf dem Darß. Als ich ihn fragte: „Na, wie war's denn in meiner Heimat?" antwortete er: „Hör bloß auf. Da gibt es ja garstige Frauen. Na, ich ging am Strand spazieren und wollte eine von diesen hübschen Nackedeis fotografieren, da sprang sie auf mich zu und riß mir den Fotoapparat aus der Hand. Schon eilten einige nackte Männer ihr zu Hilfe und schleiften mich zu einem Marterpfahl, da ich mich weigerte, mich nackt auszuziehen. Als ich dann noch ein paar unpassende Bemerkungen fallen ließ, warfen sie mich kurzer Hand in meinem erst kürzlich gekauften schönen Sommeranzug in die Ostsee. Pudelnaß flüchtete ich aus den Fluten, griff nach meinem am Strand liegenden Fotoapparat, dessen Film sie inzwischen herausnahmen, und verschwand unter furchtbarem Gelächter hinter den Dünen." „Tja, mein lieber Wolfgang, mit den Wölfen mußt du heulen. Wer am FKK-Strand nur genießen will, muß halt damit rechnen, ein unfreiwilliges Bad nehmen zu müssen." Schade, daß dieser junge, lebenslustige Forstmann einige Jahre später an einer Blinddarmoperation starb.

Der schwarze Tag

Meine Familie und ich wohnten inzwischen in Lübstorf. So fuhr ich jeden Morgen mit der Bahn nach Schwerin, um zur Dienststelle zu gelangen. Obgleich die Zugverbindungen von Lübstorf nach Schwerin und zurück sich für mich günstig gestalteten, gab es doch Anlaß, eine Kritik an die Schweriner Volkszeitung zu senden, die mit vollem Wortlaut abgedruckt wurde:
„Wir Lübstorfer Reisende werden in der Woche mehrmals einer akrobatischen Schulung unterzogen. Alt und Jung messen auf dem Bahnhof in Lübstorf beim Abspringen vom Trittbrett auf die Bahnböschung ihre sportlichen Leistungen. Auch während der Dunkelheit (Abfahrtzeit Schwerin 20.30 Uhr) gelang es Dauerspringern schon, mit wahrhaft waghalsigen Kunstsprüngen aufzuwarten. Kritisierte aber mal ein unfreiwilliger Kunstspringer den Zugführer, warum er den Zug nicht ordnungsgemäß in den Bahnhof einfahren läßt, so daß auch die Reisenden des letzten Wagens ohne Verrenkungen aussteigen können, so antwortete dieser ruhig und behäbig: ‚Warum beschweren Sie sich nicht beim Lokführer?' Wir Lübstorfer bitten nun, die Akrobatenausbildung vorzeitig beenden zu dürfen, da wir sonst mit der Reichsbahn in einen Sportwettkampf treten würden. Allerdings mit dem Unterschied, daß wir eine andere Sportart wählen."
Unterschrift Martens.

Aufgrund dieses Artikels erreichte ich, daß die Züge dann ordnungsgemäß auf dem Bahnhof Lübstorf hielten. Zu meinem Leidwesen mußte ich mich aber erneut über die Reichsbahn ärgern. Es wurde in unserer Dienststelle zur Gewohnheit, den Bauern während der Ernte an den Wochenenden zu helfen. Diesmal schickte man uns zum Roggenaufbinden auf ein Feld, das direkt an der Bahnstation Lübstorf-Schwerin lag. Die heiße Witterung zwang uns, mit freiem Oberkörper zu arbeiten. Wir legten unsere Röcke und Hemden am Feldrand ab. Als ich nach Feierabend an meine Sachen herantrat, dachte ich, mich tritt ein Pferd. In meinem grünen Forsthemd entdeckte ich ein faustgroßes Loch auf dem Rücken, durch ein aus dem Lokomotivschornstein herausgeschleudertes und ausgerechnet auf meinem Hemd gelandetes glühendes Kohlenstück herausgebrannt. Wer den Schaden hat, braucht für den Spott nicht zu sorgen, bekam ich sofort zu fühlen. Alles lachte, als ich mir wutentbrannt das auf dem Buckel mit freiem Ausschnitt verzierte Hemd überstreifte. Ärgerlich konnte man schon deswegen sein, da es zur damaligen Zeit sehr schlecht um Forstbekleidung bestellt war. Aber hier richteten die Funken der Lokomotive einen verhältnismäßig kleinen Schaden an. Wie viele Schäden aber verursachte damals die Reichsbahn durch Funkenflug, indem immer wieder Wald den Flammen zum Opfer fiel! Dort, wo ordnungsgemäß Feuerschutzstreifen an den Bahngleisen angelegt und gepflegt wurden, entstanden so gut wie keine Brände. Eine gute Zusammenarbeit zwischen Forstwirtschaft und Reichsbahn zahlte sich hier mal wieder aus.

Mit der Reichsbahn kam ich erneut in Berührung, als ich gezwungenermaßen oft nach Berlin fuhr, um an Beratungen im Ministerium teilzunehmen. Es wurde von Schwerin aus extra ein Schienentriebwagen an einem bestimmten Tag in der Woche speziell für diese Dienstfahrten nach Berlin eingesetzt. Ich wunderte mich schon des öfteren, daß der Zug plötzlich hielt und rangierte, obgleich der Triebwagen bis nach Berlin planmäßig durchfahren sollte. Als plötzlich wieder einmal die Bremsen quietschten, der Zug hielt, dieses Mal sogar ein Stück zurückfuhr und wieder stoppte, schaute ich aus dem Fenster und entdeckte, daß der Lokführer ein Reh heranschleppte und es in der Fahrerkabine verschwinden ließ. Nun war mir klar, was die Fahrtunterbrechungen bedeuteten. Das Lokpersonal spezialisierte sich darauf, überfahrenes Wild auf diese Art und Weise zu bergen und es dem menschlichen Genuß zuzuführen. An diesem Abend saß ich noch spät im Wohnzimmer, um mich für die morgige Beratung mit den Forstdirektoren vorzubereiten. Die Kinder, unsere drei Jungen, Heino, Klaus und Uwe, schliefen schon. Auch Marga lag bereits im Bett. Ich schaute ab und zu in das vor mir stehende Aquarium, die munteren Fische beobachtend, um mir eine kleine Abschaltpause zu gönnen.

Plötzlich hörte ich eine Maus unter der Fußdielung knabbern. „Das ist doch die Höhe, bei uns im Zimmer eine Maus", dachte ich bei mir. Mit den Blicken suchte ich den Fußboden ab, um eventuell die Stelle zu entdecken, wo die Maus versuchte, ins Zimmer einzudringen.
Ich dachte, ich sah nicht recht: unmittelbar an meinem Fuß schaute das Biest aus einem Astloch heraus, doch eine kleine Bewegung ließ die Maus sofort wieder verschwinden. Ich schaute um mich, einen scharfen Gegenstand zu erwischen, da sah ich vor mir Margas Strickzeug auf dem Tisch liegen. Schnell ergriff ich eine Stricknadel, um jetzt dem Störenfried eins zu versetzen, falls er sich noch einmal zeigen sollte. Ich saß mucksmäuschenstill, die Stricknadel angriffsbereit in der rechten Hand haltend. Nach einigen Minuten kam tatsächlich der Mäusekopf vorsichtig zum Vorschein. Blitzschnell stach ich zu und jagte mir die Stricknadel in den Daumen, so daß sie mir auf der oberen Seite entgegenschaute. Ich sprang wie von der Tarantel gestochen aus meinem Sessel und riß die Nadel aus dem Daumen. Einen Blick in das verfluchte Mauseloch werfend, entdeckte ich absolut nichts mehr von dem Unglücksbringer, dafür aber einen Betonfußboden, der sich unter der Dielung verbarg, wovon ich nichts ahnte. Ich verfehlte die Maus, stieß dafür aber mit voller Wucht auf den Beton. Da ich dummerweise den Daumen auf der Stricknadelspitze hielt, rammte ich mir sie natürlich durch diesen hindurch. Den Daumen betrachtend, entdeckte ich nur zwei winzige Löcher, oben und unten, die kaum bluteten, aber dafür stark schmerzten. Mit Heftpflaster verband ich dieses Malheur.

Ich dachte nur noch bei mir: „Selbst beim Lesen kann man einen Unfall bauen!“ Ich hatte die Nase voll, zog mich aus und kroch leise ins Bett.

In den nächsten Tagen nahm ich an einer Gerichtsverhandlung in Güstrow teil, in der über einen Jagdunfall geurteilt werden sollte. Folgendes trug sich zu: Ein Jäger, Lehrer von Beruf, folgte einem Forstarbeiter, der sich anbot, ihn auf einen Rehbock zu führen. Sie kamen an die Wiese heran, wo der Bock auf 50 Meter Entfernung äste. Der Lehrer schoß und der Bock sprang in voller Flucht quer über die Wiese, Richtung Wald ab. Der Forstarbeiter gab ihm zu verstehen, vorbeigeschossen zu haben, denn er hätte deutlich den Dreck in der Wiese aufspritzen sehen. Der Lehrer schüttelte mit dem Kopf und meinte, er habe ihn getroffen. Sein Begleiter tröstete ihn, er wisse noch einen zweiten Bock. Da sie jetzt dieselbe Richtung wie der beschossene Bock einschlugen, schaute der Schütze nach links und rechts, seinen kranken Bock vermutend. Sie bogen in eine Waldschneise ein, der Lehrer voran. Plötzlich sah er dort etwas Braunes. Er riß die Flinte hoch, zielte kurz und ließ fliegen. Im selben Moment hörten sie auch schon einen Aufschrei, was sie veranlaßte, dort eiligst hinzulaufen. Hier sahen sie ein junges Liebespaar, das sich verletzt auf dem Erdboden wälzte und schrie. Das junge Mädel, eine Krankenschwester, auf ihrem Freund liegend, erhielt die 8mm Schrotladung in die Bauchhöhle und er, ein junger Eisenbahner, blutete am Kopf, hier verletzt von einigen Schrotkörnern. Die Krankenschwester verstarb nach kurzer Zeit am Unfallort, bevor ärztliche Hilfe kam. Auf der Gerichtsverhandlung fragte die Richterin den jungen Liebhaber, ob sie nicht den ersten Schuß gehört und keine Angst bekommen hätten? Er brachte darauf zum Ausdruck, Liebe kenne im schönsten Augenblick keine Gefahren. Da ist wohl etwas Wahres dran. Der Lehrer aber zog für einige Jahre ins Gefängnis.

Am übernächsten Tag schickte mein Chef, Landforstmeister Naef, mich als seinen Stellvertreter, für Planung und Finanzen Verantwortlichen, zum Forstbetrieb Parchim, um Verhandlungen mit dem dortigen Stadtkommandanten der sowjetischen Armee zu führen. Es handelte sich um die Zustimmung für eine Fläche, die die dortige sowjetische Einheit für den Bau eines Munitionsdepots bei uns beantragte. Unser Fahrer, Willi Rump, brachte mich mit dem BMW nach Parchim, wo ich mich mit dem dortigen Direktor des Forstbetriebes und dem Kommandanten traf. Wir besichtigten an Ort und Stelle die betreffende Forstfläche. Da in Größe und Lage des geplanten Objektes keine überspitzten Forderungen bestanden, konnte ich bedenkenlos die Zustimmung im Auftrag meiner Dienststelle geben. Wir fuhren anschließend zum Forstbetrieb und fertigten das notwendige Protokoll über unsere Verhandlungen an. Der Kommandant, ein Oberstleutnant, war über meine unbürokratische, schnelle Entscheidung hocherfreut und lud mich sowie den Forstdirektor zu einer Tasse Kaffee ein. Der Direktor, der sich in Parchim auskannte, steuerte ein Restaurant an, das von außen einen gepflegten Eindruck machte. An einem großen Tisch nahmen der Kommandant, dessen Stellvertreter, eine Dolmetscherin, der Forstdirektor und ich Platz.
Schon winkte der Oberstleutnant den Kellner heran und bestellte zu meinem Erstaunen anstatt Kaffee und Kuchen Wodka und etwas zum Essen. Der Ober gab zu verstehen, daß Wodka zwar reichlich vorhanden wäre, es aber nur Bockwurst zu essen gäbe. Auch damit erklärte sich der Kommandant einverstanden. Der Kellner brachte zunächst den Wodka. Der Oberstleutnant ergriff jetzt das Wort, bedankte sich bei mir und dem Forstbetrieb für die großzügige Unterstützung und rief, sich vom Platz erhebend: „Na sdarowje!“ (Zum Wohl). Wir sprangen ebenfalls von den Stühlen, erhoben die Gläser, stießen miteinander an und antworteten mit: „Druschba!“ (Freundschaft). Dann leerte der Oberstleutnant das Glas auch schon mit einem Zug. Da auch alle

anderen kurzen Prozeß mit dem scharfen Zeug machten, blieb es mir, um den Spender nicht zu beleidigen, nicht erspart, mein Glas bis zur Neige auszutrinken. Zum Glück brachte der Ober jetzt die Bockwurst, so daß dem Magen etwas festere Nährstoffe geboten wurden. Heißhungrig verschlang ich meine Bockwurst, während die Sowjets sich nur ein Stückchen abschnitten und sich nun lebhaft unterhielten.

Die Dolmetscherin, Tatjana, zeigte Interesse für forstwirtschaftliche Dinge, denn sie richtete viele Fragen an mich. Ich schätzte ihr Alter auf dreißig Jahre. Sie trug eine Brille und sah gut aus. Dieser kleinen schlanken Tatjana mußte wohl schon der Alkohol in den Kopf gestiegen sein, denn sie rückte ihren Stuhl etwas näher an mich heran und meinte, ich wäre ein sympathischer Kerl. Plötzlich rief der Stellvertreter des Kommandanten, ein Major, den Ober heran und bestellte eine gleiche Lage. „Um Gottes Willen", dachte ich, „das endet nicht gut." Aber da von keiner Seite Einwände erhoben wurden, rannte der Ober los, um seinen Auftrag möglichst schnell zu erfüllen. Die nächsten hundert Gramm Wodka pro Mann standen auf dem Tisch. Der Major sprach den nächsten Toast aus, indem er die Freundschaft zwischen der Sowjetunion und der DDR besonders hervorhob, und betonte, daß es zwischen unseren Völkern nie wieder Krieg geben dürfe. Alle stießen wir stehend an, so daß die Gläser klangen. Während die Offiziere und der Forstdirektor ihre Gläser leerten, als tränken sie Selters, mußte ich mir einen inneren Ruck geben, um wenigstens die Hälfte der Wodkamenge in meinen Hals zu gießen. Die Dolmetscherin zögerte zwar etwas, faßte dann aber doch Mut und trank die volle Menge aus. Als wir wieder saßen, schauten der Major und der Kommandant zu mir hin. Der Major zeigte mit seinem langen Zeigefinger auf mein Glas, lachte und stieß hervor: „Njet, njet!" Alle sahen nun, daß ich mogelte. Tatjana übersetzte in einem guten Deutsch, daß der Offizier mit uns auf Freundschaft getrunken hätte. Wenn ich sein Freund sei, dann möchte ich gleich ihm das Glas auf diese Freundschaft leeren. Eine falsche Meinung wollte ich natürlich nicht aufkommen lassen. Ich ergriff das Glas, brachte einige Worte der Entschuldigung hervor und trank den Rest aus. Dann setzte ein lebhaftes Gespräch ein. Während ich mich zunächst über die vom Ober gebrachte zweite Bockwurst hermachte, stellte Tatjana erneut Fragen und rückte noch näher an mich heran.

Bei mir setzte jetzt ein verdammtes Karruselldrehen im Kopf ein. Plötzlich merkte ich, daß meine Nachbarin, Tatjana, Schwierigkeiten bekam, die Übersetzung fließend zu formulieren und es uns überließ, uns mit Händen und Füßen miteinander zu verständigen. Tatjana ließ ihren Kopf auf meine Schulter sinken, so gezwungen mit dem Essen aufzuhören, blieb ich still sitzen, um sie nicht vom Stuhl fallen zu lassen. Der Kommandant beobachtete dies und gab dem Major den Auftrag, sofort Abhilfe zu schaffen. Der wiederum verließ sofort die Gaststätte und holte zwei Soldaten herein, die kurzerhand die hübsche Tatjana unter die Arme griffen, um sie ohne viel Federlesens nach draußen zu bugsieren und sie vor den Augen meines Fahrers unsanft auf einen LKW zu zerren. Nun stieß mich der Oberforstmeister des Forstbetriebes Parchim an und lallte: „Wir müssen uns auch erkenntlich zeigen. Die haben schon zwei Mal einen ausgegeben. Wir noch gar nicht.“ „Bist du verrückt? Bei mir dreht sich schon alles wild im Kopf umher“, erwiderte ich mit schwerer Zunge. „Wir dürfen nicht unhöflich sein!“ kam es stotternd über seine Lippen. Schon winkte er dem Kellner und rief: „Noch eine Lage!“ „Einen weniger, die Dolmetscherin ist nicht mehr da“, rief ich dem Kellner hinterher. Was dann noch passierte, kann ich nicht mehr beschreiben, denn von da ab setzte ein “Filmriß” bei mir ein. Erwacht bin ich erst wieder in meinen vier Wänden. Der Fahrer brachte mich nach Hause. Am nächsten Tag mußte ich zum Personalchef kommen. Von ihm erfuhr ich, daß ich in Parchim in einen anderen

Dienstwagen einsteigen wollte. Dieser Fahrer, auch Beschäftigter unserer Dienststelle, wußte nichts besseres, als diesen Vorfall der Personalabteilung zu melden. Der Personalchef ließ es mit einer Mißbilligung bewenden, da mein bisheriges Auftreten in der Öffentlichkeit nichts zu wünschen übrig ließ. Meine Sekretärin erzählte mir dann noch, daß sie von Schwerin aus angerufen und mich an die nach Dienstschluß stattfindende Parteiversammlung erinnert habe. Meine Antwort sei gewesen: „Scheiß auf die Parteiversammlung. Die Versammlung findet hier in Parchim statt. Wir sind schon feste dabei." Sie habe dann, von mir so etwas nicht gewohnt, angefangen laut zu heulen. So endete ein ganz schwarzer Tag für mich, der mir Anlaß gab, so etwas im Dienst nicht zu wiederholen.

Der verärgerte Fahrlehrer

Mein Chef in Schwerin war Landforstmeister Walter Naef. Er leitete die ihm unterstellten Forstwirtschaftsbetriebe mit sehr hohen Fachkenntnissen. Er zeichnete sich als guter Organisator aus. Seinen Mitarbeitern in unserer Verwaltung gegenüber trat er immer kollegial und hilfsbereit auf. Er verlangte von uns allerdings auch hohe Einsatzbereitschaft und konsequente Ausführung seiner Anweisungen. Ich begleitete ihn oft auf Dienstreisen. Des öfteren nahm er mich mit zu den in Forstbetrieben organisierten Treibjagden. Auf der Rückfahrt kehrten wir ab und zu in eine Gaststätte ein, um den Jagdtag gemütlich ausklingen zu lassen. Hier entpuppte sich Naef stets als geselliger und lustiger Kumpel.

Wir kamen wieder einmal von einer Jagd zurück. Unterwegs an einer Kneipe haltend, sagte er: „Laßt uns etwas essen und einen kleinen Schluck trinken, denn das haben wir uns heute verdient." So saßen wir bald in einer gemütlichen Jägerrunde zusammen, aßen, tranken und erzählten uns Jagdgeschichten, obwohl man in vorgerückter Abendstunde schon überlegen mußte: ist es Wahrheit oder schon Jägerlatein? Plötzlich rief Naef aus, dabei den neben ihm Sitzenden anschauend: „Ich schütte dir jetzt eine Flasche Selters in die Hosentasche, ohne daß sie dadurch naß wird. Glaubst du, daß ich es schaffe?" Der guckte ihn verblüfft an, überlegte und meinte: „Das glaube ich nicht, es sei denn, daß die volle Seltersflasche nicht geöffnet wird." „Doch, doch, ich öffne die Flasche vor euren Augen, stecke sie in deine Hosentasche und du wirst merken, daß du trocken bleibst." Der andere, schon leicht angesäuselt, rief aus: „Da können wir wetten, daß dir das nicht gelingt." „Dann laß uns auf einen Kasten Bier wetten." Beide reichten sich die Hand, ein dritter schlug sie durch.

Jetzt schauten wir alle natürlich gespannt auf das, was nun wohl passieren würde. Beide gingen an den Tresen, Naef bestellte beim Wirt eine Flasche Selters und öffnete sie vor unseren Augen. „Jetzt kippe ich sie“, diese schnell mit der Öffnung nach unten in dessen Tasche steckend, „hier hinein und lasse laufen.“ Dieser, ein mitteljähriger, schlanker Jäger, verzog keine Miene, als er die Flüssigkeit in seiner Tasche, jetzt am Schenkel und dann unten am Bein verspürte. Ein orkanartiges Gelächter setzte ein, als das Wasser unten aus dem Hosenbein lief, seinen Fuß unter Wasser setzte und sich eine Wasserlache auf dem Fußboden bildete. Er machte gute Miene zum bösen Spiel und rief triumphierend aus: „Die Wette habe ich gewonnen, wenn auch meine Unterhose quitschenaß geworden ist.“ Naef mimte den Verblüfften und meinte nur: „Das verstehe ich nicht. Es hat doch sonst immer geklappt. Aber egal, das ist mir schon der Spaß wert. Herr Wirt, was kostet der Kasten?“ Ich erlebte dann einige Wochen später, als Naef die gleiche Wette auch wieder in derselben Kneipe zwischen Ludwigslust und Schwerin mit dem Oberförster Horst Möller aus dem Forstbetrieb Ludwigslust abschloß, folgendes: In dem Moment, als Walter Naef ihm die Seltersflasche in die Hosentasche steckte und merkte, daß keine Flüssigkeit trotz mehrmaligen Nachstoßens der womöglich noch nicht entleerten Flasche unten aus dem Hosenbein leckte, und die Buddel enttäuscht zurückzog, griff der Oberförster in seine Hosentasche, zog mit einem Ruck das wasserdichte Taschenfutter heraus und schwappte die flüssige Ladung auf den Fußboden, so daß Naef nur mit Mühe schnell zur Seite zu springen konnte, um nicht selbst naß zu werden. Eine wasserdichte Tasche begegnete ihm bei seiner Wetterei bisher noch nicht. Da die Hosentasche aber doch naß war, wenn auch nur von einer Seite, verlor Naef trotzdem die Wette. Den Kasten Bier gab er aus, doch auf seine Kosten kam er diesmal nicht. Schon rief er wieder aus: „Nun gut, diesen Kasten Bier habe ich verloren, aber ich wette um einen neuen. Ich lasse jetzt vom Wirt einen Wodka auf die Theke stellen. Ich werde mich aus diesem Raum nach draußen begeben, wieder hereinkommen und bevor ich an die Theke gehe, habe ich bereits den Wodka ausgetrunken. Was sagt ihr dazu? Ist das nicht eine Wette wert?" Alle schauten nachdenklich drein. Da rief auch schon jemand: „Das ist unmöglich. Es sei denn, der Wirt ist bestochen und hat überhaupt keinen Wodka ins Glas gegossen." „Ihr könnt euch ja vorher, bevor ich wieder in den Raum komme, überzeugen, ob das Glas noch gefüllt auf der Theke steht." „Nein!", rief ein zweiter, „das schafft er nicht. So einen langen Hals hat er nicht, um den Wodka schon vorher austrinken zu können." Es sprangen mehrere auf, mit ihm zu wetten. „Ich will nicht so sein. Mir genügt ein Kasten Bier. Ich wette nur mit einem von euch", sagte er lachend, dabei einem älteren Jäger die Hand zur Wette hinreichend. Schon rief er: „Mit dir wette ich, denn du hast genug Geld." Gesagt, getan. Er verließ die Gaststube. Der Wirt goß den Wodka ein und stellte ihn auf die Theke. Einer brüllte: „Du kannst hereinkommen!" Da ging die Gaststubentür auf und Walter Naef kam auf allen Vieren herein. An der Theke in kriechender Weise angekommen, langte er mit seinem langen Arm das Wodkaglas runter und trank es genießerisch aus. Wir klatschten Beifall, während der Verlierer, als Geizhals bekannt, ein langes Gesicht machte und, der Not gehorchend, die verlorene Wette anerkannte und den Kasten Bier bezahlen mußte.

Landforstmeister Naef sagte eines Tages zu mir: „Jetzt wird es höchste Zeit, daß du Fahrschule machst und nicht immer auf Chauffeure angewiesen bist. Er hatte recht, denn ich liebäugelte im stillen schon mit einer Beschäftigung im Außendienst. Ich meldete mich also zur Fahrschule an. Die theoretische Prüfung brachte ich bald hinter mich. Jetzt begann der praktische Teil. Nie werde ich vergessen, wie ich in einer der Fahrstunden, die ich zunächst mit einem Motorrad absolvierte, von einer Rot anzeigenden Verkehrsampel an einer

Kreuzung halten mußte. Während der im Auto sitzende Fahrschullehrer mit einem Schüler es bereits noch bei grünem Licht schaffte, diese Stelle zu passieren und nun, ohne auf mich zu warten, in die Stadt hineinfuhr. Als ich jetzt nicht mehr Rot sah, fuhr ich auf “blauen Dunst” hinterher, ohne zu wissen, welche Straße der Fahrlehrer zuvor benutzte, denn es bogen 200 Meter weiter schon wieder mehrere ab. Ich mußte mich jetzt entscheiden. Ich kam nicht auf den Gedanken, warten zu müssen, da ja der Fahrschullehrer verpflichtet ist, seine Schäflein alle wieder unfallfrei an den Ausgangspunkt zurückzudirigieren. Da nun viele Wege nach Rom führen und Schwerin viele Straßen besitzt, die ich alle kannte, fuhr ich auf solchen, von denen der Lehrer nicht vermutete, daß ich sie benutzte. Ich nahm die Gelegenheit wahr, kreuz und quer Haupt-, Neben- und Einbahnstraßen von Schwerin unter die Lupe zu nehmen. Eben in der Schloßstraße, traf man mich nun am Pfaffenteich, dann aber auch schon wieder im Obotritenring an. Nur der Fahrlehrer fand mich nirgends. Dieser kurvte auch wie wild umher, mich suchend, ohne zu ahnen, daß ich Schwerin sehr gut kannte und keine Gefahr bestand, nicht wieder nach Hause zu finden.

Als ich nun aber einen Verkehrspolizisten an der nächsten Kreuzung erspähte und mir einfiel, von ihm als Anfänger erkannt zu werden, da man auf dem Tuch um meinem Leib groß “Fahrschule” lesen konnte, und ich auch nicht wußte, wieviel Sprit der Tank noch barg, zog ich es vor, in die Nebenstraße einzubiegen und den kürzesten Weg zum Verwaltungsgebäude der Fahrschule in der Nähe des Theaters zu benutzen. Anstatt daß ich jetzt von dem auf den Hof kommenden Fahrlehrer freudig begrüßt wurde, da ich doch bewies, mich unfallfrei im Stadtverkehr bewegen zu können, brüllte er mich an: „Wo sind Sie Dussel gewesen? Ich habe Sie in der ganzen Stadt gesucht, zwischenzeitlich auch hier. Sind Sie gar nicht auf den Gedanken gekommen, an der ersten Kreuzung auf mich zu warten? Es war doch sonnenklar, daß ich zurückkommen mußte.“ Ich schaute ihn wie ein unschuldiges Lamm an und wagte nur zu sagen: „Entschuldigen Sie bitte. Es passiert mir nicht noch einmal.“

Während der Fahrstunden per Auto wagte ich natürlich keinen Abstecher, da der Lehrer daneben saß und die Fahrtrichtung bestimmte. Ich lernte das Autofahren auf einem Moskwitch. Der Fahrlehrer zeigte sich anscheinend nicht nachtragend, denn er erteilte mir bereits schon nach dreimaligem Fahren die Erlaubnis, an der praktischen Fahrprüfung teilzunehmen. Nun brachte mich der bei mir mit im Wagen sitzende Verkehrspolizist ins Schwitzen. Als wir um den Pfaffenteich in Schwerin fuhren, kam er plötzlich auf den Gedanken, mich eine steile, bei allen Fahrschülern verhaßte Straße ansteuern zu lassen. Ich fuhr mit dem ersten Gang den Berg hinauf und hoffte jetzt, unter Beachtung der Vorfahrt in die Hauptstraße einbiegen zu können. Aber Pustekuchen, ich mußte, ob ich wollte oder nicht, bremsen, auskuppeln und die Handbremse ziehen, um nicht mit dem Auto rückwärts den Abhang mit einer Geschwindigkeit herunter zu fahren, die wohl bewirkt hätte, sowohl den Fahrschullehrer als auch den Polizisten in Schrecken zu versetzen. Das Kunststück bestand nun darin, für Geübte nichts Neues, in dem passenden Moment das Richtige zu tun, also richtig zu schalten. Ich schaute mal nach links und mal nach rechts, eine günstige Situation abwartend, in die Hauptstraße abbiegen zu können. Wie es der Teufel wollte, jedesmal, wenn ich links kein Auto sah, kam aber dafür eins von rechts. Ich merkte schon, daß der Polizist, hinten im Wagen sitzend, nervös wurde. Obgleich er den Verkehr von hinten nicht einsehen konnte, meinte er: „Eben war doch genügend Zeit. Warum fahren Sie denn nicht?“ Mir stand der kalte Schweiß auf der Stirn. Nur erst weg sein von diesem dusligen Berg. Hauptsache, die Handbremse versagt nicht. Endlich. Nachdem der Fahrlehrer einschätzte, mir einen kleinen Seitenknuff verpassend, fahren zu können, trat ich auf das Kupplungspedal, schaltete den ersten Gang ein, gab vorsichtig Gas und löste die Handbremse, während ich gleichzeitig langsam die Kupplung zurückkommen ließ. Siehe da, der Wagen fuhr peu a peu an, ohne den Verkehrspolizisten hinten vom Sitz zu schleudern. Aber jetzt passierte es. Eine große Taubenschar, die sich gerade vor uns auf der Straße niederlassen wollte, rechnete nicht mit meinem Anfahren. Alle Tauben, kaum gelandet, flatterten hoch und überquerten unseren Wagen. Einige von ihnen äußerten, wohl mißgestimmt über die Störung, nun ihr Befremden darüber, indem sie ihrem Hintern freien Lauf ließen und die Frontscheibe unseres Autos vollrotzten. Der Fahrlehrer brüllte: „Diese Saubande! Schalten Sie bloß schnell die Scheibenwischer ein, daß wir besser sehen können." Ich dachte nur, auch das noch. Ich bediente den Scheibenwischerhebel in dem Moment, als ich drüben auf der anderen Straßenseite nach links einschlagen mußte, um auf der Hauptstraße weiterfahren zu können. Die jetzt in Bewegung geratenen Scheibenwischer schmierten im Nu die Frontscheibe dicht, zumal der Taubendreck sich gut verteilen ließ. Vom hinteren Sitz hörte ich rufen: „Fahren Sie bloß nicht ins Schaufenster. Ich riß das Lenkrad nach links rum, streifte mit dem rechten Vorderrad die Bordsteinkante und trat stark auf die Bremse, so daß der Fahrlehrer beinahe mit seinem Kopf gegen die Windschutzscheibe rammelte. „Halten Sie an!" rief der Polizist entsetzt, „Und machen Sie die Schmiererei von der Scheibe weg, so daß Sie vernünftig sehen können." Ich stieg aus, säuberte die Scheibe und fuhr weiter, als wäre nichts passiert. Da das letzte Ende der Fahrt ohne Vorkommnisse verlief, bestand ich somit auch die praktische Prüfung und hielt ein Dokument in den Händen, das auch für einen Forstmann große Bedeutung hatte.

Ein verhängnisvoller Schuß

Es war geschafft. Ich durfte die Oberförsterei Born übernehmen. Der Personalchef wollte anfangs nicht zustimmen, als ich die Verwaltung in Schwerin nach achtjähriger Tätigkeit verließ. Mein Vorgesetzter verzichtete nicht gern auf mich, da ich als Landforstmeister unter anderem in weniger als zwei Jahren über 120.000 Mark Verwaltungskosten einsparte und den Fuhrpark im Bezirk Schwerin rentabel gestaltete. So wohnten wir nun, Marga, drei Buben - ein weiterer Junge, namens Jörg, sollte sich bald dazugesellen - und ich in dem Oberförstereigebäude in Born, das besonders durch von Raesfeld und Mueller bekannt wurde. Vor 1770 stand hier ein großes Jagdhaus. Es soll als Jagdschloß der Pommerschen Herzöge gedient haben. Überliefert ist, daß hier Peter der Große 1702 zur Jagd weilte. Ende des 18. Jahrhunderts entstand ein neues Oberförstereigebäude, das nun bereits zweihundert Jahre überstanden hat. Unser Borner Dorfchronist Wilhelm Steinhauer, früher Schuldirektor, wies nach, daß der Hof Born im Jahre 1635 unter den Schutz der schwedischen Königin gestellt wurde.

Nach dem Westfälischen Frieden erhielt Schweden Vorpommern und somit den Darß. Um 1715 stellte der Darßer Wald angeblich ein herrliches Kleinod dar. Überwiegend mit Kiefern bestockt sollen in der Nähe von Bliesenrade die besten Holzvorräte gestanden haben. Es werden die Holzarten Eiche, Buche, Birke, Stechpalme sowie wilde Obst- und Mehlbeerbäume genannt. 1715-1720 kam der Darß in dänischen Besitz. Der Darßer Wald mußte herhalten, denn das abgebrannte Kopenhagen wurde mit Darßer Holz wieder aufgebaut. Die Dänen verkauften viel Holz an die Franzosen und Spanier. Ein Teil des Wiecker Waldes fiel einem Kahlschlag zum Opfer. Aus dieser Zeit stammt der Ausdruck "Spanische Heide". Als dann 1720 der Darß wieder in schwedischen Besitz gelangte, setzte ein erneutes Ausplündern des Waldes ein. Der heutige Teerbrennersee erhielt seinen Namen nach der dort betriebenen Teerbrennerei im Jahre 1767. Von 1807 bis 1812 erfolgte dann die Besetzung des Darßes durch die Franzosen. Erneut mußte der Wald bluten. Im Jahre 1815 ging unsere Halbinsel in den Besitz von Preußen über. Die Oberförsterei leitete Oberförster Johann Jakob Niemann. Ihm unterstanden Waldwärter, Förster und Unterförster, die in Born, Ahrenshoop, Wieck und Prerow wohnten. Die von ihnen bewirtschafteten Forstflächen nannten sich Forstbeläufe. Um 1819 gab es drei Beritte: der Borner, Wiecker und Prerower. Im Borner Beritt stand ein Förster, früher Heidereiter, aus Ahrenshoop vor. 1826 tauchte in Born der königliche Oberförster Kurth auf. In dem Jahre 1853 wurden besonders viele Holzdiebstähle im Schutzbezirk Wieck nachgewiesen. Von 1877 bis 1885 leitete Oberförster Schmidt die Oberförsterei. Zu der Zeit gab es die Förstereien Born, Wieck, Ibenhorst, Süd- und Nordprerow. Später kam noch Bliesenrade hinzu. Oberförster Schmidt und seine beiden Schwäger, Pastoren von Beruf, galten als die Gründer der beiden Badeorte Prerow und Zingst. Schmidt ließ anstelle eines abgebrannten Waldhäuschens, das mitten im Wald stand, ein neues bauen. Hier tagte 1883 der große Pommersche Forstverein. Als Erinnerung wurde ein Denkmal gesetzt, was heute noch in der Abteilung 133 zu sehen ist. Dr. Wilhelm Schmidt, der Sohn von Oberförster Schmidt, weist nach, daß der Darß um 1819 ca. 50-60 Stück Hochwild jährlich lieferte. Schwarzwild gab es genügend. Schnepfen und Bekassinen traf man zahlreich an. Die Jagd auf Singschwäne, die in großer Anzahl aus dem Norden kamen, war erlaubt. Der Förster von Ahrenshoop fing einige Dutzende Krammetsvögel in einem Herbst. Es gab keine weißen Störche. Die Schwarzstörche, die ehemals Fischadlerhorste in Besitz nahmen, wurden seltener. Schmidt kritisierte, daß v. Raesfeld im Jahre 1901 geäußert habe, daß die Hirsche bei seinem Amtsantritt 1891 sehr heruntergekommen seien.

v. Raesfeld schreibt in seinem Buch "Das Rotwild" von erbärmlichen Geweihen des Darßer Hirsches. Schmidt betonte, daß das Rotwild in den Jahren von 1885 bis 1891 sich nicht so verschlechtern konnte, zumal v. Raesfeld zum Ausdruck gebracht habe, daß er mit gut veranlagten Hirschen und durch geringe Zuwanderung zu einem qualitativ guten Bestand gekommen sei. Aber dazu, so Schmidt, bräuchte man mindestens zwanzig Jahre. Da hat er natürlich recht, aber es bleibt dann immer noch die Frage offen: Was ist mit dem Rotwildbestand in den Jahren 1886 bis 1890 passiert? Laut Schmidt wurde die Jagd bei seinem Vater jährlich im August mit einem Treiben im Freesenbruch, dem Lieblingsstandort des Rotwildes, eröffnet. Neben dem Oberjägermeister nahmen hohe Gäste teil. Hunde kamen nicht zum Einsatz, da man befürchtete, daß das Rotwild nach Mecklenburg abwandern würde. Hirschgeweihe wiesen höchstens vierzehn Enden auf, da es um die Äsungsmöglichkeiten nicht zum besten bestellt war. Die Einwohner trieben große Mengen Vieh in den Wald. Das gute Gras an den Bruchrändern wurde abgemäht.

Oberförster Schmidt schoß von 1877 bis 1885 siebzig Hirsche, davon elf Spießer. Die Geweihgewichte schwankten zwischen 3,8 und 4,8 Kilogramm, die Stangenlänge zwischen 75 und 80 Zentimetern. Als v. Raesfeld, der sich große Verdienste um die Forst- und Jagdwirtschaft erwarb, den Darß 1913 verließ, übernahm Freiherr Kurt von der Recke die Oberförsterei. Er fiel 1915 als Offizier im ersten Weltkrieg. Seine Nachfolger wurden Forstmeister Graf v. Bothmer und Oberförster Wendt, der wiederum 1923 von Oberförster Mueller abgelöst wurde.

Nach dem Zusammenbruch des Nazi-Regimes verrichtete Forstmeister Steinberg hier seinen Dienst, aber schon 1947 folgte ihm Oberförster Callies.

Und nun kam ich 1959, dem das Glück beschieden wurde, diesen herrlichen Wald bewirtschaften zu dürfen und das, so stellte sich später heraus, dreißig Jahre lang. Ein besonderes Glücksgefühl überfiel mich. Ich lebte wieder in meiner Heimat, auf meiner Halbinsel. Ein Stückchen Erde, das noch gar nicht lange existierte. Noch vor wenigen tausend Jahren gab es weder den Darß noch die Insel Zingst. In einer verhältnismäßig kurzen erdgeschichtlichen Zeit sind beide entstanden, mit all ihren Reizen, mit Wald und Wasser. Es verflossen wohl mehr als zehntausend Jahre, als der eiszeitliche Riesengletscher Norddeutschland verließ und sich in die nordischen Gebirge zurückzog, von wo er einstmals kam.

Durch die Eisschmelze und den Klimawandel änderte sich die Ostsee in Wesen und Form ständig. Die Fluten des Baltischen Meeres bespülten das Gebiet des heutigen Norddeutschland bis dahin noch nicht. Das Bild änderte sich dann vor sechs- bis siebentausend Jahren. Von dann an wurden Pommern und Mecklenburg Angrenzer der See. Der Ostseespiegel hob sich über vierzig Meter. Die Strandlinie, die vorher viel weiter seewärts lag, schob sich vor und nahm die gegenwärtige Lage an. Von diesem Zeitpunkt existierte die Ostsee im heutigen Sinne. Sie drang damals in die Senken des Landes ein und bildete hierbei Buchten, Einschnitte, Haken und Nehrungen. Landerhöhungen ragten als Kaps in die offene See hinaus oder tauchten als Inseln im Meer auf. Es begann ein Kampf zwischen Feuchtem und Festem. Aus der buchtenreichen Küste formte sich allmählich eine ausgeglichene Strandlinie. Durch diesen Küstenausgleich bildete sich auch das Gerippe unseres Ländchens. Zuerst entstanden die Inselkerne Fischland, Altdarß und Sundische Wiese. Die See umkleidete diese Inselkerne mit Sand und Geröll. Es entstanden der Darß und die Insel Zingst. Die Brandung der Ostsee schliff alle Vorsprünge ab. Sie ebnete den Inselkern der Sundischen Wiese ein und strich die Außenküste des Fischlandes und die Nordseite der Sandplatte Darß glatt.

Wenn man an der Südseite der heutigen Buchhorster Maase entlang wandert, erkennt man, daß das Gelände nördlich des Weges viel tiefer liegt. Diese Geländestufe stellt die alte Steilküste der Ostsee aus jener Zeit dar, in der die Dünenlandschaft des Neudarßes noch nicht bestand. Vom Fischland hinüber zum Altdarß, von hier zur Sundischen Wiese, spannte sich allmählich eine Landbrücke, die der Prerowstrom unterbrach. Die an der Westküste von der See abgetragenen Sandmassen wurden nach Norden getragen. Dünenzug legte sich vor Dünenzug. Der Darß bekam allmählich seine jetzige Form, die immer wieder neu durch den so genannten Darßer Ort geprägt wird. Wer einmal vom Leuchtturm schaut oder Luftaufnahmen sieht, wird diese ständige Landwerdung besser und klarer erkennen können. Es ist zu sehen, wie der Sand des Weststrandes nach Nordosten wandert, der hier am Darßer Ort im Strömungsschatten zur Ruhe kommt. An der Gestaltung dieser Halbinselnahm auch die Pflanze teil. Überall wo Erlen, Schilf und Binsen Fuß fassen konnten, wanderten sie an der Binnenseite des Darßes ins Wasser hinaus. Hierbei wurden die stillen Buchten ausgenutzt. Die Pflanzenreste formten sich zu Torf. So finden wir ihn in der schmalen Nehrung, die das Fischland mit den Rehbergen verbindet, ferner in den Buchten des Altdarßes zwischen Bliesenrade und Wieck. Auch westlich von Zingst im sogenannten Freesenbruch sowie östlich von Müggenburg im Osterwald sind Torfschichten anzutreffen. Torf bildete sich auch überall dort, wo der Boden unmittelbar ins Grundwasser hinaus reicht, so in den langgestreckten Riegen zwischen den Dünenkämmen des Neudarßes.

Während man auf dem Altdarß nahezu gleichmäßig ebnen und trockenen Boden, nur hier und da mit flachen Dünen durchsetzt, vorfindet, gestaltet sich der Neudarß ganz anders. Reffe und Riegen wechseln einander ab. Auf den trockenen Reffen finden wir in erster Linie die Kiefer und Buche vor, während sich in den nassen Senken, den Riegen, die Erle angesiedelt hat. Es wechseln also die trockenen kilometerlangen Dünensandkämme mit ebenso langen Moorstreifen ab. Das Material des diluvialen Altdarßes besteht aus sogenanntem feinen Heidesand, wahrscheinlich eine Beckensandablagerung, die sich vor dem Eisrand der letzten Vereisung bildete. Auf dem Fischland finden wir Geschiebelehm vor. Auch die Sundische Wiese weist einen von Heide- und Boddensand überlagerten lehmigen Kern auf. Nach Norden fällt das Gelände des Altdarßes entlang des Mecklenburger Weges steil ab zu dem des nur ein bis zwei Meter über dem Meeresspiegel liegenden Neudarßes. Hier liegt die höchste Erhebung des Altdarßes mit fast zehn Metern nahe dem Darßer Kliff. Man kann hier deutlich die ehemalige Brandungsküste erkennen. Dagegen ist die westliche, südliche und östliche Begrenzung des Altdarßes im Gelände kaum zu erkennen, da sich hier der Übergang zum alluvialen Teil der Halbinsel fließend gestaltet hat. Die Geschichte des Darßes weiß von gewaltigen Sturmfluten zu berichten, denen es immer wieder gelang, Darß und Zingst zu zerreißen bzw. neu zu formen. Oftmals wurden sogar Menschenleben zerstört.

So berichtet die Darßer Chronik von der großen Sturmflut im vorigen Jahrhundert. „Am 13. November 1872 brach es herein. Es kam nicht unangemeldet. Schon der Oktober war sehr stürmisch gewesen. Seit Anfang November wehten Stürme aus Südwest, die dann nach Westen und Nordwesten drehten. Sie erzeugten in dem westlichen Teil der Ostsee eine Art Ebbe und stauten das Wasser in den östlichen Gebieten auf. Am 8. November zeigte der Pegel bei Kiel 90 cm unter 0. Darum drängte neuer Nachschub aus der Nordsee hinein und füllte so das gesamte Becken der Ostsee auf. Am 10. November ging der Wind über Norden nach Nordosten um, wehte erst mäßig, wurde dann immer stärker und steigerte sich am 12. November, einem Dienstag, zum vollen Orkan. Dadurch wurden die aufgestauten Wassermassen nach Westen geschoben. Der Wasserstand war an diesem Tage bei Barhöft + 2,92 Meter, bei Travemünde + 3,32 Meter (Barth hatte am 11. schon +2,83 Meter). Überall waren die Dünen schon arg mitgenommen. Und bei der Sundischen Wiese und bei Zingst stand das Wasser schon am Deich. Erfahrene Männer, wie zum Beispiel der Förster Köppen vom Forsthaus der Sundischen Wiese, gingen am Abend des 12. November noch einmal zum Strand, und das kommende Unglück ahnend, rieten sie, das Vieh so gut es ging, in Sicherheit zu bringen und alle Wertsachen auf den Boden zu tragen. In Pramort konnte der aufgeweichte Deich dem Druck nicht mehr standhalten.

Als der Lehrer Pauls die Außenhöfe warnen wollte und kaum den Osthof erreichte, breitete sich das Wasser schon mit starker Strömung im Lande aus. Der Deich war gebrochen. Die Bewohner flüchteten auf die Böden ihrer Häuser. Als der Morgen graute, sah man folgendes Bild: Vom Dache eines Hauses (Dietrich Thorow) wehte eine Notfahne, hier stürzte eine Scheune zur Hälfte ein. Auch verschiedenen Wohnhäusern drohte durch eine Unterspülung der Einsturz. Zum Beispiel auf dem Osthof, wo auch eine Notfahne wehte. Dort schwammen Kornmieten weg, hier Heumieten. In den Ställen brüllte das Vieh, das im Wasser stand. Wilde Schwäne suchten Schutz in der Nähe der menschlichen Behausungen. Es wurden Boote herbeigeschafft und die am meisten bedrohten Familien geborgen. Am schlimmsten sah es bei den "Ausgebauten" aus. Zum Försterhause drang das Wasser gegen zwölf Uhr nachts. Ungeheuer groß zeigte sich der Schaden an Vieh. Auf dem Osthofe (Drake) zum Beispiel ertrank alles Vieh, vierzig Haupt Rindvieh und einige Pferde. Aber Menschenleben mußten nicht beklagt werden. In Zingst wurden die Dünen bis auf einen kleinen Rest weggerissen. Der Seedeich lag 95 Meter hinter der Wasserlinie und mit der Krone zwei Meter über Mittelwasser. Er bestand aus Dünensand und einer darüberliegenden Rasendecke. Er hielt trotzdem lange stand, bis die Flut den Deich überschritt und so den Widerstand brach (Der Binnendeich hielt sich). In kurzer Zeit stand das ganze Dorf unter Wasser. Die strömende, brandende See reichte bei vielen Häusern bis zur Fensterbrüstung, bei anderen bis zum Fensterkreuz. Sofas, Schränke und andere Möbelstücke trieben in den Stuben hin und her, stießen gegen die Wände und halfen bei der Zerstörung des Fachwerkes. War dieses Werk vollendet, so gelangten sie ins Freie und schwammen mit der Strömung davon. Teilweise landeten sie mit dem ertrunkenen Vieh, meist Schweinen, am Freesenbruch. Das Großvieh rettete man in der Weise, daß man ihm Dung, Stroh, Heu unter die Füße legte und die Unterlage so erhöhte, daß die Tiere wenigstens mit dem Kopf aus dem Wasser herausragten. Hühner und Kleinvieh nahm man, soweit es ging, mit auf den Boden. Die Rettung Bedrängter erfolgte durch Boote und Brühtröge. So rettete der Schiffszimmermann Heinrich Bussert die fünfköpfige Familie des abwesenden Steuermanns Möller. Auf ihrem zusammengestürzten Hause am Deiche schwebten sie in größter Lebensgefahr. Noch wunderbarer war die Rettung der Bewohner des Hauses in Straminke. Vater, Mutter und Tochter versuchten, durch Ketten und Leinen das Dach des schwankenden Hauses widerstandsfähiger zu machen. Trotzdem rissen Wind und Wellen das Dach los, das mit den Leuten, die sich noch hinaufretten konnten, davontrieb. Sie landeten glücklich im Freesenbruch und konnten von dort geborgen werden. Weniger Glück besaßen die Insassen eines Katens auf dem großen Kirr. Hier hielten die Lehmwände dem Druck des Wassers nicht stand, und die Bewohner, Mann, Frau und drei Kinder, ertranken. Der Pächter Horst verlor bei der Flut 49 Kühe, zweihundert Schafe und zwei Pferde. In Prerow brach der Deich morgens gegen vier Uhr - außer anderen Stellen am Auslauf des Grabens in der Brake. Er war noch nicht ganz fertig, es fehlte unter anderem die Rasendeckung. Ein Teil der Holzbrücke über den Strom trieb an das Ehlertsche Bauernhaus und ragte mit einzelnen Teilen ins Fenster des Hauses hinein. Die Häuser, meistens Fachwerkbauten, wurden zum größten Teil bis zum ersten Riegel ausgewaschen. Herausgerissene Fenster und Türen trieben mit den Möbelstücken, Uhren, Betten, Stühlen usw. fort. Man fand viele Trümmer später am Langseer Weg und in der Speck wieder. Auch Jachten rissen sich los und kreuzten im Dorf umher. Sie mußten nach der Flut über Rollen durch Pferde und Mannschaften zurück ins Wasser gezogen werden. Ihren Höhepunkt erreichte die Flut mittags gegen zwei Uhr. Am schlimmsten sah es in 'Ort' und in 'Krabbenort' aus. Hier wurde nicht bloß alles herausgewaschen, sondern die Häuser standen teilweise vor dem Einsturz. Besonders schwer traf es den abwesenden Jachtschiffer Horst von 'Ort'. In seinem Hause spülte die Flut die Treppe hinweg, ehe sich die führerlosen Frauen auf den Boden retten konnten. Es ertranken seine fast 80jährige Mutter, Katharina Horst, seine Frau Maria, seine 13jährige Tochter Emma und Marie Niemann, seine Nichte, die 7jährige Tochter des Jachtschiffers Niemann.

Ein ähnliches Schicksal erlitt die Familie des Tischlers Heinrich Lampe. Sie wohnte in einem Häuschen, das an der Stelle der heutigen Schmiede stand. Das ganze Haus wurde auseinandergerissen, und die Insassen kamen dabei ums Leben, Mann, Frau und drei Kinder von einem bis zu elf Jahren. In der Nähe dieser Unglücksstelle ertrank noch das Söhnlein der Kretzmerschen Eheleute. Zu diesen zehn Todesopfern kamen ferner die Leichen dreier Seeleute, davon zwei aus Stepenitz, die mit ihrem Schiff, einem Dreimastschoner, auf den Dünen strandeten und vom Mast erschlagen wurden. Vom Neudarß stand außer dem höher gelegenen Teil des Kirchenortes mit Pfarrhaus, Kirche und Kirchhof und den Dünenketten des Waldes und dem "Berg" in Prerow alles unter Wasser. Selbstverständlich bedeckte das Wasser den ganzen Zingst mit Sundischer Wiese, Pramort, Müggenburg, Groß- und Kleinkirr, Oie. Vom Altdarß wurden die niedrig gelegenen Teile von Wieck und Born überspült.

Sehr gefahrdrohend erwies sich die Lage bei Ahrenshoop. Hier boten jedoch die höher gelegenen Teile des Fischlandes den Bewohnern samt Vieh eine Zufluchtsstätte. Eine Menge Tierleichen, Hausrat und Holz trieben bei Wustrow an. In der Nähe von Ahrenshoop erfolgte ein Durchbruch des Meeres. Ebenso bei Prerow zwischen hoher Düne und Papensee. Die Dünen bei Ahrenshoop erlagen ihrer vollständigen Zerstörung. Auch am Weststrand bis zum Teerbrennersee litten sie auch furchtbar, doch blieben sie in der näheren Umgebung des Leuchtturms einigermaßen erhalten. Vom Darßer Ort bis zur Strommündung wurden die Vordünen weggerissen, und vom Papensee bis Sundische Wiese stand von den gesamten Dünen nur noch ein kleiner Rest, darunter der Kern der hohen Düne bei Pramort.

Am Nachmittag flaute der Wind ab. Das Meer beruhigte sich und die Leute atmeten auf. Man bemühte sich, die am meisten gefährdeten Familien zu retten. Ein willkommener Zufluchtsort stellten die massiv gebauten Häuser dar, zum Beispiel das Haus des Apothekers Diesing in Prerow und das Pfarrhaus in Zingst. Das Prerower Pfarrgehöft wurde zwar überschwemmt, aber ins Pfarrhaus hinein kam das Wasser nicht. Die Boote kamen zum Teil von Born. Es fanden sich hier wie überall genug tatkräftige Seeleute, um das schwierige Rettungswerk zu übernehmen. Eisiger Wind und Schneetreiben erschwerten es ungemein. Am nächsten Morgen trafen schon Dampfer aus Stralsund mit Trinkwasser und Lebensmitteln ein, ebenso von Barth. Am 14. kam das Wasser wieder, erreichte aber nicht mehr solche Höhe. Bald darauf setzte der Frost ein, und durch die verstopften Schleusen und die verhältnismäßig hoch liegenden Durchbruchstellen zog das Wasser nur langsam ab. Die Brunnen blieben auf lange Zeit verdorben und die Äcker durch das Salzwasser für Jahre unfruchtbar, dazu verschlammt, versandet oder mit tiefen Riegen durchzogen. In Prerow allein waren den Fluten zum Opfer gefallen: 7 Pferde, 99 Kühe, 61

Schweine, 133 Schafe, 5 Ziegen, 78 Hühner und 4 Gänse. Trotz aller Warnung wurden tote Schweine eingeschlachtet und dadurch Krankheiten hervorgerufen. Furchtbar hauste der Sturm auch im Darßer Wald. Massenhaft knickten die Stämme, auch die dicksten, um oder sie entwurzelten und fielen reihenweise zu Boden. Der Wald sah aus wie ein Schlachtfeld. Dabei kam auch viel Wild um. Das Holz wurde dann billig (1 Raummeter zu 2,50 Mark) verkauft und so den Arbeitern und Fuhrleuten eine Möglichkeit zum Geldverdienen gegeben.

Zur Ehre unserer Bevölkerung muß gesagt werden, daß sofort eine großartige Hilfeleistung einsetzte. Nicht bloß in der Heimatprovinz, sondern in ganz Deutschland fand mit Eifer eine Sammlung zur Linderung der Not statt und nicht allein große Geldsummen spendete man, sondern auch Lebensmittel, Kleidungsstücke, Betten, Brennstoffe usw. in ungeheuren Mengen. Die Staatskasse des Stralsunder Regierungsbezirkes bewilligte in einem Jahr allein über hundertdreißigtausend Taler, und durch Sammlungen gingen in diesem Bezirk in derselben Zeit gegen zweihundert Taler, ohne die erwähnten Sachwerte, ein. Nachdem das Wasser wieder ablief, ging man sofort an die Ausbesserung der Schäden. Zunächst wurden die Durchbrüche geschlossen. Das geschah in der Weise, daß man große, mit Steinen beschwerte Strauchbündel versenkte und darauf Sand schüttete. Auf dieser Unterlage wurden Fangzäune angelegt, um den herangetriebenen Sand festzuhalten. Dieses Flechtwerk errichtete man auch da, wo die Dünen ganz verschwanden. Dazwischen erfolgte die Anpflanzung von Strandhafer. Obgleich sich die früher ins Meer gebauten Pfahlreihen nicht bewährten, wurden sie erneuert und verstärkt.
Schließlich schritt man zu einer umfassenden Umdeichung. Es arbeiteten im Sommer 1873 mehrere hundert Arbeiter aus der Mark, aus Schlesien und Posen daran. Der gesamte Zingst, von Pramort bis Freesenbruch, wurde im 250-Meter-

Abstand von dem Seeschlag eingedeicht. Von Zingst nach Prerow zog man einen Außendeich. Querdeiche schützten die beiden Ortschaften noch besonders. Ahrenshoop erhielt einen Binnendeich. Der Vordarß sollte durch Dünen gesichert werden. Zum Abschluß gelangte dieses Werk 1874. Am 21. September wurde am Stromschluß mit Feierlichkeit eine Steinfaschine versenkt und weitere mit Granitblöcken verankerte Reisigbündel in die Tiefe hinabgelassen. Als die Strömung diese hinwegriß, arbeitete man von den Seiten in die Mitte hinein. Diese Stelle glaubte man besonders sichern zu müssen, und so erhebt sich hier auf hundert Metern Länge ein stattlicher Deich, der vier Meter hoch und nach Norden mit mächtigen Steinblöcken eingefaßt ist, zur großen Beruhigung der Gemüter, die bei jedem Hochwasser zunächst von dieser Stelle her Gefahr befürchteten. 1874 wurde dann ein breiter, fester Damm bei der früheren Brücke über den Strom hinübergeführt und so noch einmal die Insel Zingst mit der Halbinsel Darß verbunden, so daß man sich allmählich an die nicht schön gebildete Bezeichnung Darß-Zingst gewöhnte."

So weit der Bericht aus der Chronik. Es wurden somit nach 1872 umfangreiche Maßnahmen zur Küstenbefestigung durchgeführt. Auch die Mündung des Prerowstromes in die offene See war somit geschlossen.

Diese Arbeiten bewährten sich bei den Sturmfluten 1904 und 1913. Sowohl die Düne als auch der Deich bei Prerow hielten den tobenden Wassermassen stand. Während 1904 in der Silvesternacht die Chaussee von Barth nach Zingst überflutete, verursachten im Jahre 1913, wieder in der Silvesternacht, die Wassermassen Schäden am Bahndamm der 1910 eröffneten Eisenbahnlinie Prerow-Barth. Die tobende Flut bewirkte sogar den Einsturz der Kloerbrücke zwischen Bresewitz und Pruchten.

Im Jahre 1954 erhielt ich einen Brief von meiner Mutter, der mich in Schwerin erreichte. In diesem teilte sie mir mit, daß im Januar eine erneute Sturmflut den Darß heimgesucht habe. Damals tobte ein anhaltender Sturm mit Windstärke 10-12. Dieser drückte große Wassermengen der Ostsee gegen unsere Küste. Am 4. Januar stieg der Wasserstand auf fast 7 Meter. Die Dünen und auch stellenweise die Deiche auf dem Fischland und dem Darß wurden überflutet. Große Gefahr drohte jetzt von der Boddenseite her, denn wenn hier sein Wasserstand dem von der See gleichgekommen wäre, hätten weite Landflächen unter Wasser gestanden. In Müggenburg brachen indes Dämme. Mit Hilfe von Polizeitruppen konnten die Löcher mit Sandsäcken wieder abgedichtet werden. Auch die Landstraße Zingst-Barth zwischen Bresewitz und Pruchten überflutete. Man mußte einige Häuser räumen. Der größte Durchbruch passierte am Vordarß. Gewaltige Wassermassen stürzten in die Waldbestände bis Drei Eichen vor, Damit stand auch der Landweg Born-Ahrenshoop unter Wasser. Mehrere Meter der Westküste, von den Rehbergen bis nach Esperort, riß in die gurgelnde und schäumende Flut mit sich. Die mit ins Meer gestürzten Bäume ragten nur teilweise mit ihren Ästen und ihrem Wurzelwerk aus dem Wasser. Auch in der Höhe des Teerbrennersees gab es einen gewaltigen Durchbruch. Viele Bäume, außer Sitkafichten, vertrugen das salzhaltige Ostseewasser nicht und starben ab. Der Staat gab darauf hin viele Millionen Mark aus, um Küstensicherungsmaßnahmen durchzuführen. So entstand unter anderem der Deich Ahrenshoop-Vordarß. Große finanzielle Mittel wurden bereitgestellt, um Buhnen, Dünen und Deichbefestigungen kontinuierlich auszubauen und somit die ständige Gefahr des Hochwassers zu bannen. Trotz furchtbarer Verwüstungen und Naturkatastrophen, trotz der tiefen Wunden, die Menschenhände in den zurückliegenden Jahrhunderten in den Wald dieses traumversunkenen Fleckchens Erde schlugen, ist es bewundernswert, daß sich der Darßer Wald immer wieder so erholte, und das dank der Arbeit des Forstmannes

Beerdigung
von F. v.
Raesfeld 1930

Grabstein
nach dem
Sturm 1967

Wisente, vor 1945 ausgewildert

Jagdhaus von H. Göring

Elchschaufler auf dem Darß

Forststudenten: Autor, Mehl, Abraham

links - Autor als Forstlehrling

Treibjagd bei Forstm. Mueller am 20.01.1936
v. l. n. r.: Landrat v. Asseburg m. Sohn, Schwester Liselotte, Frau Müller, Graf Klot-Trautvetter, Präsident Korndörfer, *Revierförster Dall*, Waldarbeiter Dieter, Vorarbeiter Bladt, Born

oben - Autor als Soldat an der Front

unten - Autor als Lehrling und 1990

Marga,
Frau vom Autor

Ehemalige Forstkommilitonen
In der Mitte der Autor

Blick von der "Hohen Düne" in Prerow auf den Darß

Forstamtsgebäude in Born
-Sitz von
Raesfeld,
Mueller, Callis
u. Martens

Am Weststrand

o. links
Autor im Gespräch mit dem ehemaligen Politbüromitglied Hermann Axen

o. rechts
Ehemaliges Staatsratsmitglied Paul Strauß mit der Trophäe seines gestreckten Bronzemedaillenhirsch

Ehemaliges Politbüromitglied Alfred Naumann (links)

Starker Keiler auf dem Darß

Silbermedaillenkeiler

Silbermedaillenhirsch, gestreckt vom Minister a. D. Halbritter

o. links
Ein vor 1945
auf dem Darß
erlegter Hirsch

o. rechts
Bronzemedail-
lenhirsch

Goldmedaillen-
hirsch
Erleger:
Harry Tisch

Verkämpfte Hirsche

Prof. Dr. multi. Horst Klinkmann

Geburtstagsfeier während der Maul- u. Klauenseuchensperre
Revierförster Gadow mit Gattin im Sperrgebiet

mit Unterstützung der Natur. So empfängt uns der Darßer Wald zu jeder Jahreszeit mit seinen würzigen Harzdüften. Er bereichert unsere Atemwege mit zusätzlichen Sauerstoff, und die rauschenden Wipfel seiner Bäume stimmen in die ewige Melodie des Meeresrauschens ein. Er bietet mancherorts vielen Naturfreunden ein Bild der Urwüchsigkeit und der scheinbaren Unberührtheit.

Meine Gedanken schweifen hin zur Gegenwart. Nun also sollte ich das Zepter in die Hand nehmen und die forstlichen Geschicke auf dem Darß steuern. Inzwischen vergingen schon dreizehn Jahre, nachdem ich damals den Darß verließ.

Mein Lehrchef, Revierförster Dall, verhaftete die GPU und verschleppte ihn anschließend in ein Internierungslager, wo er bald verstarb. Dr. Klaus Dall, Sohn meines Lehrchefs und Spielgefährte von mir, der seit vielen Jahren bei Heidelberg wohnt, berichtete mir, daß sowohl sein Vater als auch er damals von der GPU verhört und nach den im Walde von der SS angelegten Bunkern befragt wurden. Eigenartig ist, daß man nichts über den Verbleib von Forstmeister Mueller wissen wollte, der sich in einem dieser Bunker sechs Wochen lang versteckt hielt und dann gemeinsam mit einigen SS-Soldaten den Darß verließ. Es gab auch kein Suchen nach dem Forstmeister seitens der Russen.

Das Forstamtsgebäude diente nach Besetzung des Darßes im Mai 1945 durch die Rotarmisten, in erster Linie Kosaken, als Kommandantur. Der Kommandant, dunkelhaarig, gutaussehend, stammte aus St. Petersburg. Einige Borner erinnern sich an ihn. Obgleich er allen Grund gehabt hätte, Rache zu üben, denn die deutschen Soldaten löschten in der Heimat das Leben seiner Familie aus, benahm er sich anständig gegenüber der Borner Bevölkerung. Gewiß gab es hier und da Übergriffe, indem Soldaten Diebstähle begingen. Vergewaltigungen kamen auch vor. Es war aber bald bekannt, wo die Russen ein- und ausgehen durften. Eine Anweisung besagte, daß alle Rundfunkapparate abgegeben werden mußten. Selbstverständlich auch Waffen. Einige russische Soldaten gingen mit Unterstützung von Darßer Bürgern auf Jagd. Wild gab es genug, besonders Schwarzwild. Einige Bauern und andere Darßer zogen mit Speeren und großen Hunden in den Wald und sagten den Sauen den Kampf an. So manches Wildschwein mußte dran glauben. Gesetzliche Bestimmungen, solche Jagdmethoden zu bestrafen, gab es anfangs nicht. So blühte die Wilddieberei und der Forstfrevel an manchen Orten. Noch im Februar 1947 schrieb der Revierförster S. aus Wieck einen Brief an das Forstamt Born mit folgendem Inhalt:

„Betrifft: Ausübung des Forstschutzes

Seit geraumer Zeit nimmt der Diebstahl an aufgearbeitetem Holz sowohl Brennholz als auch Zellholz enorme Formen an. So stellte ich vor einigen Tagen fest, daß in Jagen 151 mindestens 30 % des Zellholzes gestohlen sind. Zwecks Feststellung der Täter hielt ich mich häufiger in Jagen 151 auf und traf täglich die Fuhrleute der Firma W. aus Barth beim Stehlen von Zellholz und Brennholz. Verschiedentlich versuchte ich die Namen der Täter festzustellen, was mir bisher aber nicht gelang, weil die Fuhrleute mir die Angabe ihrer Namen verweigerten und mich obendrein bedrohten, indem sie mir Schläge anboten. Auch äußerten sie immer, ich könne sie ja ruhig anzeigen. Eine Bestrafung würde ja doch nicht erfolgen. Im Gegenteil, sie würden mich dem Bezirksbürgermeister melden und ich würde dann ja sehen, was ich davon hätte. Womit sie meinten, daß ich dann dienstentlassen würde. Der ehemalige Waldarbeiter B. aus Prerow, der jetzt angeblich Fischer ist, drohte mir mit einer Anzeige bei der GPU, wenn ich ihn wegen Forstdiebstahls anzeigen würde. Meine Bitte an die Prerower Polizei, mir bei der Feststellung der Holzdiebe, besonders gegen Herrn

B., behilflich zu sein, ist bisher erfolglos gewesen. Im Gegenteil: der Kriminalbeamte in Prerow sagte zu mir vor einiger Zeit, ich wäre ja wohl derjenige, der die Leute immer 'anschiß'.

Da ich nicht mehr weiß, wie ich mir helfen soll, bitte ich das Forstamt und die vorgesetzten Dienststellen, mir eine Schußwaffe zur Verfügung zu stellen, da ich Schwerkriegbeschädigter des Krieges 1914/18 bin und mich infolge dessen auf eine Schlägerei mit den Fuhrleuten nicht einlassen kann. Sollte meiner Bitte nicht entsprochen werden, muß ich darauf hinweisen, daß eine wirksame Ausübung des Forstschutzes unmöglich ist. Auch bezüglich der Ausübung des Jagdschutzes wäre es sehr zu begrüßen, wenn ich in den Besitz einer Schußwaffe käme, damit denen endlich einmal das Handwerk gelegt werden kann. Diese Leute sind hier vor Jahren als Waldarbeiter angesiedelt, tun heute größtenteils aber nichts weiter als mit Schußwaffen wilddieben. Mit dem dabei erbeuteten Wildbret treiben sie dann schwunghaften Tauschhandel in den Gemeinden Prerow und Zingst, was ich schon selbst beobachtet habe. Welche Formen die Wilddieberei hier angenommen hat, geht daraus hervor, daß ich den G. vor einiger Zeit traf, als er mit seinem Fahrrad, auf dem er hinten und vorn Wildbret angebunden hatte, um es zu dem Schlachter O. K. in Prerow in die Kühlhalle zu fahren, da er, wie er mir sagte, nicht in der Lage wäre, so große Mengen Wildbret zu verkonsumieren. Die gleiche Rolle, die Herr G. in Prerow spielt, hat in Zingst der schweizerische Staatsangehörige S. übernommen. K. K. aus Born wilddiebt auch im ganzen Forstamt, wie es ihm gerade paßt. Da es unmöglich ist, unter den heutigen Zuständen den Dienst ohne Schußwaffe ordnungsgemäß zu versehen, bitte ich nochmals um die Berechtigung, eine solche führen zu dürfen.

Unterschrift: S. Revierförster"

Anfang der 50er Jahre wurden dann Jagdkommandos aufgestellt. Sie setzten sich aus Volkspolizisten zusammen, die durch die Lande zogen, um in erster Linie auf Schwarzwild zu jagen und besonders dort, wo Wildschäden auftraten. Ihre Ausrüstung bestand ausnahmslos aus Schrotflinten. Sie schossen in erster Linie mit Brenneke, dem Flintenlaufgeschoß, aber auch der Postenschuß, Schrote von 8 mm Stärke, war erlaubt. Im Jahre 1953 erließ man dann das erste Jagdgesetz in der DDR. Ab 1945 mußten sich alle Jäger erneut, so auch ich, einer von der Kreisjagdbehörde abgehaltenen Jagdprüfung unterziehen. Kugelwaffen durften nur wenige führen. In meiner Funktion als Landforstmeister bekam ich die Genehmigung, mir 1957 einen Drilling Kaliber 8x57 IRS zu kaufen, den ich 1959 mit zum Darß nahm. Meine Schrotflinte mußte ich verkaufen, da man damals nur im Besitz einer Waffe sein durfte. Aber ein Luftgewehr schaffte ich mir zusätzlich an, was mir bald zum Verhängnis werden sollte.

Ich werde den ersten Tag meines Dienstes in Born nie vergessen. Die erste Dienstberatung, an der alle Revierförster der Oberförsterei teilnehmen sollten und der Forstdirektor mich vorstellen wollte, war anberaumt. Ich schaute zur Uhr. Eine Stunde noch bis zum Beginn der Beratung. Ich blickte aus der Verandatür und entdeckte mehrere Eichelhäher in der großen Eiche. Ich lief ins Zimmer, holte mein Luftgewehr, lud es mit einer Diabolokugel und schoß auf einen dieser bunten Vögel. Er fiel auf unser eingezäuntes Hofgelände, während die anderen den Baum schimpfend verließen. Als ich das Luftgewehr wieder ins Haus bringen wollte, entdeckte ich erneut einen in die Eiche fliegenden Häher. Der reichlich Eichelmast tragende Baum bot natürlich einen gedeckten Tisch für diese Vögel. Schon backte ich das Gewehr an und traf wiederum. Schon ließ sich wieder einer dieser frechen Gesellen im Baum nieder. Ich brachte einen dritten Schuß an. Der getroffene Vogel fiel nicht wie die anderen auf den Hof nieder, sondern auf die Straße. Im selben Moment brauste ein Motorradfahrer heran. Der Fahrer drehte neugierig den Kopf und kam dadurch ins Schleudern. Ich hörte dann nur noch ein Krachen, rannte auf die Straße und sah dort den gestürzten Fahrer auf dem Kopfsteinpflaster liegen. Ich half ihm beim Aufstehen und fragte bestürzt: „Ist Ihnen etwas passiert?“ Dieser klopfte sich den Schmutz vom Anzug und bemerkte: „Ich glaube nicht. Nur das Handgelenk tut mir ein wenig weh. Ich wäre ja nicht ins Schleudern gekommen, wenn ich mich nicht umgedreht hätte, um zu sehen, was dort auf die Straße fiel. Anscheinend ist es ein Vogel gewesen.“ „Ja, ein Eichelhäher“, bestätigte ich ihm

kleinlaut. „Ich habe ihn aus der Eiche geschossen und leider ist er mir dahin gefallen, wohin er auf keinen Fall fallen sollte.“ Bei einer näheren Untersuchung seines Motorrades, Typ Jawa, entdeckten wir außer einigen Beulen im Schutzblech glücklicherweise keine weiteren nennenswerten Schäden. Wir, inzwischen kam uns auch der Harzmeister Wolfgang Wasner aus Wieck zu Hilfe, schoben gemeinsam das Krad auf den Hof und beulten das Schutzblech notdürftig aus, so daß es wieder fahrbar war. Anschließend holte ich eine Mullbinde, um das Handgelenk des Gestürzten fest zu umwickeln, da sich jetzt doch bei ihm verstärkt Schmerzen einstellten. Beim Abschied meinte er: „Es wäre alles nicht so schlimm, müßte ich nicht heute noch mit dem Motorrad nach Berlin zurückfahren. Ich besitze hier in Born ein kleines Sommerhäuschen und wohne in Berlin. Aber würden Sie mir einen Gefallen tun?" „Wenn ich ihn erfüllen kann, natürlich", antwortete ich. „Ich habe vorhin gesehen, daß der Unglücksvogel hübsche Federn besitzt. Würden Sie mir einige ausrupfen und sie mir als Erinnerung schenken?" „Wenn es weiter nichts ist, herzlich gerne." Ich lief hin, zupfte ein Büschel blaue Federn aus und schenkte sie ihm. So bereitete ich ihm mit diesem Souvenir wenigstens noch eine kleine Freude. Nach etlichen Wochen schrieb er mir sinngemäß: „Ich bin damals glücklich, allerdings mit großen Schmerzen wieder in Berlin gelandet. Das Handgelenk war, wie sich beim Röntgen herausstellte, angebrochen. Ich mußte über sechs Wochen pausieren, da ich die Hand für meinen Grafikerberuf nicht einsetzen konnte." War mir das peinlich, aber auch eine Lehre, nie wieder einen ähnlichen Schuß zu wagen, dessen Folgen ich nicht einschätzen konnte.

Nachsuche mit Hindernissen

Es war an einem herrlichen verschneiten Wintermorgen. Eine 50 cm hohe Schneedecke lag im Wald. Alle Bäume trugen ein weißes Kleid, märchenhaft anzusehen. Ich ließ die Waldwege schleppen. Ein Traktor mit einem Schneepflug bahnte sich durch die Schneemassen. So viel Schnee sah der Darß schon lange nicht mehr. Da bekam ich einen Anruf vom damaligen Jugendherbergsleiter Rudi Koch, ob ich nicht kommen könne, denn dicht an seinem Hause führe eine Schweißfährte von einem Stück Schwarzwild vorbei. Wir jagten in der Tat am Vortag auf Sauen und mußten die Nachsuche auf einen angeschossenen Überläufer aufgeben.

Ich kannte Rudi Koch seit geraumer Zeit. Er arbeitete vorher am Theater in Stralsund und nutzte seine schauspielerischen Talente, um uns für das Laientheater in Born zu begeistern. Er griff auf einige Bürger zurück, die bereits Jahre vorher im Dorf, so unter anderem das Stück "Die Darßer Schmuggler", spielten. Da mich die Schauspielerei von jeher begeisterte, stand ich bald mit auf der Dorfbühne und gab einen griechischen Lustmolch. Mit von der Partie waren der Lehrer Röll, der das Zeug besaß, sogar im Staatstheater eine Rolle zu übernehmen, die Lehrerin Hannelore Dillwitz, Marianne Kuphal, Rudi Koch und seine hübsche Frau Ingeborg. Wir ernteten im Saal großen Beifall, der uns anspornte, auch andere Stücke einzustudieren. Wir zogen dann bald über die Dörfer und machten uns mit unserer Borner Theatergruppe einen Namen. Wir brachten es sogar fertig, an einem Nachmittag in Damgarten mit zwei Theateraufführungen aufzuwarten. Erst brachten wir mit einem traurigen Stück die Zuschauer zum Weinen, hinterher zum Lachen, als wir unsere Komödie aufführten.

„Ich komme!“ antwortete ich dem Jugendherbergsleiter. Unwillkürlich mußte ich an das Jagderlebnis von vor einigen Nächten denken. Rudi rief mich spät abends an und meldete mir, daß erneut ein Rudel Rotwild hinter seiner Scheune stünde. 15 Minuten später hielt ich schon vor seiner Haustür. Er dirigierte mich durch eine zerfallene Scheunentür und zeigte auf ein Fenster, das auf der gegenüberliegenden Seite den Blick auf die Wiese zuließ. Da in ihm die Glasscheibe fehlte, konnte ich meinen Kopf vorsichtig durchschieben und ein Rudel Rotwild von ca. zwanzig bis dreißig Stück erblicken. Es war taghell, denn der Vollmond stand am klaren Sternenhimmel. Ich suchte mir mit dem Fernglas ein schwaches Kalb aus, nahm den Drilling, hielt hochblatt an und ließ fliegen. Es brach auf der Stelle zusammen. Die Frau von Rudi freute sich riesig, als ich ihr die Leber vom frisch erlegten Stück überreichte.
So stand ich nun erneut vor seiner Tür. Das Haus kannte ich von meiner Lehrzeit her als Försterei Ibenhorst. Der Staat verkaufte es nach 1945 an die Gemeinde Born. Rudi wartete bereits einsatzbereit im Flur und begrüßte mich herzlich. „Du hast dich ja ordentlich warm angezogen“, sagte ich etwas spöttisch. „Ich will doch nicht frieren. Es sind mindestens minus sechs Grad draußen. Du wirst es bereuen mit deinem leichten Lodenmantel. Nicht einmal einen Schal hast du um“, erwiderte er. Er trug dagegen einen dicken Pullover, eine warme Jacke und darüber eine Winterjoppe. Seinen Hals umhüllte außerdem ein warmer Schal.

Wir begaben uns nach draußen. Ich öffnete meinen Rucksack und verstaute das Futteral meines Drillings. Abmarschbereit überprüfte ich nochmals das Vorhandensein von Munition und Messer. „Wann machst du denn deine Jagdprüfung?“ fragte ich ihn. „Im Mai“, antwortete er. „Ich hoffe, daß ich sie bestehe. Du hast mir ja etliche Bücher zum Studieren gegeben. Deine fachlichen Hinweise halfen mir auch gut. Heute werde ich bestimmt wieder allerhand dazulernen." In der Tat, man mußte sich schon auf den Hosenboden setzen, wenn man die Jägerprüfung bestehen wollte. Solche Fächer wie Waffenkunde, Ordnung und Sicherheit, Wildbewirtschaftung, Jagdhundewesen, Naturschutz und Gesetzeskunde hatten es in sich. Wer bei den politischen Themen nicht sattelfest zeigte, konnte schon gleich das Handtuch werfen. Mindestens ein Jahr lang mußte der Prüfling alle Arbeiten einer Jagdgesellschaft kennenlernen und auch das jährliche Pflichtschießen bestanden haben. So mancher Jäger mußte auch nach bestandener Prüfung, wenn es Anzeichen gab, nicht mit dieser oder jener Maßnahme der DDR einverstanden zu sein, den jagdlichen Dienst quittieren. So erhielten einige, die ihre Landwirtschaft nicht in die LPG mit einbringen wollten, keine Verlängerung der Jagderlaubnis. Alleine Mißäußerungen zur LPG-Bildung reichten aus, den Jäger auszuschließen.

Seit Mai 1962 bestand eine Jagdgesellschaft auf dem Darß, die sowohl den Darßer Wald als auch die landwirtschaftlichen Flächen bejagte. Der Vorstand, der sich aus etwa fünf bis sieben Mitgliedern zusammensetzte, tagte regelmäßig alle vier bis fünf Wochen. Die dort gefaßten Beschlüsse bedurften der Zustimmung der vierzig- bis fünfzigköpfigen Mitgliederversammlung. Ein vom Forstwirtschaftsbetrieb und dem Rat des Kreises genehmigter Abschußplan galt als Arbeitsgrundlage. Für die Verwaltung der Jagdwaffen und den Einsatz der Jäger zeichneten die vom Staat eingesetzten Jagdleiter verantwortlich. In der Regel nahmen diesen Posten nicht die Revierförster, sondern in vielen Fällen "politisch zuverlässige" Jäger aus anderen Berufszweigen ein.

Sie leiteten ein Jagdgebiet, dessen Grenzen mit denen eines Forstreviers annähernd übereinstimmten. Bei ihnen mußten sich die Jäger alle drei Tage melden, um ihre Unterschrift für die empfangene Schrotflinte zu vollziehen. Da diese nicht ausreichten, behielt der Jäger die Waffe meistens nur für einige Tage, um sie dann an den schon sehnsüchtig wartenden nächsten Waidgenossen abzugeben. Auch auf den Treibjagden wurden die Flinten oftmals gewechselt. Derjenige, der die Schrotflinte abgab, mischte sich dann mit unter die Treiber. Alle Waffen mußten außerhalb der Jagd in einem von der Polizei abgenommenen Waffenschrank diebstahlsicher deponiert werden. Die Polizei führte laufend Kontrollen durch, besonders bei den Jagdleitern. Außer dem Waffenbestand mußte man jeden Verbleib bzw. Ankauf von Munition schriftlich nachweisen. Fehlte nur eine Schrotpatrone, konnte der Betreffende mit einem Disziplinarverfahren rechnen, im Wiederholungsfalle mit einer Ablösung als Jagdleiter bzw. mit einem Ausschluß aus der Jagdgesellschaft, was natürlich einer Jagdsperre für etliche Jahre gleichkam.

Nach 1945 trennte man grundsätzlich die Jagd von der Forst. So verfügten auch eine Reihe von jungen Förstern über keine jagdliche Ausbildung, da sie die notwendigen Kenntnisse hierzu an den Forstschulen nicht vermittelt bekamen. Da mancher Förster somit keine Jagdprüfung ablegte, konnte er auch nicht als Jagdleiter eingesetzt werden. Mancher Leser wird den Kopf schütteln und denken: „Wie ist so etwas möglich?“ Ja, es ist undenkbar, daß ein Revierförster nicht für die jagdlichen Aufgaben in seinem Revier verantwortlich zeichnet. Nur gut, daß dieser untragbare Zustand nach der Wende ein Ende fand. Den damaligen Jagdgesellschaften muß zugute gehalten werden, daß durch sie sehr gute Wildbestände in qualitativer Hinsicht heranwuchsen. Da es zwischen Wald und Flur auf dem Darß keine jagdlichen Grenzen gab, entstanden auch keine Diskrepanzen zwischen Hege- und Jagdmaßnahmen. Alle erlegten Trophäen mußten die Jäger auf den jährlich angeordneten Trophäenschauen ausstellen. Eine von der Kommission mit einem roten Punkt versehene Trophäe zog oft die Sperre für den Abschuß der betreffenden Wildart im kommenden Jagdjahr nach sich.

Starke Trophäen, insbesondere von Rot- und Schwarzwild, zog die Jagdbehörde außerdem oftmals ein. Auch die Pflege und Hege des Wildes stand im Vordergrund. Alle Jäger wurden gleichzeitig zu Naturschützern erzogen, so daß es zwischen Jagd und Naturschutz kaum Differenzen gab.

Rudi Koch führte mich nun hundert Meter am Zaun der Jugendherberge entlang, bog aufs k-Gestell ein und blieb stehen, auf eine den Weg überquerende Schweißfährte zeigend. Jawohl, sie schien vom Vortag zu sein. Die Schweißtropfen deuteten auf einen Wildbretschuß hin. Da genug Schweiß lag, ließ in uns die Hoffnung keimen, den Schwarzen doch noch zur Strecke bringen zu können. Ich holte mir sicherheitshalber schon vorher telefonisch die Erlaubnis vom Nachbarjagdleiter ein. Sollte das Stück mein Revier verlassen, durften wir die Grenzen überschreiten. Da mein Jagdterrier leider vor kurzem von einem Auto überfahren wurde, vertraute ich auf meinen eigenen Spürsinn, zumal genügend Schnee lag, um die Schweißfährte halten zu können. Ich lud meinen Drilling und wies Rudi Koch an, stets dicht hinter mir zu gehen, damit ich gefahrlos schießen konnte. Die ersten hundert Meter verliefen mühelos, die Fährte führte uns durch einen Baumholzbestand. Aber dann kam das erste Hindernis: Der Schwarzkittel nahm eine Deckung an. In gebückter Haltung schob ich mich nach vorne, die mir ins Gesicht klatschenden Zweige wegschiebend. Nun rutschten die ersten Schneemassen von oben auf unsere Hüte und Schultern. Die nächste Lücke in der Dickung nutzen wir, um uns den Schnee von der Bekleidung abzuschütteln.

Weiter ging es. Alle drei bis vier Meter fanden wir Schweißtropfen. Die Fährte führte uns aus der Dickung heraus, ohne daß wir ein Wundbett fanden. Wir mußten uns also auf eine lange Nachsuche einstellen. Rudi, dem seine Körperfülle beim Durchkriechen der Dickung zu schaffen machte, lüftete seinen Schal etwas, um besser nach Luft schnappen zu können. „Oh, oh!“ meinte er, „wenn das so weitergeht, dann Prost Mahlzeit.“ Ich tröstete ihn: „Nun führt die Fährte uns ja erst mal wieder durchs hohe Holz. Da können wir erstmal Luft holen.“ „Wenn nur der tiefe Schnee nicht wäre“, antwortete er, „dann ginge es allemal. Ich habe mir schon Schnee in meine Filzstiefel geschippt.“ „Dann ziehe sie aus und kippe ihn raus, denn sonst hast du bald nasse Füße. Dort liegt ein Baumstamm. Den nutzen wir als Stütze.“ Schnell kratzten wir den Stamm frei und Rudi, sich setzend, befreite sich von dem Schnee aus seinen Filzstiefeln. „Na“, dachte ich, als ich die schiefgelaufenen, losen Hacken seiner Stiefel sah, „da wird er wohl nicht mehr weit mit kommen.“ Wieder stapften wir weiter. Unser Weg führte uns an einer Wildwiese vorbei, erneut in eine Dickung. „Ich werde wohl bald von meinen Sachen etwas ausziehen müssen“, stieß Rudi hervor und schnaufte sich die unter seiner Nase festgesetzten Eiskristalle ab. „Ich dampfe schon wie ein Walroß.“ Ich konnte mir zwar kein dampfendes Walroß vorstellen, mußte aber über sein bedeppertes Gesicht lachen. „Sollten wir in dieser Dickung noch nicht zu Schuß kommen“, tröstete ich ihn, „werden wir wohl Schluß machen müssen, denn alles deutet auf einen nicht tödlichen Wildbretschuß hin. Rudi tat mir leid, denn er verlor inzwischen tatsächlich den rechten Hacken seines Stiefels, so daß sein Gang dadurch noch schwerfälliger wurde. Außerdem schleppte er über zwanzig Kilo Körpergewicht mehr als ich und trug auch einige Jahre mehr auf dem Buckel. Sportlich durchtrainiert, ich turnte immer noch am Reck, spielte ab und zu Fußball und nahm an Betriebsleichtathletik-Wettkämpfen teil, bei denen ich immer gute Plätze belegte, zeigte ich bis zu dieser Stelle noch keine Ermüdungserscheinungen. Rudi zog sich den Pullover unter seinem dicken Rock aus und verstaute ihn im Rucksack. Schon ging es weiter, unsere Körper in die verschneite Deckung hineinschiebend. Die Suche nach den Schweißtropfen gestaltete sich immer schwieriger, denn viele Wechsel von Sauen und Rotwild kreuzten sich.

Ab und zu ließ ich meinen Helfer stehen, suchte erst mal alleine den Anschluß zur richtigen Fährte, um ihm dann zuzurufen: „Komm hier her! Hier ist Schweiß!“ Das wiederholte sich jetzt am laufenden Band. Teilweise wurden die wenigen Schweißtropfen durch das in der Nacht hin und her ziehende Wild zertreten. Nun den Anschluß zu finden, gestaltete sich immer schwieriger. Auf meinen Vorschlag hin bahnten wir uns jetzt einen Weg nach draußen, um hier festzustellen, ob der Überläufer eventuell die Dickung verließ. Tatsächlich, wir fanden dreißig Meter nördlich den weiteren Anschluß. Mehrere Tropfen zeigten an, daß unser Gesuchter, deutlich eine tiefe Schneefurche hinterlassend, in östlicher Richtung davonzog. „Was nun machen?“ fragte ich, dabei Rudi erwartungsvoll anschauend. Dieser schüttelte sich erneut den Schnee vom fülligen Körper und schniefte. „Jetzt haben wir wieder hohes Holz vor uns. Da kommen wir gut voran. Einen Versuch machen wir noch. Der Schwarzkittel muß sich ja nun bald irgendwo eingeschoben haben. Vielleicht bekommen wir ihn noch.“ Kaum ausgesprochen, verschwand Rudi in einem Loch. Er schaute nur noch mit dem Oberkörper heraus und mich verdutzt an. „Verdammt! Wer baut denn hier Fanggruben?“ fluchte er.

Obgleich die Situation nicht zum Lachen war, konnte ich mir nicht verkneifen, zu antworten: „Suchst du jetzt schon jedes Loch ab und glaubst du unser Schwein habe sich in einem Fuchsbau versteckt?“ Bevor er antworten konnte, griff ich ihm unter die Arme und zog ihn mit vollen Leibeskräften aus dem Schnee hervor. Er schüttelte sich wie ein alter Keiler und befreite seine Stiefel, sich dabei auf meine Schulter stützend, erneut vom Schnee und meinte: „Daß ich das Loch nicht gesehen habe! Aber ich bin ja weich gefallen. Aber wer buddelt die denn hier?“ „Das sind Sandentnahmestellen“, antwortete ich, „die früher von Forstarbeitern angelegt und sicher aus Nachlässigkeit nicht wieder eingeebnet wurden. Man entnahm hier den unter der Rohmoosdecke liegenden Mineralboden, den hellen Sand, für das Übersanden der von den Forstarbeitern vorbereiteten Plaggstreifen. In diese 3-4 cm starke Sandschicht wurden dann 3-4 kg Kiefernsamen hineingesät.“ Dieses sogenannte “Gelbensander Sanddeckverfahren” brachte schon damals gute Kulturen hervor. Auch zu meiner Amtszeit wendeten wir es später wieder verstärkt an, nur mit dem Unterschied, daß der dafür benötigte Sand durch einen Kran auf große Hänger geladen und dann mit Traktoren auf die jeweilige Kulturfläche gefahren wurde.

„Ich dachte schon, Wilddiebe hätten hier Fanggruben angelegt“, erwiderte Rudi. „Aber ich bin bereit, trotzdem noch weiterzusuchen.“ „Ich schlage vor, wir machen eine kleine Verschnaufpause“, erwiderte ich. „Die Uhr zeigt schon auf Mittag.“ „Mittag ist gut“, meinte mein Begleiter. „Ich habe zwar einen Rucksack mit, aber nichts zu essen.“ „Ich auch nicht“, tröstete ich ihn. „Wir haben ja bald Born erreicht. Dort werden wir uns stärken.“ Wir befreiten zwei Stubben vom Schnee, legten unsere Rucksäcke darauf und hockten uns nieder. „Kennst du das Buch von Forstmeister Mueller: ‘Verklungen Horn und Geläut’?“ wollte nun Rudi wissen. „Nanu!“ antwortete ich verblüfft, „wie kommst du zu diesem Buch? Der Besitz ist doch streng verboten.“ „Ja, ich habe es heimlich gelesen“, gestand er. „Das Buch machte im Ort die Runde. So kam es dann auch in unser Haus.“ „Du kannst beruhigt sein. Ich verpfeife dich nicht. Außerdem las ich es auch schon heimlich“, gestand ich. „Es ist phantastisch und spannend geschrieben. Leider enthält es Ungereimtheiten.“ „Das ist auch meine Meinung“, gab Rudi zur Antwort. „Denn ich unterhielt mich mit alten Bornern, die erzählten mir, daß die Russen nicht nach Forstmeister Mueller suchten, geschweige denn auf ihn eine Kopfprämie aussetzten. Auch wurde keine Ärztin von den Russen ermordet, wie in seinem Buch behauptet wird. Auch die Angaben über das Aussehen des Kommandanten sind falsch. Russische Panzer rollten nie über den Darß, sondern Kosaken besetzten ihn

zuerst. Später hielten sich Marinesoldaten hier auf. Du warst Ende 1945 wieder auf dem Darß“, meinte nun Rudi zu mir, „stimmt das, daß die Russen den ganzen Darßer Wald mit Motorsägen abholzen ließen? Denn so wird es in seinem Buch beschrieben.“ „Nein“, antwortete ich, „das weiß ich ganz genau, denn ich, als Hilfsförster eingesetzt, mußte das Holz, welches in erster Linie als Reparationsleistungen nach Rußland transportiert wurde, mit vermessen und numerieren. Weder wir noch die Russen verfügten über Motorsägen. Die Besatzungssoldaten gaben sich mit dem Holzeinschlag nicht ab. Viele Bürger aus den Nachbargemeinden verpflichteten sie damals zwangsweise zum Holzeinschlagen auf dem Darß. Auf allen entstandenen Kahlflächen erfolgte sofort wieder die Aufforstung, so daß von einem Vernichten des Darßer Waldes keine Rede sein kann.“
„Stimmt das“, wollte jetzt Rudi wissen, „daß der Darß zum einmaligen Kriegsschauplatz wurde? Das man hier täglich Handgranaten warf und die SS-Soldaten heftige Schießereien anstellten, um die vielen Hunde, die Mueller ausbilden ließ, fronttauglich zu machen? Hundehütten sollen ja auch an einem am Weststrand gelegenen See gestanden haben, um die Hunde hier besonders bei Schnee und Kälte für die Ostfront abzuhärten.“ „Auch das stimmt alles nicht. Ich war zur damaligen Zeit Forstlehrling. Im Walde herrschte Ruhe. Das angebliche tägliche Geknalle, verursacht durch Handgranaten oder Gewehrschüsse, gab es nicht. Auch am Weststrand sah ich nie Hundehütten, geschweige denn Hunde.“ „Schade“, meinte jetzt Rudi, „das Buch ist spannend, aufregend, romantisch und stilistisch einwandfrei geschrieben, leider nicht wahr. Das Buch muß man als Roman lesen und nicht als Chronik. Dann liest man es mit anderen Augen.“ „Du hast recht“, erwiderte ich, „Schwamm darüber, denn wir müssen das vergessen, da wir es nicht lesen durften.“
Beim Leser taucht natürlich die Frage auf: warum durfte man das Buch “Verklungen Horn und Geläut” in der DDR nicht lesen? In erster Linie deswegen nicht, weil das Buch in

unsere Landschaft überhaupt nicht hineinpaßte. Abgesehen davon, daß die Schilderungen fast ausnahmslos erfunden sind, kommen die Russen im Buch dermaßen schlecht weg, daß sie in den Augen der DDR-Bürger nicht mehr Befreier vom Faschismus gewesen wären, sondern Mörder und Plünderer. Ich kann Forstmeister Mueller verstehen, denn er mußte 1945 den Darß, an dem er mit Leib und Seele hing, wo er zweiundzwanzig Jahre lang König des Waldes wirkte, mit großer Enttäuschung und Verbitterung verlassen. Schuld daran schienen in seinen Augen die Russen, die nun auch den Darß eroberten und ihn zur Flucht trieben. Denn mit ihm als SS-Offizier im Rang eines Generals hätte man kurzen Prozeß gemacht.

Nach einer Viertelstunde des Plauderns brachen wir auf, um die nächste Etappe zu bestreiten. Die kleine Verschnaufpause bewirkte, daß wir die Nachsuche mit neuem Elan aufnahmen. Doch es wurde komplizierter, da sich der Schweiß von dem Überläufer immer mehr verringerte. Alle zehn bis fünfzehn Meter fanden wir winzige Tropfen. Sie führten uns zu einigen kleinen, unterständigen Fichten. „Paß auf Rudi", flüsterte ich ihm über die Schulter zu, „der Schwarze kann sich hier eingeschoben haben!" Ich nahm den Drilling herunter und bereitete mich auf einen eventuell notwendigen Schuß vor. Schritt für Schritt näherten wir uns der vermeintlichen Stelle, wo wir glaubten, das kranke Stück vorzufinden. Plötzlich bewegten sich die untersten Zweige einer Fichte. Schon sahen wir einen mit einer Schneewolke umhüllten schwarzen Körper davonstieben. Blitzschnell backte ich an. Der Schuß brach. Der Überläufer rollierte und blieb regungslos liegen. „Ein Meisterschuß!" rief Rudi begeistert aus. „Waidmanns Heil! Das hat geklappt."

Wir näherten uns vorsichtig dem erlegten Stück. Es stand nicht mehr auf, es war wirklich mausetot. Vor uns lag ein schwacher, höchstens zwanzig Kilogramm schwerer Überläufer. Ich entlud den Drilling, drehte das Schwein mehrmals hin und her, nach meinem Einschuß suchend. Er lag hinter dem Blatt, der Ausschuß vorne am Kopf. Ich suchte weiter, um den alten Schuß, der das Schweißen veranlaßte, zu finden. Verdammt nochmal, ich fand ihn nicht. „Weißt du was, Rudi, wir haben ein ganz gesundes Schwein gestreckt." „Das kann doch nicht wahr sein", stieß er aufgeregt hervor. „Wir werden im Umkreis nach unserer alten Schweißfährte weitersuchen", beruhigte ich ihn. „Finden wir sie, dann wissen wir, daß wir hier ein gesundes Stück erlegten." Schon nach wenigen Metern entdeckten wir tatsächlich einen weiteren Schweißtropfen in einer Überläuferfährte. Richtige Freude konnte in mir nicht aufkommen. Ich vollbrachte zwar einen guten Wahlabschuß, denn der erlegte Überläufer entsprach nicht den Hegerichtlinien, aber unser gesuchtes krankes Schwein lag damit immer noch nicht auf der Strecke. Ich ließ Rudi den Überläufer aufbrechen. Er bat mich darum, um hier noch bessere Fingerfertigkeiten unter meiner Anleitung zu erlernen. Er stellte sich nicht dumm dabei an. Als er auch nicht vergaß, die Galle von der Leber fein säuberlich zu entfernen, erinnerte ich mich an ein Jagderlebnis:

An einem Sommerabend saß auf der sogenannten Oberförsterkoppel und wartete auf einen starken Keiler, der regelmäßig abends auf einen Kleeschlag hinauszog. Plötzlich traten zwei Menschen auf die Wiese und kletterten auf den mir gegenüber liegenden Hochsitz. Ich winkte mit meinem Taschentuch. Sie sahen mit dem Fernglas zu mir herüber. Ich gab ihnen Zeichen, daß sie verschwinden möchten. Sie aber blieben stur sitzen. Nach einer geraumen Zeit, es war noch verhältnismäßig hell, trat der Keiler an der gewohnten Stelle heraus, vorsichtig und sehr lange sichernd, bis er endlich auf den Kleeschlag zog. Ich wartete, bis er breit stand, hielt hochblatt an und ließ fliegen. Der Keiler quittierte die Kugel und brach auf der Stelle zusammen. Ein Glücksgefühl überfiel mich, als ich dann vor einem sechs bis sieben Jahre alten

Keiler stand, den ich mit einem sauberen Hochblattschuß auf hundertfünfzig Meter streckte. Während des Aufbrechens standen plötzlich die beiden vom gegenüberliegenden Hochsitz, anscheinend ein junges Ehepaar, hinter mir und schauten interessiert bei meiner Arbeit zu. Ärgerlich machte ich sie auf ihr nicht korrektes Verhalten aufmerksam. Jagdliche Einrichtungen zu besteigen, dazu noch abends, wäre nicht erlaubt. Die junge braungebrannte hübsche Frau meinte: „Wir haben Sie doch nicht gestört, denn Sie haben Ihren Keiler geschossen." Ich dachte nur im stillen: „Dreist ist sie obendrein auch noch." Als ich dann die Galle von der Keilerleber trennte, meinte sie: „Das haben Sie aber fein säuberlich fertiggebracht." Ich drehte mich um und fragte mit einem spitzen Unterton: „Kennen Sie da auch was von?" „Ja", erwiderte sie. „Ich bin OP-Schwester." Was sollte ich da noch sagen? Mit nochmals ermahnenden Worten und ihnen weiteren guten Urlaub auf dem Darß wünschend, verabschiedete ich mich von ihnen.

Rudi reinigte inzwischen seine Hände im Schnee, zog seine Joppe wieder an und fragte: „Was machen wir nun mit dem Schwein?" Ich überlegte. „Es ist nicht groß. Wir stecken es kurzerhand in einen unserer Rucksäcke und nehmen es mit." Schon verstaute er es in seinem und machte Anstalten, die Last auf den Rücken zu buckeln. Ich half ihm dabei. „Wohin damit?" fragte Rudi, mich dabei von der Seite anschauend. „Ich schlage vor, wir gehen zunächst auf der Schweißfährte weiter, bis wir an einen festen Weg kommen, um dann zu entscheiden, welche Richtung wir einschlagen, um zur nächsten Försterei zu kommen und uns der Last zu entledigen." Er zeigte sich damit einverstanden. Wir stapften somit weiter, immer wieder nach weiteren Schweißtropfen suchend. Mühselig kamen wir voran. Als ich merkte, daß mein Mitstreiter unter der Last des für ihn immer schwerer werdenden Schwarzkittels, dessen Kopf aus dem Rucksack hing und bei jedem Schritt nickte, sich zu sehr quälte, rief ich ihm zu: „Komm, jetzt werden wir unsere Rucksäcke tauschen." Ich fand sofort seine Zustimmung. Er wischte sich den Schweiß aus dem Gesicht und meinte: „Nee, was ein Jäger alles aushalten muß!"

Schon ging es weiter. Jetzt merkte ich, welche Last mein Waidgenosse bisher schleppte. Ich ließ mir nichts anmerken und folgte der vermeintlichen Schwarzwildfährte. Ab und zu verpusteten wir uns, wechselten immer wieder mit der Last ab. So ging es Schritt für Schritt weiter von Bestand zu Bestand - zum Glück durch keine Dickung mehr. Längst ließen wir das Borner Revier hinter uns und durchquerten das Wiecker Gebiet, bis wir letztlich keinen Tropfen Schweiß mehr fanden. Wir konnten auch nicht mehr mit Bestimmtheit sagen, ob wir uns auf der richtigen Fährte befanden, weil sich Wildwechsel in Hülle und Fülle kreuzten. Da stieß mich mein Hintermann auch schon an. „Sieh dort rechts vorne. Da steht ein großes Rudel Rotwild." Tatsächlich, ich sah auf achtzig Meter Entfernung ca. zwanzig Stück Kahlwild wie angewurzelt, uns anäugend, stehen. Sie zogen wohl gerade aus der Dickung. „Schieß doch!" flüsterte Rudi. Wenn es auch im Moment in meinen Fingern kribbelte, aber ich konnte mich beherrschen. Womöglich nicht gut treffen und dann noch eine Nachsuche verursachen, durfte ich mir nicht erlauben! Es ist auch unwaidmännisch, bewußt auf ein gesundes Stück zu schießen, bevor nicht das kranke zur Strecke gebracht ist. Diese Gedanken jagten sofort durch den Kopf. Schon drehte das Leittier um und nahm das gesamte Rudel mit zurück in die Dickung.

Als ich meinem Gefährten erklärte, warum ich nicht schoß, nickte er mir verständnisvoll zu. Es begann zu dämmern. Nach den Autogeräuschen mußten wir uns jetzt kurz vor der Chaussee Prerow-Wieck befinden. Tatsächlich, mühsam schleppten wir uns bis an die Straße. Nun befanden wir vielleicht noch dreihundert Meter von der Försterei Wieck entfernt. Da wir hier vor verschlossener Tür standen, hängten wir unseren Schwarzkittel an die eigens für Wild angebrachte Talje und zogen ihn am Kastanienbaum hinauf.

Glücklicherweise hielt ein vorbeifahrender Linienbus an. Hungrig, müde und erschöpft ließen wir uns auf die Sitze fallen, aber auch froh, nicht mehr durch den Schnee stapfen zu müssen. An diese Nachsuche sollten wir noch lange denken.

Wat den ein sien Ul is, is den annern sien Nachtigall

Oftmals wird gefragt, wo der Name Darß herstammt. Es gibt mehrere Deutungen. Als den ältesten Darß-Schriftsteller kann man wohl August von Wehrs bezeichnen, wie es Dr. Erich Gülzow, mein Klassenleiter an der Oberschule in Barth, nachweisen konnte. August von Wehrs wurde in Hannover geboren und lebte von 1788 bis 1830. Er studierte in Göttingen. Als er den Westfälischen-Französischen Dienst als Soldat leisten sollte, verschwand er nach Schweden. Aufgrund seiner Verdienste schlug König Gustav IV. von Schweden ihn zum Offizier. Mit seinem Regiment tauchte Wehrs bald in Stralsund auf, um Neuvorpommern in Besitz zu nehmen, das durch den Pariser Frieden vom 06.10.1810 an Schweden zurückgegeben wurde. In seinem Buch über den Darß und den Zingst erwähnte er, daß er zehn Monate lang im Jahre 1811 auf dem Darß verbrachte, da seine Truppeneinheit in Ahrenshoop lag, um die Küste aufgrund der napoleonischen Kontinentalsperre gegen England zu bewachen. Im Jahre 1812 besetzten die Franzosen erneut Schwedisch Vorpommern, somit auch den Darß. Dabei geriet Wehrs in Gefangenschaft und mußte bis 1814 in Frankreich verbleiben. Im Jahre 1816 quittierte er seine militärische Laufbahn als Hauptmann, nachdem er sich am Kampf gegen Napoleon, der 1815 von Elba floh, noch einmal beteiligte. Im Jahre 1818 heiratete er die achtzehnjährige Tochter Marie des Borner Oberförsters Zacharias Erdmann Niemann. Ihretwegen bsuchte er 1812 häufig schon den Darß. Von seinem Schwiegervater erhielt er viel Material für sein Buch über den Darß.

Wehrs Buch enthält viele historische Mitteilungen, gibt wertvolle Beobachtungen preis, auch naturwissenschaftlicher Art. Aus Wehrs Deutungen geht hervor, daß der Name Darß aus dem Wort "Darzü" entstand, da man früher vom

Lande Barth und der Halbinsel Darzu sprach. Andere Forscher wollen das Wort Darß aus dem lateinischen "Dorsum" = Rücken oder Höhenrücken ableiten. Viele behaupten, der Begriff käme eher aus dem Plattdeutschen "Dwars", das heißt quer, da die Halbinsel quer vor dem Festlande gelagert ist. Der Name könnte auch, so auch wieder Wehrs, aus "Dart" oder "Dürr" stammen, da die Oberfläche des Darßes fast ausschließlich aus dürrem Sand besteht. Die jüngsten wissenschaftlichen Erklärungen aber besagen, daß dieser Name weder aus dem Lateinischen noch aus dem Deutschen stammt, sondern ein slawischer Begriff ist, der in Pommern und Mecklenburg wiederholt zu finden ist. In ihm steckt das slawische Wort "Draci" = Dornstrauch. Darß könnte also Dorngegend oder Dornenort bedeuten. Eine andere Erklärung lautet: Darß ist aus dem slawischen Wort "Drazd" = Laubwald oder Hain entstanden. Ebenso wollte man den Namen Zingst aus dem Lateinischen "Cingere" = Umzingeln herleiten, denn früher existierte Zingst noch als eine Insel, also ringsherum vom Wasser umzingelt. Erst 1872, als der Prerowstrom zugeschüttet wurde, um somit weiteren Sturmfluten vorzubeugen, entstand die Halbinsel Darß-Zingst. Der Professor Alfred Haar, 1860 auf Rügen geboren, Altertumswissenschaftler und in Greifswald studiert, interessierte sich sehr für die Herkunft der Ortsnamen und die Entwicklung der Dörfer. Er veröffentlichte auch Sagen von Darß und Zingst. Er behauptet, daß der Name Zingst vom slawischen Wortstamm "Seno", gleichbedeutend mit dem deutschen Wort Heu, herzuleiten ist.

Interessant ist es auch, sich mit der Darßer Chronik zu beschäftigen. Hier kann man nachlesen, daß der Ortsname Prerow, früher auch Prerau genannt, vom Prerowstrom auf das Dorf übertragen wurde. Die älteste Darßer und Zingster Einwohnerliste ist aus einem dem Jahre 1532 stammenden Barther Steuerregister entnommen. 1532 standen auf dem Zingster Teil von Prerow, der Kirchenort genannt wird, vier

Häuser und das Pfarrhaus. Die Einwohner hießen Witte, Siedow, Golnow, und es wird der Küster Schnubbe genannt. Die Sturmflut 1625 spülte alle vier Häuser weg und die Einwohner zogen auf die andere Seite des Prerowstroms auf den Darßer Prerow. Die alte Bezeichnung Köstergang auf dem so genannten Drümpel deutet auf die Stelle, wohin der Küster zog. Nur der Pfarrer blieb jenseits des Prerowstroms, also auf dem Zingster Prerow, denn hier stand die Kirche. Der Herzog schenkte die Insel Zingst 1295 dem Kloster Neuenkamp. Weil somit die Insel der Kirche gehörte, baute man damals auch das Gotteshaus darauf. Auf dem Darßer Prerow tauchten 1532 folgende Familiennamen auf: Leddig, Prutze, Ahrendts, Backhagen, Hoppe, Rode, Martens, Crevet und Sydow. In Wieck lebten unter anderem Scharpenberch, Leddig und Crevet, insgesamt zehn Einwohner. In Born gab es zur gleichen Zeit zehn Bauern, darunter Janecke, Brinkmann, Roloff, Lange und Vogelsang. In Bliesenrade lebten Ramm und Parcow.

Das Dorf Zingst existierte damals noch nicht, sondern westlich davon lag der Ort Palen mit vier Häusern und östlich Hanshagen mit fünf Katen. In Hanshagen stand ein Dorfkrug. Zwischen beiden Orten existierte ein fürstliches Gestüt. 1830 schlossen sich Palen und Hanshagen zu einem Ort zusammen, der sich nach dem Namen der Insel Zingst nannte. 1856 wurde dann eine Kirche in Zingst gebaut. Die Hertesburg, auf Hochdeutsch Hirschburg, aus dem Wort "Herte" = Hirsch entstanden, wird 1293 zum ersten Mal urkundlich erwähnt. Hier soll sich später der Pirat Klaus Störtebeker oft aufgehalten haben. Der Name Ahrenshoop wird 1271 urkundlich als "Arneshope" genannt. Die Grenze zu Mecklenburg ist heute noch in Ahrenshoop durch den Grenzgraben nachweisbar, sie wurde 1591 im Malchiner Vertrag festgelegt. Interessant ist es in der Chronik zu lesen, daß die Dorfstraße in Prerow bis 1885 noch der Forst gehörte, die sie dann an die Gemeinde verkaufte. Der älteste Teil von

Prerow ist der Drümpel. Die Buchenstraße hieß früher Wurzelweg. Die Verlängerung des Weges, in den Darßer Wald führend, trägt heute noch diesen Namen. Die Waldstraße nannte man früher Großer Mittelweg, die Hülsenstraße Kleiner Mittelweg und die Grüne Straße Stemsenweg. Auch hier gibt es heute noch den so genannten Mittel- und Stemsenweg im Darßer Wald. Aus den Unterlagen vom Dorfchronisten Gehrts aus Zingst fand ich folgende nette Episode heraus:

In den 80er Jahren des vorigen Jahrhunderts bemühte sich ein kleiner Ort namens Sundische Wiese, auf dem Zingst gelegen, Badeort zu werden. Er lag sehr abseits auf der Halbinsel. Es führte keine feste Straße zu ihm. Bei nassem Wetter blieben alle Wagen im Schlamm und im Sommer im feinen Sand stecken. In der nassen Zeit konnte man ohne lange Stiefel die Wege nicht gründen. Hier sagten sich also Fuchs und Hase gute Nacht. Nur im Sommer erreichte man den Ort gut auf dem Wasserwege. Dieser östliche Teil der Halbinsel Darß-Zingst gehörte damals der Stadt Stralsund. Er umfaßte eine Fläche von 2.500 Hektar, ca. 1.700 Hektar davon pachteten achtundzwanzig Bauern, zehn Häusler und acht andere Bürger verpachtet waren. Dieser Besitz der Stadt stammte schon aus dem 19. Jahrhundert. Im Jahre 1871 wies der Ort Sundische Wiese 264 Einwohner nach. Auch eine einklassige Landschule war vorhanden. Der Lehrer erhielt 230 Taler im Jahr. Im Dorf zählte man 102 Pferde, 240 Rinder und 427 Schafe. Niemand sprach von diesem idyllisch gelegenen, aber gänzlich unbekannten kleinen Ort. Die Stadt Stralsund fand bisher keinen großen Gefallen an ihrem Besitz, denn die Sturmfluten und das viele Hochwasser gefährdeten ständig diesen Landstrich. Somit fielen die Einnahmen für die Stadt nicht sehr hoch aus. Die Versuche, die Ländereien gegen Landwirtschaften auf dem Festland zu tauschen schlugen stets fehl. Stralsund bemühte sich nun, die Fruchtbarkeit des Landes zu erhöhen. Viele Geldmittel wurden ausgegeben für Deiche, Renovierungen, bzw. Bauen von neuen Pachthöfen und für Meliorationsmaßnahmen. Schließlich kam die Kämmereiverwaltung auf den Gedanken, aus diesem kleinen Ort ein Seebad zu machen. Die Nachbardörfer Zingst und Prerow, die sich bereits schon zu kleinen Badeorten entwickelten, nahm man zum Vorbild. Auch hier in Sundische Wiese schienen ihrer Meinung nach die Voraussetzungen für ein Seebad gegeben, die in dem herrlichen weißen und steinfreien Strand und in dem in der Nähe liegenden großen Wald begründet lagen. Was also Prerow und Zingst boten, besaß Sundische Wiese allemal. Schon verhandelte man mit einem Konsortium in Berlin. welches sich nicht abgeneigt zeigte, ein Seebad zu gründen. Man sah in der abgelegenen, für den Verkehr ungünstigen Lage kein Hindernis. Dem könne man Abhilfe schaffen. Es tauchte lediglich ein Problem auf. Die Trinkwasserfrage mußte geklärt werden, denn hier gab es nur braunes Oberflächenwasser aus dem Brunnen. Auch mit aufgefangenem Regenwasser ließen sich natürlich keine Urlauber anlocken. Es mußte also gutes Trinkwasser her.

Schon begannen die Bohrungen nach Wasser. Hurra - man fand in sieben Meter Tiefe in der Nähe der Försterei kristallklares Wasser. Die Freude war groß, denn jetzt stand der Gründung eines Seebades nichts mehr im Wege. Die Kämmereiverwaltung von Stralsund lud nun eine Anzahl Mitglieder des bürgerschaftlichen Kollegiums, des Rates und Vertreter des Berliner Konsortiums nach Sundische Wiese ein, um an Ort und Stelle die Sachlage zu prüfen. Die Quelle wurde besichtigt, das Wasser probiert. Es gab keine Beanstandungen. An einer Kaffeetafel im Garten der Försterei wollte man nun den ersten Erfolg krönen. Das schöne Wetter, die Sonne lachte vom blauen Himmel, trug zur guten Stimmung bei. Nach dem ersten Schluck vom aufgetragenen Kaffee schauten sich alle betroffen an. Er war ungenießbar. Das brackige Quellwasser gab dem Kaffee einen entsprechenden Beigeschmack. Die Prüfer schmeckten vorher den schwachen Salzgehalt des Wassers nicht heraus. Der Gedanke des Seebades war somit ausgeträumt. Der Kaffee spielte Schicksal.

Das Dorf blieb damals noch unbekannt, aber achtzig Jahre später wurde es zu einem Anziehungspunkt vieler Delegationen, die die industriemäßige Futtergewinnung und Aufzucht von Rindern studieren wollten. Hier bildete sich 1964 das 'Volkseigene Gut Zingst'. Es entstanden Wirtschafts- und Maschinenhöfe. Das Verdienst dieses Landwirtschaftsbetriebes unter der Leitung des jungen, mit Energie geladenen Diplom-Landwirts Herbert Maltzahn lag darin begründet, daß der östlichste Teil der Halbinsel Darß-Zingst, wo die landwirtschaftlichen Erträge bisher sehr mager ausfielen, zu fruchtbaren Wiesen umgestaltet wurde. Alleine 14.000 Bombentrichter, die die Faschisten auf ihrem Bombenübungsplatz hinterließen, mußten beseitigt werden. Tausende Hänger Sand und Boden benötigte man, um fruchtbare Nutzflächen zu schaffen. Viele Traktoren und Kräne erwiesen sich dabei als die wichtigsten Hilfsmittel, um die riesigen Erdmassen zu transportieren. Bald dehnte sich das Volkseigene Gut Zingst weiter nach Westen aus. Es umfaßte den gesamten Darß und griff zu den Flächen des Fischlandes bis hin nach Körkwitz und nahm sich auch noch die Inseln Kirr, Oie und sogar Hiddensee. Die Ende der 50er Jahre durch Zusammenschluß von vielen privaten bäuerlichen Betrieben entstandenen landwirtschaftlichen Genossenschaften ergaben sich dem Volkseigenen Gut. Dieser neue Betrieb wurde finanziell und mit neuester Technik unterstützt, so daß er sich den LPGen auf dem Darß und Fischland in der Arbeitsproduktivität haushoch überlegen zeigte. Um entsprechende Arbeitskräfte seßhaft zu machen, entstanden Wohnsiedlungen in Zingst, Born und Dierhagen. Der Bau kilometerlanger Betonplattenstraßen machte die Zufahrt zu den Wirtschaftsflächen möglich.

Das Volkseigene Gut Zingst bewirtschaftete weit über 6.000 Hektar Land. Es nahm eine Länge von neunzig Kilometer ein. Da auf vielen Wirtschaftsflächen die durchschnittliche Höhe über dem Meeresspiegel nur dreißig Zentimeter betrug, wurden Deiche geschaffen, die das Land vor Ostseeüberflutungen schützten. Es entstanden etliche Schöpfwerke, die die Be- und Entwässerung der Nutzflächen regelten. Früher konnten sich aufgrund der zu schlechten Böden und dem Nichtvorhandensein von Meliorationsanlagen auf Pramort keine größeren Bauern seßhaft machen. Es betrieben lediglich einige Fischer, Seeleute und Waldarbeiter etwas Landwirtschaft als Nebenerwerb mit minimalen Einnahmen. Das Volkseigene Gut schaffte nun die Grundlage für die industriemäßige Landwirtschaft. Alle drei bis fünf Jahre erfolgte der Umbruch und die Neuansaat der meisten Wiesen. Ein Vorteil sprang auch für die Jagdwirtschaft heraus. Auf den früheren nassen Wiesen trat oft ein Parasitenbefall beim Wild auf, so unter anderem durch Leberegel. Das änderte sich schlagartig nach Meliorationsmaßnahmen. Auch die Durchschnittsgewichte des Wildes stiegen um mehrere Kilogramm. Die Qualität der Hirschgeweihe sowie der Rehgehörne verbesserte sich.

Drei bis vier Grasschnitte pro Jahr ermöglichten dem Volkseigenen Gut soviel Silage zu produzieren, daß er noch andere Betriebe beliefern konnte. Moderne Schwadmäher und Exakthäcksler blieben Tag und Nacht während der Mahd im Einsatz. Das Volkseigene Gut baute ein Trockenwerk in Zingst, das bald mehr als 19.000 Tonnen Trockenpellets herstellte. Im Jahre 1969 erfolgte die Grundsteinlegung einer Rinderaufzuchtanlage in Born, in der alleine 7.000 Tiere standen. Hier und in den übrigen Stallungen hielt das Volkseigene Gut insgesamt 20.000 Jungrinder. Das Volkseigene Gut erhielt vom Staat für jeden Hektar Neuland einige Tausend Mark Prämie. Das spornte natürlich an. Schwere sowjetische Raupenschlepper zogen riesig große Pflüge und bereiteten Hektar für Hektar zu Neuland. Waldungen, Gehölze oder Baumgruppen in der Feldmark bildeten keine Hindernisse für diese Lawine der Urbarmachung. Traktoren mit Seilen, Ketten und auch mit Seilwinden ausgerüstet, zogen die gestürzten Bäume und Sträucher auf riesige Haufen. Ein angelegtes Feuer erledigte den Rest. Raupen zogen nach vorangegangener Melioration Furche für Furche. Auf diese Art und Weise wurden auch Lübker Ort und Schwinkels Moor, Heidelandschaften mit Birken und Kiefern, zwischen Wieck und Prerow gelegen, zu Grünlandflächen umgestaltet.

Mit Wehmut denke ich immer noch an die herrliche Kommunweide, westlich von Born, zurück. Sie erinnerte mich an die von Hermann Löns beschriebene Lüneburger Heide. Hier wuchsen auf einer großen Heidefläche Birke, Kiefer und herrlicher Wacholder. Hirsche, Rehe und Schweine fanden genügend Deckung. Nur wenige kleine Inseln blieben so quasi als Naturdenkmäler stehen. Alles andere fiel dieser Aktion Neulandgewinnung zum Opfer. Auch die so genannte Werre, ein kleiner Ausläufer des Saaler Boddens wurde eingedeicht, abgepumpt und daraus Wiesen gestaltet. So erhielt die Halbinsel Darß-Zingst in nur wenigen Jahren ein neues Gesicht. Die Deutsche Demokratische Republik setzte sich zum Ziel, jedes Stück Brachland auszunutzen. Aber konnte der verhältnismäßig kleine Darß viel dazu beitragen, die wirtschaftliche Lage der DDR positiv zu beeinflussen? Ich sage nein. Die wirtschaftlichen Erfolge des Volkseigenen Gutes wurden aber auch von einer Reihe negativer Faktoren begleitet.

Durch die umfassenden Meliorations- und Intensivierungsmaßnahmen schrumpften die Salzwiesen, Lebensraum für seltene Flora und Fauna, von 20.000 auf 2.000 Hektar zusammen. Durch übertriebene Melioration kam es zum Absterben von Bäumen in dem unter Naturschutz stehenden

Ahrenshooper Wald. Nicht nur hohe Gaben an Stickstoffdüngemittel, sondern auch reichliche Gülle sollten für energiereiche sowie eiweiß- und vitaminhaltige Futtererträge sorgen. Ammoniakdämpfe trugen dazu bei, einige Waldbestände absterben zu lassen. Einige zum Schutz für die Kühe miteingezäunte Waldstreifen und Baumgruppen gingen zu Grunde. Oftmals brachen Herden aus den mit E-Zäunen umfriedeten Wiesen aus, liefen in den Ortschaften umher, zerbrachen Zäune und richteten Schäden auf den Feldern und in Gärten an. Die Einwohner, aber auch die Urlauber im Sommer ärgerten sich über die ungemeine Geruchsbelästigung.

Nach der Wende mußte auch das Volkseigene Gut Zingst "alle Läufe von sich strecken". Der sich inzwischen etablierte Nationalpark Vorpommernsche Boddenlandschaft möchte natürlich weitgehend den ursprünglichen Charakter der Darßlandschaft wieder herstellen. Es fanden sich aber auch mutige Männer, um die Landwirtschaft wieder in Gang zu bringen. Sie gründeten eine Agrar GmbH, die einen Bestand von 3.000 Kühen aufweist.

Es tauchten neue Probleme auf. Die Landwirtschaft kann man nur auf möglichst trockenen Flächen betreiben. Der Nationalpark wünscht sich möglichst die Feuchtstandorte in ursprünglicher Form zurück.

Es gilt immer wieder abzuwägen, ob die landwirtschaftliche Nutzung auf den jeweiligen Flächen mit den Zielen des Nationalparkes in Einklang steht. Die richtige Entscheidung ist nicht immer leicht. So werden zum Beispiel vom Aussterben bedrohte Pflanzen der Salzwiesen und gefährdete Vogelarten, wie z. B. der Rotschenkel und die Uferschnepfe, durch die Beweidung gefördert. Nachteilig ist aber, daß das Schilf vom Vieh zurückgedrängt wird und somit Brutmöglichkeiten für andere bedrohte Vogelarten, wie z. B. Schilfrohrsänger oder Bartmeise, genommen werden. Man muß stets die Vor- und Nachteile der einzelnen Schutz- und Pflegemaßnahmen sehr genau abwägen. Es trifft immer noch das alte Sprichwort zu:

"Wat den ein sien Ul is, is den annern sien Nachtigall."

Der reitende Dorfarzt

Es lebte vor Jahren ein bei der Bevölkerung sehr beliebter Arzt auf dem Darß. Seine Tag und Nacht geübte Hilfsbereitschaft sowie Zuverlässigkeit waren einmalig. Seine Diagnosen stimmten fast immer. Ein Landarzt, wie man ihn sich wirklich wünscht. Da kein Mensch vollkommen ist, besaß auch er eine Schwäche. Er konnte einfach nicht "Nein" sagen, wenn seine Patienten ihm bei den Hausbesuchen ein Schnäpslein zum Aufwärmen kredenzten. Eines Tages erkrankte der auf der Oberförsterei im alten Sekretärsgebäude wohnende Traktorist. Diesen wollte der Arzt aufsuchen. Er kam mit dem Auto angefahren, sah nicht das große verschlossene Holztor und rammelte mit Gewalt dagegen. Wegen des Krachens lief ein anderer Forstarbeiter herbei, öffnete das Tor, so daß der Arzt mit seinem verbeulten Auto auf das Oberförstereigelände fahren konnte. Er stieg aus und meinte, mit den Zähnen knirschend: „Verstehe ich nicht. Das Tor stand doch sonst immer auf." Dann ging er ins Sekretärsgebäude und verpaßte dem Patienten Rudolf Scheewe eine Spritze mit der Bemerkung, er käme in einer Stunde wieder vorbei, um zu überprüfen, ob eine Besserung eingetreten sei.

Er kam, wie verabredet, wieder auf den Hof gefahren. Man ließ sicherheitshalber das Tor auf, um dem Arzt die ungehinderte Einfahrt zu ermöglichen. Er stieg aus und nahm Kurs auf das Hauptgebäude. Hier lief ihm ein Forstarbeiter auf dem Flur entgegen und machte ihn darauf aufmerksam, daß er sich in einem falschen Gebäude befände, denn er wolle doch sicherlich zu Rudolf Scheewe. Der Arzt schaute ihn kopfschüttelnd an und sagte entrüstet im bayrischen Dialekt: „Das ist doch eigenartig, daß die Leute heutzutage dauernd umziehen." Der Arzt änderte des öfteren seine Fortbewegungsmethoden, sein hoher Verschleiß an Autos zwang ihn dazu. Mal sah man ihn mit dem Motorrad, dann mit dem

Auto und schließlich hoch zu Roß durch die Dörfer jagen, um seinen Patienten zu helfen. Er liebte das Reiten über alle Maßen. Jährlich nahm er in den Dörfern an dem auf dem Darß üblichen Tonnenfest teil. In Born wird es zum Beispiel schon seit vielen Jahren gefeiert. Die Reiter versuchen eine hoch aufgehängte, geschmückte Tonne durch kräftige Schläge mit einem Holzknüppel zu zertrümmern. Wer das letzte hängende Stück Holz zum Fall bringt, darf sich "König" nennen.

Interessant ist es, in der von Holger Becker aus Born geschriebenen Tonnenfestchronik zu lesen. Hierin wird nachgewiesen, daß dieses Tonnenabschlagen in Born auch heute noch nach alter Tradition seine Durchführung findet, aber doch von einer wechselvollen Geschichte geprägt ist. Die Herkunft dieses alten Brauches gab und gibt viele Rätsel auf. Einige behaupten, er stamme aus der Schwedenzeit. Man habe damals vor Freude, als die Schweden den Darß verließen, eine alte Heringstonne zerschlagen. Das stimmt mit Sicherheit nicht, da das Fest schon vor dieser Zeit beschrieben wurde. Früher organisierten es die Gastwirte, später der eigens hierfür gegründete Tonnenbund.
Bei August von Wehrs ist nachzulesen, daß das Borner Tonnenfest schon 1819 eine erste urkundliche Erwähnung findet. Die Reiterzahl fiel damals bedeutend geringer aus als heute. So nahmen 1886 nur elf Reiter teil.

Im Jahre 1897 fanden sogar zwei Tonnenfeste statt. Die jungen Leute schlugen reitend am zweiten Pfingsttage die Tonne entzwei, während es am 20. Juni zu Fuß geschah. Hier liefen graubärtige Waldarbeiter unter der Tonne durch und ermittelten ihren König. Das gefiel den Forstarbeitern wohl, denn sie führten das Spektakel auf diese Art und Weise noch mehrere Jahre durch. In diesen Jahren erwähnte man auch zum ersten Mal den Hauptmann als den ersten und tonangebenden Mann. Schon damals Usus, so holen auch heute die

Reiter den König vom Vorjahr zum Umzug ab. Auf der Festwiese angekommen, wurde unter Klängen einer Kapelle die mit Laub geschmückte Tonne an einem Seil hochgezogen. Den ersten Schlag führte der alte König aus. Abends fand damals schon der Reiterball als krönender Abschluß dieses Volksfestes statt. Um die Jahrhundertwende zählte man schon mehr als tausend Besucher.

Diese Tradition wurde dann jäh unterbrochen, als der erste Weltkrieg ausbrach. Sie fand dann erst 1920 wieder ihre Fortsetzung. Leider fehlten einige junge Reiter unter ihnen, denn sie kehrten aus dem Krieg nicht wieder heim. In den nächsten Jahren konnte man schon wieder eine größere Anzahl von Reitern beobachten. Im Jahre 1926 wird die Zahl 20 genannt. Ab Ende der 20er Jahre trug der König ein Ordenskissen, an dem die Orden seit 1924 hefteten. Der aktive Reiter Paul Scharmberg aus Born stiftete es 1929. Der zweite Weltkrieg unterbrach erneut diese schöne Tradition. Etliche junge Reiter zogen in den wahnsinnigen Krieg, starben sinnlos für eine falsche Idee. Erst 1950 feierten die Darßer das erste Tonnenfest nach dem zweiten Weltkrieg. Mitte der 60er Jahre tauchte ein Mangel an Pferden auf. Einzelbauern gab es nicht mehr. Die Technik der Landwirtschaft löste immer mehr die Pferde ab. Das änderte sich Mitte der 70er Jahre, als der Reitsport auch im Volkseigenen Gut Zingst aufkam und es sich deshalb etliche Pferde anschaffte beziehungsweise selbst züchtete. Das Gut stellte sogar über Jahre hinweg die Pferde kostenlos zur Verfügung, so daß die schöne Tradition des Tonnenabschlagens weiter gepflegt werden konnte.

Kurz vor der Wende, und jetzt danach, schafften sich Bürger verstärkt wieder Pferde an. Es entstanden Reiterhöfe auf dem Darß, deren Pferde auch für das Tonnenfest zur Verfügung stehen. Viele tausend Urlauber säumen jährlich den Festplatz und spornen die einheitlich gekleideten Reiter

- weiße Mütze, weißes Hemd mit dunklem Binder, dunkle Reithose, blau-weiße Schärpe, Stiefel - an und feiern mit jubelndem Geschrei den Reiter, der das letzte Stück der Tonne abgeschlägt und sich dann neuer König nennen darf. Unter den mehrmaligen Königen in Born sind solche Namen zu finden, wie Wolfgang Kafka, Ernst Michaelis, Siegfried Wellner und Otto Böhnke.

Ich erinnere mich an ein Erlebnis Anfang der 50er Jahre. Die Reiter spornten ihre Pferde an, um im flotten Galopp den Knüppel gegen die festlich geschmückte Tonne zu donnern. Eines der Pferde beförderte bereits schon seinen Mann zu Boden. Dieser rappelte sich kurzer Hand wieder auf und schwang sich in den Sattel, als wäre nichts geschehen, doch sein verschmutztes weißes Hemd verriet seine ungewollte Berührung mit dem Erdboden. Als Zeichen seiner Würde erhielt er traditionsgemäß einen aus Stroh gebundenen Kranz und durfte sich Sandkönig nennen. Bald wurde der Stäbenkönig ermittelt. Er schlug das letzte Stäbenstück im hohen Bogen davon. Die Blaskapelle spielte einen Tusch und nach der Ehrung durch den Hauptmann, einen Zweispitz mit Federbusch tragend, erfrischten sich die Reiter in einer zwanzigminütigen Pause bei Bier und anderen Getränken. Erneut spielte die Blaskapelle. Die Reiter schwangen schon wieder ihre Knüppel, um unter sich nun den König auszumachen. Jetzt kam ein älterer Bauer an die Reihe. Sein Pferd paßte zu ihm. Beide waren gut beleibt. Der Bauer galoppierte bis auf die Höhe des baumelnden Holzstückes, holte schwungvoll aus und schlug kräftig zu. Der Schlag ging daneben, er traf sein Pferd genau zwischen den Ohren. Der Gaul fiel wie vom Blitz erschlagen zu Boden. Der Reiter sprang herab, beruhigte sein Pferd und munterte es auf, sich doch wieder zu erheben, was ihm auch gelang. Schon saß der Reiter auf und trabte zu der Reiterschar, die ihn mit mitleidsvollen Blicken empfing. Die nächste Runde begann. Schon kam unser leidgeprüftes Pferd wieder an die Reihe, um seinem Herrn womöglich zum Erfolg zu verhelfen. Es lief, als sei nichts geschehen. Doch kurz vor dem Ziel stoppte es plötzlich, drehte sich um und tänzelte rückwärts unter der Tonne durch. Der Gaul merkte sich anscheinend doch den Schlag, der ihm kurz vorher die Sinne raubte, und sagte sich wahrscheinlich: Laß den Alten ruhig schlagen. Haut er wieder vorbei, dann trifft er meinen dicken Hintern. Das kann ich eher ertragen. Erst nachdem er sich aus dem Gefahrenbereich rückwärts mit tänzelnden Schritten herausbalancierte, drehte er sich um und lief zu den übrigen Pferden, deren Reiter sich vor Lachen bogen. Jedes Mal, wenn der dicke Bauer an die Reihe kam, setzte schon ein Gelächter bei den vielen Zuschauern ein, denn das vorher gezeigte Schauspiel wiederholte sich. Da sein Herr unter diesen Umständen keinen Schlag anzubringen vermochte, blieb zwar das Pferd verschont, aber der Bauer konnte auch kein König werden.

An den meisten Tonnenfesten auf dem Darß nahm auch unser Landarzt Teil. Zu gerne wäre er König geworden. Er soll sogar einmal gesagt haben: „Ich würde meine Arztpraxis opfern, falls ich nur einmal König werden dürfte." Leider starb er darüber hinweg. Wenn Dr. Heinrich auch nicht diesen Titel erwarb, so hat er sich doch einen Namen gemacht, von dem noch kommende Generationen sprechen werden.

Das Ende vom Dackel Lenzi

Auf Anregung meines Jagdfreundes Otti Werner bauten wir uns 1965 bis 1967 eine kleine Jagdhütte mitten im Darßer Wald, in der Abteilung 112. Da der Kamin räucherte, fuhr ich eines Tages nach Barth, um den bekannten und alten Töpfermeister Raetz zu bitten, einen neuen zu bauen. Als er hörte, ich sei vom Darß, fing er an, mir einige Episoden über die früheren Förster zu erzählen. Auch Forstmeister Mueller kannte er aus eigenem Erleben, da er damals auf dem Forstamt ebenfalls Öfen und Kamine baute. „Ich bin gut mit ihm zurecht gekommen, da ich ihn zu nehmen wußte", meinte Raetz. „Er war ziemlich herrisch, und immer knapp bei Kasse. Man mußte aufpassen, daß er die Rechnungen auch bezahlte. Und seine beiden Bücher", fuhr er fort, „sind zwar spannend geschrieben, aber von vorne bis hinten geschwindelt." Ich mußte sofort an die Worte von Rudi Koch, dem Jugendherbergsleiter denken, der auf der Nachsuche das gleiche behauptete. „Woher wissen Sie das?" fragte ich Raetz. „Herr Forstmeister, ich bin in meinem Leben viel herumgekommen, habe mich mit vielen Menschen unterhalten, so daß man sich über viele Dinge ein Urteil erlauben kann. Ich weiß, was sich vor 1945 auf dem Darß und danach zutrug. Man muß nur die beiden Bücher von Mueller 'Kein Ort zu Bleiben' und 'Verklungen Horn und Geläut' vergleichen, dann kommt man schnell hinter diesen Schwindel."

Mit Mühe kam ich auf mein eigentliches Anliegen zurück, da für mich die Zeit drängte. „Herr Raetz, können Sie mir einen neuen Kamin bauen?" warf ich jetzt ein, um das Gespräch auf den gewünschten Nenner zu bringen. „Ja!", meinte der Alte, „ich werde Ihnen unter zwei Bedingungen helfen." „Und die wären?" „Sie müssen mich jeden Morgen hier von Barth abholen, in den Wald bringen und nach Feierabend wieder nach Hause fahren." „Und die zweite?" „Die besteht darin, daß Sie mir meinen Dackel namens Lenzi totschießen und zwar so, daß er keinen Schmerz dabei verspürt. Wenn Sie diese beiden Bedingungen erfüllen, baue ich Ihnen einen neuen Kamin." „Warum soll ich denn Ihren Hund totschießen?" „Ja schauen Sie mal", und dabei nahm er seinen Dackel aus dem Hundekorb und stellte ihn ins Zimmer, „der ist schon bald zwanzig Jahre alt und kann nicht mehr laufen." Das sah ich, denn er machte keinen Schritt. Wo Raetz ihn hinstellte, da blieb er regungslos stehen. „Sie fütterten Lenzi wohl zu viel, sein Rücken ist ja breit wie ein Kleiderschrank", foppte ich ihn. „Er hat es sehr gut bei mir gehabt. Deswegen wünsche ich auch, daß er ohne Schmerzen getötet wird. Versprechen Sie mir das?" „Das verspreche ich Ihnen", beteuerte ich, obgleich ich ungern treue Hunde in die ewigen Jagdgründe schickte.

Am nächsten Morgen holte ich wie vereinbart den hochbetagten Töpfermeister ab. Er hielt seinen Teckel bereits auf dem Arm. Nachdem wir auch sein Werkzeug im Auto verstauten, fuhren wir von Barth über die Bresewitzer Brücke Richtung Darß. Hinten im Wagen saß auch unser Nachkömmling, der fünfjährige Sohn Jörg, der sich zu dem Hund setzte und ihn fortwährend streichelte. „Wir fuhren doch eben über die Bresewitzer Brücke", knüpfte der Töpfermeister sein vorhin mit mir geführtes Gespräch an. „Kennen Sie, Herr Forstmeister, die Vorgeschichte, wie es überhaupt zu dem Bau dieser Brücke, die auch Meiningen-Brücke genannt wird, kam?" Als ich sagte: „Wahrscheinlich nicht alles", fing er an, weit auszuholen, um dann auf den eigentlichen Kern zu kommen. So bekam ich dann einen erneuten Überblick über die damaligen Ereignisse und Verhältnisse.

Das Fischland, der Darß und der Zingst gehörten um die Jahrhundertwende zu den entlegensten Gebieten Deutschlands. Wollte man von Ribnitz aus aufs Fischland, mußte man einen elenden Feldweg benutzen. Eine andere Möglichkeit bestand darin, daß man mit dem Dampfer bis Wustrow fuhr. Im Winter nutzte man den gefrorenen Bodden, um per Schlitten das Fischland zu erreichen. Seit Mitte des vorigen Jahrhunderts benutzte man den Dampfer, um von Barth aus auf den Darß und nach Zingst zu gelangen. Auch von Bodstedt oder Bresewitz bestand die Möglichkeit, die Halbinsel per Fähren aufzusuchen. Die Forderungen der Bevölkerung, eine Bahnstrecke Barth-Prerow zu bauen, verstärkten sich immer mehr, zumal 1888 der Streckenabschnitt Velgast-Barth fertiggestellt wurde.

Kapitän Johann Segebarth aus Prerow begründete diesen Wunsch der Bevölkerung, - nachdem die Segelschiffahrt der Dampfschiffahrt weichen mußte und sich das Seemannsleben vielfach in den großen Seehäfen abspielte - in seinem im Jahr 1900 erschienenen Buch "Die Halbinsel Darß-Zingst" wie folgt: „Früher fuhr man auch oftmals jahrelang zur See, kehrte aber stets zurück und verzehrte sein Geld in der Heimat, ersparte auch schöne Summen, so daß sich auf Darß-Zingst ein großer Wohlstand verbreitete." Auf die spürbare Auswanderung anspielend, schreibt er weiter: „Die ganze Existenz der Ortschaften auf der Halbinsel beruht einzig und allein noch auf dem Fischereibetrieb und der Entwicklung der Badeorte, wobei deren nächste Umgebung, selbst die Stadt Barth, nicht wenig mit interessiert ist."

Doch das königliche Landratsamt in Franzburg lehnte den Antrag der Gemeinden Zingst und Prerow ab, mit der Begründung, daß zur Zeit genug Dampfer führen. Außerdem würde sich das Projekt viel zu teuer gestalten. Ein Kilometer koste allein schon 25.000 bis 30.000 Mark und die notwendige Brücke für den Bodden 250.000 bis 300.000 Mark. Man müßte also insgesamt 1,6 Millionen Mark aufbringen. Inzwischen meldete auch die Stadt Stralsund großes Interesse am Bahnbau - allerdings über Pramort - an. Ihr Antrag lag darin begründet, daß sie 2.500 Hektar Land auf der Sundischen Wiese ihr eigen nannte. Auch die Gemeinden Wieck und Born schlossen sich den weiteren Bittschriften von Prerow und Zingst an. Wieder vergingen Jahre.

Endlich stand der Baubeginn der Eisenbahnstrecke Barth-Prerow für 1909 fest, nachdem er durch ein Kreditgesetz von 1908 seine Genehmigung fand. So wurde zunächst die Brücke zwischen Pruchten und Bresewitz sowie die für die Überquerung des Bodstedter Boddens, die so genannte Meiningen-Brücke, gebaut. Die königliche Eisenbahndirektion Stettin erteilte nach langem Hin und Her die Genehmigung, die Meiningen-Brücke auch für den Landverkehr zu genehmigen. Fragen wurden laut, ob es nicht möglich wäre, den Schienenstrang sogar bis nach Ahrenshoop zu legen. Obgleich der Landrat von Franzburg für die Streckenverlängerung stimmte, blieb es doch bei der alten Variante, da die Gemeinden Wieck, Born und Ahrenshoop für ein kostendeckendes Fahrgast- und Frachtenaufkommen nicht garantieren konnten. Im Jahre 1908 begann die Eisenbauanstalt Louis Eilers aus Hannover-Herrenhausen mit dem Bau der Meiningen-Brücke und beendete ihn 1912. Auch die so genannte Kloer-Brücke zwischen Pruchten und Bresewitz baute dieselbe Firma. Die Meiningen-Brücke, die das Festland mit der Halbinsel Darß-Zingst verbindet, ist 470 Meter lang. Der 43,70 Meter lange Drehteil bewirkt, daß die Brücke bei Bedarf elektrisch geöffnet werden kann, um somit den Schiffsverkehr zwischen dem Bodstedter und Barther Bodden zu ermöglichen. Die Eröffnung und Einweihung der Darßbahn erfolgte dann im Jahre 1910.

In der Chronik der Stadt Barth von Wilhelm Bülow kann man folgendes nachlesen: „Am 30.11. wurde die Bahn in Anwesenheit des Oberpräsidenten Freiherrn von Maltzahn-Gültz und unter Beteiligung der Vertreter vieler Behörden, auch der städtischen Körperschaften, eingeweiht. Es fand eine Probefahrt von Barth nach Prerow statt. In Tannenheim wurden die Festgäste von dem Kämmerer Cowalschky und auf den folgenden Stationen von den Amts- und Gemeindevorstehern durch Ansprachen begrüßt. An die Probefahrt schloß sich in Barth ein Festessen an. Am folgenden Tag, also am 01.12.1910, wurde die Bahn dem öffentlichen Verkehr übergeben. Die Bahn ist für die Bewohner von Zingst und Darß eine wahre Wohltat, sind sie doch nun nicht mehr wie früher zur Winterzeit monatelang vom Festland abgeschnitten. Für die Stadt Barth aber hat sie wesentlich dazu beigetragen, Leben und Verkehr zu fördern."

Der Prerower Schriftsteller Kapitän Johann Segebarth schrieb in seinem Buch "Die Halbinsel Darß-Zingst": „Die Darßbahn ist am 01.12. dieses Jahres eröffnet, und viele Veränderungen zur Hebung der Darßer Ortschaften sind außerdem geschafft. Man spürt es jetzt schon, welchen Segen die Bahn der Halbinsel gebracht hat. Der Grundbesitz ist wieder im Wert gestiegen."

Nachteile erfuhr jetzt die Dampfschiffahrt in Barth. Vorher zu Blütezeit gelangt, wurde sie nun durch die Darßbahn ruiniert. Sie stellte alsbald ihre vier Dampfschiffe öffentlich zum Verkauf. Noch einmal versuchten die Gemeinden Wieck, Born und Ahrenshoop ihre Bitte zu erhärten, um die Obrigkeit von der Erweiterung des Schienennetzes zu überzeugen. Aber der Oberpräsident von Pommern teilte ihnen mit, daß die Eingabe durch den Herrn Minister für öffentliche Arbeiten in Berlin abgelehnt worden sei. Die wahren Hintergründe lagen in der raschen Industrieentwicklung und den intensiven Kriegsvorbereitungen Deutschlands. Überall wurde das Eisenbahnnetz ausgebaut, was natürlich hohe Kosten verursachte.
Die lang umkämpfte Darßbahn nahm endlich ihren Betrieb auf. Man konnte sogar in den großen Verkehrszentren, wie zum Beispiel Berlin, Leipzig und Dresden, Fahrkarten direkt bis Prerow kaufen. Am 30.12.1913 sollte plötzlich der Darß-

verkehr unterbrochen werden. Eine Sturmflut beschädigte die Meiningen-Brücke stark. Die Kloer-Brücke zwischen Pruchten und Bresewitz stürzte sogar ein, nachdem sie der letzte Zug am Tag passierte. Es mußte eine hölzerne Notbrücke gebaut werden. Erst im Jahre 1916 stellte man die neue Kloer-Brücke mit einer Länge von 723 Metern fertig. Inzwischen tobte schon der erste Weltkrieg. Der Badebetrieb kam zum Erliegen. Erst im Sommer 1920 trat eine Zugverkehrsverbesserung ein, nachdem Beschränkungen im Fahrkartenverkauf aufgehoben und der Personenzugverkehr an Sonn- und Feiertagen wieder aufgenommen wurden. Zur Verbesserung der allgemeinen Verkehrslage baute man eine Straße.
Im Barther Tageblatt konnte man 1929 folgendes lesen: „Seiner Vollendung entgegen geht der Bau der Straße Prerow-Wieck-Born. Diese Straße ist zwölf Kilometer lang und mit festem Steinmaterial ausgeführt. Die Bausumme beträgt 575.000 Reichsmark. Die Anschlußstelle Prerow-Zingst ist für die nächste Zukunft in Aussicht genommen und später, vielleicht im Anschluß, der Bau der Straße Ahrenshoop-Born. Es würde damit eine geradezu ideale Verbindung zwischen den Badeorten des Festlandes und den Darßbädern geschaffen werden. Auf der Strecke Prerow-Wieck-Born unterhält die Reichsbahn seit vorigem Jahr einen Auto-Omnibusverkehr, der lebhaft in Anspruch genommen wird und wesentlich zur Erschließung der bisher halb verlassenen Gegend beiträgt." Bis zur Fertigstellung dieser Straße wurden Waldwege benutzt. Im April 1944 passierte der einzige Unfall auf der Bahnstrecke Barth-Prerow. Ein Bahnhilfsarbeiter stellte eine falsche Weiche, wodurch mehrere Personenwagen entgleisten und umstürzten. Sieben Fahrgäste fanden dabei den Tod.
Im Mai 1945 plante die SS die Meiningen-Brücke zu sprengen, was mutige Zingster Antifaschisten verhinderten. Am 02.05. benutzte die Rote Armee diese Brücke, um zum Zingst und Darß zu gelangen. Der Bahnbetrieb kam zum

völligen Erliegen, als die Darßbahnstrecke demontiert wurde. Deutschland mußte entsprechend des Potsdamer Abkommens Reparationsleistungen entrichten. Ein früherer Spielgefährte von mir, Waldemar Tiedemann, jetzt in Werl wohnend, mußte als Kriegsgefangener in Rußland unter anderem einen Güterzug mit Bahnschienen entladen. Er traute seinen Augen nicht, als er am Zug las, daß die Fracht aus seiner Heimat, nämlich vom Darß, kam.

„Diese Bahnstrecke benutzten Sie jeden Morgen, um zur Oberschule zu kommen?" fragte mich jetzt der alte Raetz. „Ja, sechs Jahre lang fuhr ich mit dieser Bahn, um Barth zu erreichen." „Tja, Barth", schwärmte er, „das ist eine kleine niedliche Stadt. Von allen Vorpommernschen Städten hat Barth die schönste Lage. In nächster Nähe kann man den Bodden betrachten und an der so genannten Barthe angeln gehen. Rings herum liegen Äcker und Wiesen. Weiter kann man Wälder und Heide bewundern. Von Barth aus ist in dreißig Minuten die Ostsee zu erreichen. Nahausflüge zum Fuchsberg, Sundischen Berg oder Donnerberg und zu der Jugendherberge sind romantisch und lohnenswert." Ich mußte ihm recht geben. Durch unsere Schulausflüge lernten wir die Umgebung kennen und auch lieben. In dem Büchlein "Barth am Bodden - in Geschichte und Gegenwart" von Dr. Erich Gülzow kann man vieles Wissenswerte über diese kleine Stadt am Bodden nachlesen. Wichtige Funde des Jahres 1935 beweisen, daß hier schon in der Steinzeit Menschen wohnten. Eineinhalb Jahrtausende lang hielten sich die Germanen auf. Nach der Völkerwanderung erschienen dann die Wenden. 1159 wird zuerst vom Land Barth gesprochen.

Die Stadtgründung erfolgte 1255 durch den Fürst Jarowar II. von Rügen. Die Stadtmauern stammen aus dem 14. Jahrhundert. Die Stadt hat inzwischen viele große Brände erlebt. Im Jahre 1562 brannten zum Beispiel 170 Häuser ab. Die

Kirche von Barth, unter dem heutigen Namen Marienkirche bekannt, wird 1321 zum ersten Mal genannt. Barth zählte zu meiner Schulzeit im Jahre 1942 ca. 13.000 Bürger. Damals gab es in Barth eine Lederfabrik, eine Eisengießerei, eine Zuckerfabrik, eine Fischkonservenfabrik, mehrere Baugeschäfte und Sägewerke. Ab 1936 brachte die Garnison neue Verdienstmöglichkeiten, wie zum Beispiel für den Bau von Flugzeugersatzteilen.

„Haben Sie denn auch bei Dr. Erich Gülzow Unterricht gehabt?" unterbrach jetzt der Alte mein Schweigen. „Selbstverständlich", antwortete ich. „Er brachte uns Latein und Deutsch bei. Er war ein gutmütiger Lehrer, der ein hohes Wissen besaß und trotzdem immer bescheiden auftrat. Einen besonderen Namen erwarb er sich als Erforscher des Lebens und Wirkens des berühmten Ernst-Moritz Arndt." Dr. Gülzow verstarb 1954 und fand seine letzte Ruhe auf dem Friedhof in Barth. „Bescheiden, höflich und hilfsbereit, ja, so wirkte er", bestätigte Töpfer Raetz. Wir fuhren nun durch Zingst. „Hier liegt Martha Müller-Grählert begraben. Wissen Sie das?" fragte der Alte, mich neugierig anschauend. „Das weiß ich." antwortete ich schnell, denn ich beschäftigte mich gerade ein paar Tage vorher mit dem Lebenslauf unserer Heimatdichterin.

Martha Müller-Grählert, 1876 in Barth geboren, wuchs in Zingst auf und wurde Lehrerin. Sie arbeitete dann in einer Zeitschriftenredaktion und schrieb hier 1907 wohl ihr schönstes Gedicht: "Mine Heimat", wo es anfangs heißt:

„Wo de Ostseewellen trecken an den Strand,
wo de gele Ginster bleugt in'n Dünensand,
wo de Möwen schriegen grell in't Sturmgebrus,
dor is mine Heimat, dor bin ick tau Hus."

Dieses Gedicht wurde von dem 1938 in Zürich verstorbenen Komponisten Simon Krannig vertont und als Ostseewellenlied weltweit bekannt. Es ist ein viel gesungenes Lied, auch heute noch. Es nahm seinen Siegeszug vor allem entlang der Ost- und Nordseeküste. Fälschlicherweise wird es auch als Friesenlied bezeichnet, statt "Wo die Ostseewellen ..." singt man "Wo die Nordseewellen ..." Obgleich tausende von Schallplatten produziert wurden und Verleger daran verdienten, vergaß man die Dichterin Martha Müller-Grählert und auch das Zahlen des ihr zustehenden Honorars. Man betrog sie um Ruhm und um den finanziellen Gewinn. Schlecht und recht schlug sie sich mit plattdeutschen Vorträgen und den Honoraren aus Veröffentlichungen durchs Leben. Ihr Augenleiden ließ auch das eines Tages nicht mehr zu. Sie starb 1939 fast erblindet und völlig arm im Altersheim Franzburg. In der Nähe des zweistühligen, hölzernen Glockenturmes auf dem Friedhof in Zingst ist ihr bescheidenes und vom Wetter gezeichnetes Grab zu finden. Das Kreuz trägt die Inschrift: "Hier ist mine Heimat, hier bin ik tu Hus." „Tja", meinte mein Nebenmann, „die Frau schrieb wunderhübsche Gedichte. Ich lese sie gerne. Aus allen Versen spricht ihre große Liebe zu unserer Heimat an der Ostseeküste."

Ich drehte mich inzwischen schnell mal zu meinem kleinen Sohn herum, der fortwährend den alten Dackel vom Töpfermeister streichelte und sich freute, daß der Hund so artig neben ihm saß. Bald erreichten wir Prerow. Ich bog ins Dorf ein, fuhr die lange Straße, dann den Langseer Weg entlang und bog in den Wald ein. „Sie sind Prerower?" fragte mich nun mein Nebenmann. „Ja, ein waschechter. Auch meine Frau ist in Prerow geboren. Bevor ich zur Oberschule nach Barth kam, besuchte ich die Volksschule in Prerow." „Von den Darßdörfern ist wohl Prerow das reichste?" erwiderte nun der Alte. „Man sagte doch immer: Wieck hat den Sand, Born das Land und Prerow den Strand." „Ja das stimmt", nickte ich. „Mit den Bornern verstanden wir Prerow-Kinder uns immer gut. Dagegen gab es mit den Wieckern des öfteren Schlägereien. Warum eigentlich, weiß ich heute noch nicht." „Herrlich ist die Prerower Seemannskirche", lobte nun der Töpfermeister. „Ja, das ist wahr. Ich lernte sie besonders durch den Konfirmandenunterricht und meine Hochzeit kennen", stimmte ich bei.

Raetz wies plötzlich auf ein Schild mit der Bezeichnung "Schäfer-Ast-Weg". Jetzt wollte er wissen, woher diese Bezeichnung stammt. „Dieser Weg", so antwortete ich „ist benannt nach einem bekannten Grafiker namens Albert Schäfer, geboren 1890. Er fertigte unter anderem heitere und besinnliche Zeichnungen für Zeitschriften und Zeitungen an. Er besaß eine positive, humorvolle, verklärte Einstellung zur Umwelt. Schäfer-Ast besuchte in Düsseldorf die Kunstgewerbeschule. Er arbeitete als Mitarbeiter verschiedener Berliner Zeitschriften, nachdem er viele Länder Europas bereiste. Als die Faschisten an die Macht kamen, stuften sie seine Arbeiten als 'entartete Kunst' ein. Er bekam Arbeitsverbot. 1936 erhielt er eine beschränkte Wiederzulassung als Pressezeichner. Seine Arbeiten durften aber nicht ausgestellt werden. Er baute sich kurz vor Ausbruch des zweiten Weltkrieges ein kleines Häuschen in Prerow, das ihm zugute kam, als seine Berliner Wohnung 1943 ausgebombt wurde und er nun in Prerow eine neue Heimstadt fand. Er erlebte zuvor erneute politische Schwierigkeiten. In Prerow entstanden viele Zeichnungen über den Darß mit Motiven des Waldes, des Strandes, des Meeres, seines Gartens, des Hauses und dergleichen mehr. Nach 1945 erfolgte seine Berufung zum Professor und Leiter der Grafikklasse an der Weimarer Hochschule für Bildende Kunst, wo er dann 1951 verstarb." „Ja, ich kann mich auch noch an ihn erinnern", meinte Raetz. „Er war ein großer stattlicher Mann. Er verlor im ersten Weltkrieg eines seiner Augen."

„Und Sie leben nun in dem Haus, in dem Forstmeister Mueller bis 1945 wohnte?" knüpfte der Alte jetzt ein neues Thema an. „Ja, bereits sieben Jahre. Meine Frau ist ungern von Schwerin weggezogen, denn uns gefiel es dort auch gut. Aber mich zog es aus der Verwaltung in den Außendienst, zumal einem nur einmal im Leben eine solche Chance eingeräumt wird, einen Wald, wie ihn der Darß trägt, bewirtschaften zu dürfen. Auch meine Frau lebte sich dann doch schnell in Born ein. Ich erinnere mich allerdings, daß wir zuerst unruhige Nächte verbrachten, denn wir wurden mehrmals durch rätselhafte Laute aufgeweckt. Über uns wohnte eine alte Forstarbeiterin, Frau Weiser, eine sehr tüchtige Arbeiterin. Von der konnten unmöglich solche Geräusche, die sich nach Möbelschieben anhörten, kommen. Am nächsten Morgen, die Forstarbeiterin befragt, gab sie zur Antwort: ‚Was meinen Sie wohl, wie oft ich abends keinen Schlaf fand. Ich weiß nicht, wer dort sein Spiel treibt. Es spukt anscheinend bei uns im Haus. Ich habe manchmal richtig Angst.'" Als mich in der nächsten Nacht wiederum dieses ominöse Dachbodengetobe weckte, schnappte ich mir die Flinte, schlich im Pyjama die Treppe hoch, so daß ich vor der Bodenluke stand. Ich lud die Läufe mit 3,5 mm

Schrot und horchte. Das Morgenlicht reichte bereits, um einigermaßen sehen zu können. Jetzt hörte ich schon wieder trippelnde Geräusche. Vorsichtig öffnete ich nun die Luke, da sah ich auch schon mehrere Marder, die sich dort anscheinend im Verstecken- und Greifenspiel übten. Von der obersten Treppenstufe aus ging ich vorsichtig mit der Flinte in den Anschlag. Als wieder ein Marder dicht an mir vorbeihuschte, drückte ich ab. Das Klagen eines Marders bestätigte mir, daß ich traf. Der ganze Dachboden war in eine Staubwolke gehüllt. Nachdem sich meine innere Erregung legte und sich die Dunstwolke verzog, bestieg ich den Boden. Dort hinten in der Ecke lag mein bereits verendeter Steinmarder. Von Stund an herrschte Ruhe im Hause. Nie wieder wagte ein Marder dort sein Unwesen zu treiben." „Sie erzählen ja tolle Geschichten", lachte der Töpfermeister. „Das klingt nach Jägerlatein." „Das können Sie wirklich glauben", betonte ich. „Heute würde ich mir das natürlich nicht noch mal erlauben, denn im Hause zu schießen ist nicht statthaft und auch zu gefährlich."
Der Alte schaute aus dem Fenster und freute sich über die schönen Waldbilder. „Oh, welch ein hübscher Wald!" rief er begeistert aus. „Hier bin ich noch nie gewesen." Es dauerte nicht lange, als wir an der Jagdhütte ankamen. „Ist das ein herrliches Stückchen Erde hier", lobte der alte Raetz, als er sich umsah. „Hier kann man es aushalten. Ringsherum Lärchen, Kiefern und Buchen und dieses kleine verträumte Häuschen. Oh, wie romantisch." Ich half meinem kleinen Sohn beim Aussteigen mit dem Dackel. Wir begaben uns in die Jagdhütte. Auch hier sparte der Alte nicht mit Lobesworten, als er sich den kleinen Schlafraum, die Küche und den Raum mit dem verräucherten Kamin anschaute. „Klein, aber geschmackvoll eingerichtet", meinte er. Diesen Kamin soll ich nun abreißen und einen neuen bauen?" „Ja!" antwortete ich. „Wir bauten ihn sicher unfachmännisch." Der Alte sah auf seinen Dackel, nahm ihn hoch und streichelte ihn. „Lenzi, wir müssen nun leider voneinander Abschied

nehmen." Auf mein Geheiß trug er seinen Hund nach draußen und band ihn mit der Leine an einer von mir gezeigten Lärche fest. Er ging danach mit langsamen Schritten in die Jagdhütte und setzte sich auf einen Schemel. Er murmelte: „Machen Sie die Sache gut." Neben ihn setzte sich mein kleiner Sohn. Ich nahm meine Flinte, ging hinaus, lud sie und trat dicht an den Hund heran. Mir tat er leid. Aber hier mußte die menschliche Vernunft über die Tierliebe siegen. Wenn ein Hund zu alt und nicht mehr in der Lage ist, sich fortzubewegen, so ist es ratsam, als Mensch helfend einzugreifen. Mein Schuß ließ ihn kurz zusammenzucken, so daß er nicht einmal mehr den Knall vernahm. Als ich in die Jagdhütte trat, saß der Alte mit gestütztem Kopf und weinte. Er wischte sich die Tränen von den Wangen und fragte leise: „Hat Lenzi auch nichts gemerkt?" „Nein", sagte ich. „Auch nicht ein bißchen?" „Nein." „Dann bin ich beruhigt." Er verließ den Raum, nahm Schaufel und Spaten und fertigte ein Grab an. Auf diese Grabstelle legte er einige Zweige, die er sich von den ringsherum stehenden Bäumen abpflückte. Dann zog er seine Mütze, verneigte sich noch einmal vor dem Grabhügel, kam auf uns zu und sagte zu Jörg, indem er sein Portemonnaie aus der Tasche zog: „Hier Junge hast du fünf Mark. Sei so lieb und pflege zukünftig das Grab von Lenzi." Er drehte sich um, wischte sich nochmals die Tränen von den Wangen und ging dann schweigend an die Arbeit.

Der betrunkene Hobel-Otto

Der Darßer Wald weist eine Größe von ca. 5.000 Hektar auf. Der geschlossene Waldkomplex, seine idyllische Lage, rings umgeben von Wasser, lockt viele Urlauber an, ihn näher kennenzulernen. Für den Darß ist die Lage an der Ostsee klimabestimmend. Milde Winter, hervorgerufen durch die Wärme speichernde Wirkung des Wassers, werden durch verhältnismäßig kühle Sommer abgelöst. Der Herbst ist meistens lang und bringt eine große Zahl warmer Tage. Der Frühling setzt spät ein und ist recht kühl. Die Niederschlagsmengen schwanken um 550-650 mm. Im Frühjahr fallen auf dem Darß verhältnismäßig wenig Niederschläge. Sie werden weitgehend durch hohe Luftfeuchtigkeit ausgeglichen. Sie spielt für das Wachstum einiger Bäume auf dem Darß eine sehr große Rolle, so für die Buche. Windstille Tage sind auf dem Darß selten. Stürme treten häufig in den Wintermonaten und auch im Spätherbst auf. Untersuchungen durch Pollenanalysen ergaben, daß früher vorwiegend die Holzarten Kiefer, Erle und Birke das Bild des Darßer Waldes bestimmten. Buche und Hainbuche rangierten hinter der Eiche.

Bei den so genannten Rehbergen herrschten Kiefer und Birke vor. Es kann angenommen werden, daß die heute noch vorherrschende Holzart Kiefer von jeher den größten Teil der Fläche im Darßwald einnahm, wie es auch die schwedischen Matrikelkarten von 1696 bestätigten. Nach dem Ergebnis der Forsteinrichtung von 1922 stockte die Kiefer auf 85 % der Fläche. Es folgte die Erle mit 10 % Flächenanteil. Sie besiedelt die zahlreichen Brüche. Ihr folgt die Birke, besonders auf dem Vordarß ist sie früher vertreten gewesen. Über die Eiche schreibt man, daß sie am Anfang des vorigen Jahrhunderts kaum des Anführens wert sei. Nur auf dem Zingst und im Ahrenshooper Gehölz standen angeblich noch junge Eichen. Seit 1890 richtete man ein besonderes Augenmerk auf den Anbau der Stieleiche. Die Buche zeigt auf dem Darß, vom forstwirtschaftlichen Standpunkt her gesehen, wenig erfreuliche Leistungen. Kurze, knorrige Stämme mit vielfach verästelten, breiten Kronen sind hier die typischen Formen. Nur im Ahrenshooper Gehölz zeigt die Buche einen besseren Wuchs. Die seltsamsten Wuchsformen bildet sie aber am Weststrand aus, wo sie auf kargem Boden unter extremen Windverhältnissen wächst.

Die Hainbuche fehlt im Darßer Wald völlig. Nur in den Ortschaften sieht man einzelne Exemplare oder Hainbuchenhecken. In den 30er Jahren pflanzte man sie unter Kiefern an, jedoch ohne Erfolg. Die Gründe des Mißerfolges sind wahrscheinlich im Wildverbiß und mangelhaftem Pflanzmaterial zu suchen. An weiteren Laubhölzern sind auf dem Darß vorhanden: Esche, Pappel, Ulme, Linde, Roteiche, Eberesche, Wildobst und Stechpalme. An das Vorkommen der Linde in früheren Jahrhunderten erinnern die Namen einiger Forstorte im Revier Born: Linderberg und Linderweg. In früheren Zeiten besiedelten die Eiben in größeren Mengen den Darß. Der Name der ehemaligen Försterei und jetzigen Jugendherberge Ibenhorst weist darauf hin. Die Eibe ist besonders in der Dänenzeit der Axt zum Opfer gefallen. Nur einige junge Exemplare findet man verstreut in den Revieren des Darßwaldes, unter anderem in Abteilung 143. In der Mitte des vorigen Jahrhunderts baute man die Fichte in größeren Mengen an. Auf frischen Standorten zeigt sie guten Wuchs und erzeugt hohe Massen. An nicht heimischen Holzarten bewährten sich: Die Weißtanne und die Sitkafichte. Fehlgeschlagen sind die Anbauversuche mit der Stechfichte und der Küstentanne. Vergleicht man zusammenfassend die Holzartenzusammensetzung des Darßwaldes am Ausgang des 17. Jahrhunderts mit der heutigen Bestockung, so können wir feststellen, daß die Flächenverteilung heute annähernd noch dieselbe ist.

Gefahren für den Darßer Wald wurden bisher durch Menschenhand, Überschwemmungen, Feuer, Insekten und Stürme heraufbeschworen. Er erlebte viele geschichtliche Epochen. Die Schweden, Dänen und Franzosen nutzten den Wald dieser Halbinsel, um Holz in ihre Länder und darüber hinaus in andere zu transportieren. Auch für die beiden Weltkriege schlug man zusätzlich Holz ein. Nachdem der Faschismus 1945 zusammenbrach, begann auch für die Forstwirtschaft eine neue Epoche. Durch die Bodenreform erhielten auch Bürger, die keine Landwirtschaft betrieben, Wald. Allein auf dem Darß handelte es sich um 1.200 Hektar. Sinn und Zweck der Bodenreform aber war, der landarmen Bevölkerung neben Land auch ein Stück Wald zu geben, um mit diesem ihre Wirtschaft zu festigen. Leider gab es Fälle, wo die Waldparzellen leergeschlagen wurden, um einen lebhaften und einträglichen Holzhandel zu betreiben.

1947 aber schlossen sich die Waldbesitzer zu Waldgemeinschaften zusammen. Kahlschläge brachte man sofort wieder in Kultur, so daß sich der Zustand des Privatwaldes bis zur Sturmnacht Oktober 1967 als gut erwies. In jener Nacht fielen insgesamt in der Waldgemeinschaft Born ca. 5.000, in Wieck 8.000, in Prerow 6.500 und in Zingst 1.500 Festmeter. Die Waldgemeinschaften Prerow und Zingst lösten sich auf, als die Waldbesitzer ihre Parzellen an den Staat zurückgaben. Sie errechneten sich ein Minus, da die Holzerlöse die dabei entstehenden Kosten für Holzeinschlag, Wegebau, Melioration und Aufforstung nicht aufgewogen hätten. Günstiger lagen die Verhältnisse in Wieck und Born. Hier gewann man aus den Reihen der Seebaggerleute Bürger, die sich zu Motorsägenführern ausbilden ließen. Durch diese Hilfe in ihren Freischichten sparten die Waldgemeinschaften die teuren Umsetzungskosten der fremden Holzschläger aus den Forstbetrieben sowie den vom Staat erhobenen Gemeinkostenzuschlag von 100 %. Aber auch sie ließen Anfang der 70er Jahre die Segel streichen, als nach mehreren Beratungen der Waldvorstände und dann auch der Vollversammlung der Beschluß gefaßt wurde, den Wald wieder an den Staat zurückzugeben. In den ersten Jahren nach 1945 mußte viel Holz eingeschlagen werden, um Reparationsleistungen für die Siegermächte, insbesondere an die Sowjetunion, zu bringen. Aber auch für den Aufbau der eigenen Wirtschaft wurden größere Holzmengen benötigt. Viele Bauern verpflichtete der Staat, Holz mit ihren Pferdegespannen zu den Sägewerken Prerow oder Zingst zu fahren. Tausende von Festmetern Holz wurden per Kahn auf dem Wasserweg abtransportiert. Auch die Flößerei spielte eine gewisse Rolle.

Anfang der 50er Jahre propagierte die Forstwirtschaft den Dauerwaldgedanken. Das heißt, keine Kahlschläge und eine Bewirtschaftung nach dem Prinzip der Schlechteste fällt zuerst. Die allerschlechtesten Bäume sollten zuerst gefällt werden, ohne Rücksicht auf dadurch entstehende Bestandslöcher, die man dann aber sofort wieder bepflanzte. Diese Methode bewährte sich nicht, da die ungünstigen Lichtverhältnisse ein gutes Wachstum der in diese Löcher hineingebrachten Pflanzen nicht ermöglichten. Ab Mitte der 50er Jahre gestattete man wieder Kahlschläge in den Größen von ein bis zwei Hektar. Die ersten Kulturen nach 1945 gediehen gut, da die Gefahr des Wildverbisses nicht existierte. Der Wildbestand litt zur damaligen Zeit unter der starker Dezimierung. Doch das änderte sich bald, denn das Rehwild nahm nach 1950 stark zu. Bis 1960 machten sich 30 bis 40 % Nachbesserungen und Wiederholungen der Kulturen auf dem Darß notwendig. Aber nicht nur dem Wild durfte man diese Schäden anlasten, sondern auch dem schlechten Pflanzenmaterial, der ungenügenden Pflege, dem Rüsselkäfer sowie der schlechten Entwässerung.
Diese Mängel auf dem Darß zu beheben, machte ich mir bei der Übernahme der Dienstgeschäfte zur Hauptaufgabe, sie stellte sich keinesfalls als leicht heraus. Ende der 80er Jahre konnten wir dann auf dem Darß mit über 90 % Anwuchs bei

den Forstkulturen abrechnen, das dank der Beseitigung der vorhin aufgezeigten Fehler. Die Methoden des Holzeinschlages änderten sich. Vor 1945 bildeten Schrotsäge und Axt die hauptsächlichsten Arbeitsmittel des Holzfällers. Bis Ende der 50er Jahre bestimmte die Zweimann-Motorsäge das Bild der Einschlagstechnik, danach die von den Schweden eingeführte Einmann-Motorsäge. Sie bewährte sich, die Arbeitsproduktivität stieg dadurch um 30 bis 40 %. Das Holzrücken mit Pferden wurde immer mehr durch forsteigene Traktoren abgelöst. Auch die Technik der Holzabfuhr, die ebenfalls in den Händen der Forstwirtschaft lag, verbesserte sich in den vielen Jahren. Die anfangs praktizierte Holzabfuhr mit dem Traktor gestaltete sich unrentabel. Da fuhren dann die eingesetzten Lkw, die die drei- bis vierfache Last tragen konnten, weitaus kostengünstiger. Der Holztransport per Wasserweg erfolgte bis 1967. Jährlich ließ ich ca. 1.200 bis 1.500 Festmeter Holz nach Berlin und Wittenberg verladen. Die Kahnverladung mußte dann eingestellt werden, weil die Bollwerke in Born und Wieck nicht mehr den Sicherheitbestimmungen entsprachen.
Jüngste größere Überschwemmungen im Darßer Wald erfolgten 1949 und 1954 an der Westküste, durch sie gingen viele Eichen und Buchen ein. Als einzige Holzart, die die Salzwasserüberschwemmungen vertrug, erwies sich die Sitkafichte. Auch Brände verzeichnet die forstliche Geschichte des Darßes. Der letzte größere geschah im Jahre 1946, als die Dickungen am "Kleinen Stern" abbrannten. Obgleich das Farnkraut als forstliches Unkraut gilt, spielt es doch in diesem Zusammenhang eine wichtige Rolle, da es den Boden relativ frisch hält und somit feuerhemmend wirkt. Insektenkalamitäten traten bisher selten auf. Ursache hierfür ist, daß die hohe Luftfeuchtigkeit einer Übervermehrung solch gefährlicher Forstschädlinge, wie Nonne, Kiefernspinner, Spanner, Forleule und Borkenkäfer, entgegenwirkt. Allerdings bereitete der Rüsselkäfer uns Forstleuten in den 60er und der so genannte Waldgärtner in den 70er Jahren große Sorgen.

Die Chronik des Darßes berichtet von heftigen Stürmen. So wird ein Orkan beschrieben, der am 03.11.1801 30.000 Kiefern entwurzelte. Im Oktober 1967 und im Januar 1968 tobten aber solche orkanartigen Stürme, die über 2 Millionen Bäumen den Garaus machten. Mit anderen Worten: Es fielen ca. 250.000 Festmeter Holz auf dem Darß und Zingst dieser Katastrophe zum Opfer. In erster Linie brachen damals mittelalte, fünfzig- bis achtzigjährige Bestände zusammen, was einen noch höheren Holzverlust bedeutete. Wenn man bedenkt, daß der Holzeinschlag zur damaligen Zeit zehn- bis zwölftausend Festmeter Holz betrug, so glich die geworfene Menge einem Einschlag für zwanzig Jahre. Viele Bäume lagen entwurzelt und wild durcheinander, ja, sogar Eichen und Buchen waren in Mannshöhe wie Streichhölzer geknickt. Je weiter nördlich, um so größer zeigten sich die Schäden. Es gab Stellen, wo, so weit das Auge reichte, kein Baum mehr stehenblieb. Man mußte immense Lang- und Schichtholzmengen, die in ihrer Masse noch kreuz und quer und oftmals übereinander lagen, schleunigst räumen und verwerten. In den ersten warmen Frühlingstagen würden sich sonst die Borkenkäfer, insbesondere der Waldgärtner, breitmachen und die noch restlichen stehengebliebenen Waldbestände befallen. Aus allen Teilen der Republik eilten Forstarbeiter herbei, um dem Darß und anderen geschädigten Revieren an der Ostseeküste zu helfen. So kamen sie aus den Tiefen des Thüringer Waldes, von den Höhen des Erzgebirges und vielen anderen Orten. Sie brachten alles mit, was für einen solchen Einsatz benötigten: ihre Arbeitsschutzhütten, Motorsägen, Traktoren, Lkws, Äxte, ja sogar teilweise Pferde, die für das Rücken in den Brüchen und anderen nassen Standorten, wo die Rücketraktoren versagten, unentbehrlich blieben.

Die Forstarbeiter standen oftmals bis zu den Knien im Wasser, während sie die Bäume von den Wurzelstöcken trennten. Nach erfolgtem Herausrücken auf trockene Plätze schnitten sie sie auf Stammlängen zu bzw. zu Schichtholz. Durch diese grandiose Hilfe von vielen hunderten fremden Forstarbeitern konnte die Unmenge von Holz schon fast in einem Jahr geborgen, aufbereitet und zum größten Teil abgefahren werden. Viele dieser Helfer fühlten sich wohl auf dem Darß, denn gute Unterkunft, Verpflegung und Entlohnung trugen dazu bei, daß etliche Forstarbeiter nach kurzem Heimatbesuch wieder in den Einsatz gingen. Viele Darßer Familien stellten Zimmer für die Übernachtung der Fremden zur Verfügung. Gast- und Verpflegungsstätten, unter anderem die von Bianka Penshorn und Grete Koslowski, sorgten für das leibliche Wohl der vielen Helfer. Auch abends konnte man oft ein lebhaftes Treiben im Ort beobachten. So mancher Forstarbeiter befand sich auf der Suche nach einem attraktiven Mädel. Ja, einigen gelang es auch, das passende zu finden. Sie heirateten und blieben auf dem Darß.

Verschiedene machten sich auch die Sitten und Gebräuche der Darßer zu Nutze. Einigen Forstarbeitern fielen nämlich die in manchen Fenstern stehenden Porzellanhunde auf. Bald erfuhren sie, daß viele Kapitäne und Matrosen diese englischen Hunde als Souvenirs mit nach Hause brachten. Viele dieser Porzellanhunde wurden in den ersten Jahren nach 1945 an Antiquitätenhändler verkauft oder gegen Lebensmittel eingetauscht, doch einige trennten sich nicht von den vom Vater oder Großvater geerbten Souvenirs und stellten sie in ihr Fenster. Einige Frauen erinnerten die Forstarbeiter an die alten überlieferten Gebräuche. Die Stellung der Hunde verriet den Fremden, ob die Luft rein war, oder sie noch warten mußten, bis der Hausherr zur Schicht fuhr. Standen die Hunde Kopf an Kopf, bedeutete es: Ich erwarte dich. Zeigten sie sich gegenseitig den Hintern, signalisierten sie: Mein Mann ist zu Hause. Die englischen Porzellanhunde bewährten sich und vermieden so manchen Ehestreit. Die meisten Forstarbeiter zeichneten sich durch großen Fleiß und Hilfsbereitschaft aus.

Ab und zu gab es Meinungsverschiedenheiten zu den am Arbeitsplatz festgelegten Arbeitsbedingungen. So rief man mich erneut zum Einschlagsort, da es wiederum zu Normenstreitigkeiten kam. Ich versprach, eine Entscheidung zu der von mir bestimmten Zeit an Ort und Stelle zu treffen. Man hielt mich ausgerechnet an diesem Tag länger als geplant in meinem Büro auf, da einige Einsatzleiter dringende Fragen geklärt haben wollten. Ich beeilte mich, um zu dem verabredeten Treffpunkt zu kommen. Ich sprang in meinen P70 und fuhr eilig vom Hof. Nachts zuvor schneite es erneut. Die glatte Schneedecke, durch das Befahren der vielen im Einsatz befindlichen Forstfahrzeuge verursacht, glich einer Eisfläche. An einer unübersichtlichen Kurve der Kreuzung Kleiner Stern/Linder Weg angekommen, sah ich plötzlich den vom Forstarbeiter Lothar Kaminski gesteuerten Forsttraktor mit Hänger vor mir. Ein Ausweichen seinerseits hätte ein Hineinfahren in den Graben bedeutet und meinerseits einen Aufprall gegen eine starke Eiche verursacht. Obgleich ich sofort stark bremste, schlitterte mein Auto auf dieser Eisbahn, als hätten die Bremsen versagt. Instinktmäßig jagte mir der Gedanke durch den Kopf: Du mußt dir jetzt die weichste Stelle vom Traktor aussuchen. Ich steuerte auf den großen Hinterreifen zu. Der Sekunden spätere Zusammenstoß bewirkte, daß meine Brust gegen das Lenkrad prallte, das sich sofort zu beiden Seiten nach vorne bog. Ich stieg aus und besah mir den Schaden. Die Kühlerhaube des Autos wies etliche Risse auf. Der Kühler leckte. Der Felge des Traktors verpaßte ich nur eine Beule. Der Traktorist schleppte meinen Wagen auf den Hof der Oberförsterei. Jetzt merkte ich, daß meine Brust anschwoll. Ich informierte meine vorgesetzte Dienststelle über diesen Vorfall. Mittlerweile überkam mich das Gefühl, ich trüge eine starke Frauenbrust mit mir herum. Es bestand kein Zweifel, in meinem Brustkorb braute sich etwas zusammen. Man schaffte mich ins Krankenhaus. Die Röntgenaufnahmen wiesen eine starke Rippenprellung aus. Eine innere Verletzung stellte man nicht fest. Glück im Unglück wie so oft schon. Ich ließ einige Wochen später diese unübersichtliche Kurve verbreitern, um einem ähnlichen Unfall vorzubeugen.

Alle Augenblicke kamen Journalisten, um sich über das Ausmaß der Windwurfkathastrophe sowie den Stand der Beseitigung der Schäden zu erkundigen, um dann entsprechende Pressemitteilungen vom Stapel zu lassen.
Eines Tages erschien ein Filmstab aus Babelsberg, der im Rahmen der Sendefolge "Prisma" Drehaufnahmen machen wollte. Ich führte die Filmleute zu den Orten, wo die Stürme besonders hausten. Nachdem sie verschiedene Forstarbeiter und auch mich interviewten und filmten, zeigten sie Interesse an der Quartiersfrau eines besonders sich in den letzten Monaten bewährten Forstschulabsolventen. Ich fuhr mit ihnen zur Försterei Prerow. Hier wohnte Frau Callies, die Gattin des verstorbenen Revierförsters vom Revier Prerow. Sie mußte sich aus dem Fenster lehnen und auf die ihr gestellten Fragen antworten, während der Kameramann die Szene drehte. Frau Callies, eine hübsche, stattliche Frau war sehr aufgeregt und verhaspelte sich beim Sprechen. Sofort brach der Regisseur das Filmen ab und ließ die Aufnahme wiederholen. Wieder klappte es nicht. Als der dritte Versuch erneut mißglückte, streikte die Förstersfrau und warf kurzer Hand das Fenster zu. Schon lief der Regisseur ins Haus und redete auf die Frau ein. Sie solle doch Vernunft annehmen und einen erneuten Versuch über sich ergehen lassen. Sie aber wandte sich schroff ab und lief ins Schlafzimmer und fühlte sich jetzt sicher vor einem weiteren Gespräch. Sie rechnete aber nicht mit der Hartnäckigkeit dieses Regisseurs. Denn der lief schnurstracks hinterher und sprach schon wieder auf sie ein, um sie von einem letzten Versuch zu überzeugen, was ihm tatsächlich nach mehrmaligem inständigen Bitten gelang. Sie hängte sich also nochmals aus dem Wohnzimmerfenster, machte eine gute Mine zum bösen Spiel und siehe da, es klappte. Ohne sich zu versprechen,

gab sie Auskunft über den bei ihr einquartierten jungen Förster, der sich auch hier nur von der bescheidenen und hilfsbereiten Seite zeigte. Zufrieden auch diese Szene im Kasten zu haben, zog der Filmstab von dannen. Ja, so manche Episode erlebte ich in dieser Zeit.

Ich erinnere mich, daß ich aus dem Forstbetrieb Müllrose Unterstützung erhielt. Ein Wegehobler, Autograder genannt, sollte unsere unbefestigten Sandwege reparieren. Durch das Auftellern mittels einer vom Traktor gezogenen Scheibenegge, das Profilschieben des Autograders und das abschließende Anwalzen des Weges erhielten wir gute befahrbare Wege. Der Fahrer dieses Wegehobels, Hobel-Otto von seinen Kollegen genannt, zeichnete sich als großer Spezialist in seiner Arbeit aus. Er hatte nur einen Fehler: Alles was nach Alkohol roch, konnte er nicht lange stehen sehen, da ihn ständig der Durst quälte. Ich traf ihn eines Morgens bei einer Kontrolle noch stark angetrunken an. Ich ließ ihn sofort von seinem Hobel steigen, transportierte ihn mit meinem Wagen in sein Privatquartier und ließ ihm durch seine Wirtin bestellen, er habe sich morgen bei Dienstbeginn bei mir zu melden. Er erschien pünktlich am nächsten Morgen. „Sie werden jetzt mitkommen", so eröffnete ich unser Gespräch, „und in meinem Beisein zu jedem Wirt der einzelnen Gaststätten in Born den Wunsch vortragen, ihnen keinen Alkohol mehr zu verabreichen." Das war natürlich gegen seine Ehre, was ich auch nur erreichen wollte, um ihn wieder auf die richtige Lebensbahn zu dirigieren. „Herr Forstmeister", jammerte er, „tun Sie mir das nicht an. Ich verspreche Ihnen, während der Arbeit nicht mehr betrunken zu sein." „Nun gut. Schwamm drüber. Ich glaube Ihnen zunächst. Sie müssen aber mit weiteren Kontrollen rechnen." In den nächsten vierzehn Tagen hörte ich nichts Negatives über ihn. Eines Tages besuchte ich dann einige Forstbrigaden im Forstrevier Wieck und kam auf dem Rückweg an dem Autograder vorbei. Von weitem sah ich Hobel-Otto gemeinsam mit einem

Traktoristen am Autograder stehen, sich mit einer Flasche beschäftigend. Wie sie mein Auto sahen, kletterte Hobel-Otto schnell auf seine Maschine, während sich der Traktorist mit der Flasche hinter dem großen Autograder versteckte. Ich stieg aus und ging um das Fahrzeug herum, um den Verschwundenen zu entdecken. Nanu, eben stand er doch noch an dem großen Hinterreifen. Ich suchte ihn jetzt auf der anderen Seite des Fahrzeuges. Auch dort fand ich ihn nicht. Ich kehrte um, um erneut eine Runde zu drehen. Als ich nun nach oben in die Fahrerkabine schaute, entdeckte ich, daß Hobel-Otto den Traktoristen durch Handbewegungen einwies, wie er um den Autograder zu rennen habe, um mir nicht in die Arme zu laufen. „Nun ist aber genug!" rief ich dem Hobel-Otto zu. In Nu stellte ich den Gesuchten. Mein Otto beteuerte, keinen Alkohol getrunken zu haben. Da der Traktorist inzwischen die Flasche wegwarf, fehlte mir das Corpus delicti. Ich verspürte allerdings auch keine Lust mehr, dieser Sache weiter auf den Grund zu gehen, da ich mir sagte, daß hier Hopfen und Malz verloren seien. Drei Kreuze machte ich allerdings, als er nach Frankfurt heimreiste.

Der Minister in französischen Halbschuhen

Die Jahre nach der Windwurf-Katastrophe verlangten viel an Arbeitsenthusiasmus. Es standen mir tüchtige Revierförster, wie unter anderen Gerd Wollweber von Wieck, Karl Wendel von Zingst und Oberförster Günther Brockmöller von Prerow, zur Seite. Es fielen rund fünfhundert Hektar Kahlflächen an, die es aufzuforsten galt. Auch hierbei halfen uns fremde Arbeitskräfte, darunter viele Frauen. Durch die zahlreich auf den Flächen vorhandenen Windwurfstubben war eine Aufforstung mit der Kiefer in vielen Fällen nicht möglich. Deshalb forsteten wir etliche Flächen mit der Fichte beziehungsweise Sitkafichte auf. Außerdem standen kurzfristige Termine von der vorgesetzten Dienststelle an, die es hinsichtlich der Beendigung der Aufforstungsarbeiten gab. Die kurzsichtigen Anweisungen führten eben dazu, Holzarten, wie zum Beispiel die Fichte, zu pflanzen, ohne die erforderlichen Standorte oder sogar das Naturschutzgebiet zu berücksichtigen. Die anschließende umfangreiche Kulturpflege konnten die eigenen Arbeitskräfte ebenfalls nicht schaffen. Der auf dem Darß besonders vital wachsende Adlerfarn überwucherte viele Kulturen, so daß Wiederholungen in größerem Maße erforderlich wurden.

Hinzu kam, daß sich auch der große braune Rüsselkäfer sehr stark vermehrte. In den stehengebliebenen mittelalten Kiefernbeständen begann der Waldgärtner, der sich aufgrund des am Boden liegenden Holzes stark vermehren konnte, Schaden anzurichten. Man schlug deshalb jährlich bis 1978 durchschnittlich 150 Festmeter Fangbaumholz ein. Auch gegen den Kiefernprachtkäfer, der jetzt auch verstärkt auftrat, warf man jährlich im Durchschnitt 100 Festmeter Fangbäume. Die Bekämpfung dieser beiden Schädlinge zeigte sich durch diese intensiven Maßnahmen erfolgreich. An dieser Stelle erwähne ich vor allem auch das Institut für Forstwissenschaften Eberswalde lobend, das uns in dieser Frage stets tatkräftig unterstützte. Im Jahre 1971 begannen wir mit der chemischen Bekämpfung des Adlerfarns. Es wurden 300 bis 400 Kilogramm Anforstan und 300 Kilogramm Sys-Omnidel pro Hektar verwandt, um damit die Kulturpflege für die ersten drei bis vier Jahre einzusparen. Eine solche Flächenvorbehandlung führte man im Herbst durch, um die Aufforstung im darauf folgenden Frühjahr vornehmen zu können.

Es stellte sich in den folgenden Jahren heraus, daß ein Teil der mit Fichte aufgeforsteten Flächen nicht den gewünschten Wuchserfolg aufwies, da viele Standorte dieser Holzart nicht zusagten. Aus diesem Grunde schoben dann schwere Raupen die Windwurfstubben von den mißlungenen Flächen herunter. Anschließend konnten die Pflugarbeiten einsetzen und die Aufforstung mit der Kiefer beginnen. Da viele Flächen eine starke Rohhumusdecke von mehr als zwanzig Zentimeter Stärke aufwiesen, wurde die Anwendung des alt bewährten Gelbensander Sanddeckverfahrens für ein gutes Gedeihen der Kiefernkulturen unumgänglich. So entstanden innerhalb von vier Jahren 110 Hektar Kiefernsaaten dieser Form, die fast ausnahmslos gut gelangen. Da der Wildbestand inzwischen stark zunahm, machte sich eine Einzäunung der Kulturen notwendig.

Als eine vorrangige Aufgabe, außer den Schwerpunkten Holzeinschlag, Walderneuerung und Forstschutz, mußte die Berücksichtigung der landeskulturellen Bedeutung des Waldes betrachtet werden. Viele Tausende von Urlaubern erholten sich jährlich in den Darßer Gemeinden und suchten auch somit Entspannung und Erleben in unserem Wald. Ein weit verzweigtes Wegenetz hielt man durch einen Autograder beziehungsweise andere Wegebautechniken instand. Durch Schüler aus Rostock ließ ich einen vier Kilometer langen Wanderweg, den so genannten Biebersteig, anlegen. Alle Wege, insgesamt 81 Kilometer, erhielten bestimmte Markierungen, die sich auch in den Wanderkarten wiederfanden. Viele Wegekreuzungen bekamen Wegweiser. Etliche Bänke luden zum Ausruhen ein. Besonders wertvolle und hübsche Wacholdergruppen wurden freigeschlagen. Laubbaumgruppen sowie einzelne Laubbäume blieben grundsätzlich an den Wanderwegen vom Holzeinschlag verschont. Seit 1970 erfolgten dann umfangreiche Meliorationsmaßnahmen auf dem Darß.

Den großen Schaden der Windwurf-Katastrophe, seine Ausmaße, führte eine von der Wissenschaft eingesetzte Kontrollgruppe ursächlich auch auf eine unzureichende Melioration zurück. Durch das verhältnismäßig hoch anstehende Grundwasser bildeten bisher alle Holzarten nur ein flachstreichendes Wurzelwerk aus. Dank der Unterstützung der Meliorationsgenossenschaft Barth erfolgte die Neuanlegung von Gräben, von insgesamt 22 Kilometern Länge, und die sich daraus ergebende Trockenlegung großer vernäßter Waldgebiete. Allerdings passierten auch Pannen, indem einige Gräben viel zu tief gezogen und somit unnötige Wasserabsenkungen vorgenommen wurden.
Bei all diesen vielen Arbeiten schlug die Gründung der Staatlichen Jagdwirtschaft Born wie eine Bombe ein. Aufgrund der 8. Durchführungsbestimmung zum Jagdgesetz vom 14.04.1962, in der es hieß: „Die oberste Jagdbehörde bestimmt die Einrichtung von Staatsjagdgebieten", wurde der Darß mit Wirkung vom 01.05.1970 zu einem solchen erklärt. Somit hauchte man der Jagdgesellschaft Darß ihr Leben aus. Eine neu gegründete Jagdgesellschaft Zingst nahm die Ausgebooteten (ca. 20 Jäger durften bleiben) auf. Ihre Jagdfläche, das Revier Zingst mit der dazu gehörigen Feldmark, gehörte allerdings zur Hoheit der Staatlichen Jagdwirtschaft Born. Der Hintergedanke von Berlin zeigte sich darin, daß nach Aussterben dieser Jagdgesellschaft (neue Mitglieder durfte man nicht aufnehmen) auch diese Fläche gänzlich der Staatlichen Jagdwirtschaft zufiel. So geschah

es dann auch nach einigen Jahren, allerdings ohne das “Aussterben” abzuwarten. Nach meiner Meinung befragt, ob ich die Leitung dieser Staatlichen Jagdwirtschaft übernehmen würde, stimmte ich zu, da ich auf keinen Fall den Darß, meine Heimat verlassen wollte. Hinzu kam, daß mich diese Aufgabe als leidenschaftlicher Jäger reizte. Ich konnte damals nicht ahnen, auf welche Sache ich mich einließ. Mit bitterem Beigeschmack nahm ich zur Kenntnis, daß ich jeglichen Kontakt mit meiner in Köln wohnenden Schwester Jenny - sie verließ den Darß schon vor der Gründung der Deutschen Demokratischen Republik - ab sofort abbrechen mußte.

Von 1905 bis 1918 regierte Prinz Eitel Friedrich als Jagdherr auf dem Darß. Während des Faschismus nutzten Göring, Himmler und andere hohe Nazis den Darß, um ihrer Jagdleidenschaft zu frönen. Bis 1989 dann Politbüromitglieder, Minister, Staatssekretäre und hohe Wirtschaftsfunktionäre vom In- und Ausland, die sich den Darß mit seinem hohen Wildbestand für die Jagd aussuchten. Alle Forstmeister des Darßes in diesem Jahrhundert sahen es als Hauptaufgabe, einen guten Wald aufzubauen, zu schützen und zu erhalten, doch wurden sie gleichzeitig als Erfüllungsgehilfen ausgenutzt, um den hohen Jagdherren ihre Jagdgelüste zu stillen. Das trifft sowohl für v. Raesfeld und Mueller als auch für mich zu. Wie meine Vorgänger mußte auch ich bestimmte Wege sperren, um einen geordneten Jagdbetrieb zu gewährleisten. Trotz der vielen Wegesperrungen - sie kamen allerdings auch dem vom Aussterben bedrohten Seeadler zugute - verblieben viele Kilometer Wanderwege für die Urlauber und Einheimischen.
Vergleicht man Wanderkarten aus der DDR-Zeit mit denen von vor 1945, erkennt man, daß damals weitaus weniger Wege für die Öffentlichkeit zur Verfügung standen. Bezeichnend ist der damals zwischen einem Bürger aus Prerow und dem Forstamt in Born geführte Briefwechsel:

11. September 1936

Sehr geehrter Herr Forstmeister Mueller!

Anschließend an das gestern gehabte Ferngespräch danke ich Ihnen nochmals, daß Sie die Angelegenheit der Benutzung eines verbotenen Weges, so wie sie war, als harmlos ansehen. Ich bin überzeugt, daß Sie die Benutzung von mir mit meinem Besuch nicht als Opposition ansehen. Mein Sohn hatte sich hier in Prerow kirchlich trauen lassen und war zu diesem Zweck mit einem von einem Bekannten ausgeliehenen Wagen am Dienstag hier gekommen unter Mitnahme einer Verwandten aus New York. Mit dieser Verwandten fuhren wir den normalen Weg nach Ahrenshoop. Da aber dieser Weg eine fast ununterbrochene Kette von Wasserlöchern aufwies, wollten wir dies rückwärts gerne umgehen und bogen bei Drei Eichen ab. Unterwegs benutzten wir einen Seitenweg zu einem Spaziergang, und da ereilte uns bei diesem unser Schicksal. Es wäre meinem Sohn auch recht unangenehm gewesen, wenn dem Hamburger Besitzer des Wagens für seine Liebenswürdigkeit des Ausleihens auch noch ein Strafmandat zugeflogen wäre. Darf ich nun nochmals freundlichst bitten, mir einen Ausweis auszustellen, daß meine Frau und ich die Waldwege zu Spaziergängen benutzen dürfen. Ich bin jetzt leider berufsmäßig nicht mehr tätig, und wir haben den Wunsch, den Wald in seinen Schönheiten kennenzulernen.

Vielen Dank im voraus

Ihr ergebener H.H.
Prerow
Der preußische Forstmeister
Forstamt Darß

Born/Darß, den 21.01.1937

Herrn
H.H.

Prerow

Sehr geehrter Herr H.!

Mit großem Bedauern sehe ich aus Ihrem Brief, daß Sie durch Mißverständnis Unbequemlichkeiten gehabt haben. Ich bedauere dies lebhaft, bin aber schuldlos, da die bei ihnen vorgesehenen Herren SS-Obergruppenführer Prützmann und SS-Standartenführer v. Allwensleben ausblieben und erst später von ihrem Nichtkommenkönnen Nachricht gaben. Andererseits hatte ich ausrichten lassen, daß die Herren vorerst nicht kämen und wollte diese Mitteilung so verstanden haben, daß ich vor Eintreffen Sie noch informierte. Ehe ich einen Schein ausstelle, bitte ich Sie mir zunächst die Erklärung abzugeben, daß Sie für sich und Ihre Frau auf jeden Schadenersatzanspruch gegen den Staat verzichten, der durch Beschädigung Ihrer oder Ihrer Frau Person eventuell vorkommt (sei es durch abirrende Geschosse bei der Jagdausübung, sei es durch Unglück bei der Holzfällung, sei es vor allem auch durch heimisches oder ausgesetztes Wild).

Heil Hitler!

Mueller
Forstmeister

24. Januar 1937

Herrn Forstmeister Mueller, Born.

Sehr geehrter Herr Forstmeister Mueller!

Ich danke Ihnen für Ihr freundliches Schreiben vom 24. und gebe Ihnen nachstehend die zur Erlangung eines Erlaubnisscheines für meine Frau und mich, den Wald in allen seinen Teilen aufsuchen zu dürfen, nachstehende gewünschte Erklärung ab:

Ich verzichte auf jeden Schadenersatz durch den Staat aus eventuellen Beschädigungen meiner und meiner Frau Person (sei es durch abirrende Geschosse bei der Jagdausübung, sei es durch Unglück bei der Holzfällung, sei es vor allem auch durch heimisches oder ausgesetztes Wild) die durch die Benutzung nicht ausdrücklich freigegebener Waldesteile verursacht werden könnten.

In der Annahme, daß dies so recht ist, sehe ich der Zusendung des Berechtigungsscheines gerne entgegen.
Dank im voraus.

Mit freundlichen Gruß
und Heil Hitler!

H.H.

Da sämtliche Waldwege auf dem Darß für motorisierte Fahrzeuge gesperrt waren, ließ ich große Aufmerksamkeit walten, daß dieses Verbot auch strikt eingehalten wurde. Während Wanderer auf gesperrten Wegen nur eine Ermahnung erhielten, zukünftig die Wanderwege zu benutzen, bekamen die Fahrzeugführer eine gebührenpflichtige Verwarnung, meistens in Höhe von zehn Mark. Es passierte verhältnismäßig selten, daß Unbefugte mit motorisierten Fahrzeugen in den Wald fuhren.

Der DDR-Staat scheute vor den hohen finanziellen Ausgaben in den Staatjagdgebieten nicht zurück. Speziell auf dem Darß mußten wir viele Wildäcker und Kirrungen anlegen, Fütterungen und Hochsitze bauen. Auch geeignete Hunde, wie Deutsch-Drahthaar und Terrier, wurden eingekauft. Fünfundzwanzig Arbeitskräfte erledigten diese Aufgaben, während sich ca. siebzig Forstarbeiter beziehungsweise Forstarbeiterinnen mit dem Holzeinschlag, der Aufforstung, der Waldpflege und dem Forstschutz, in den sechs zur Staatlichen Jagdwirtschaft zählenden Forstrevieren, mit einer jeweiligen Größe von ca. 1.200 Hektar, beschäftigten. In der Verwaltung saßen außer mir noch fünf Angestellte, ein Stellvertreter für Jagdwirtschaft, ein Stellvertreter für Waldbau, eine Buchhalterin, eine Sachbearbeiterin und eine Sekretärin. Die Revierförster verdienten im Durchschnitt 800 Mark Netto. Mein Gehalt betrug ca. 1.200 Mark. Die Durchschnittslöhne der Arbeiter lagen bei 800 Mark und die der LKW-Fahrer in dem zentralen Fuhrpark des Staatlichen Forstwirtschaftsbetriebes teilweise weit über 1.000 Mark.

Lagen die Kosten für die jagdlichen Aufgaben Anfang der 70er Jahre noch bei 500.000 Mark und die Einnahmen bei 100.000 Mark, wurden Ende der 80er Jahre 1,8 Millionen ausgegeben und ca. 350.000 Mark Einnahmen erzielt. Hinzu kamen die jährlichen Investitionen für den Ankauf von Fahrzeugen, landwirtschaftlichen Maschinen und anderes mehr in durchschnittlicher Höhe von 80.000 Mark. Im Laufe der Zeit fuhren in der Staatlichen Jagdwirtschaft Born 2 Lkw, 3 Traktoren, 5 Geländewagen und 6 Pkw; außerdem landwirtschaftliche Maschinen wie Pflüge, Sämaschinen, Eggen,

Walzen, ein Wegehobler, Grabenbagger und 2 Förderkräne. Die Staatliche Jagdwirtschaft Born verfügte über ca. 40 Waffen, wie Bockbüchsen, Repetierer, Drillinge und Flinten. Davon befanden sich 6 Gewehre zentral bei mir, die restlichen bei den Revierförstern. Sie dienten in erster Linie für die im Revier verbliebenen Jäger. Die zentral gelagerten Waffen blieben den meist ausländischen Jagdgästen vorbehalten, da diese selten eigene mitbrachten.

Obgleich überall in der Wirtschaft gespart wurde, mußten die Jagdgäste für Unterkunft und Verpflegung sowie die Trophäen, die sie mit nach Hause nahmen, keinen Pfennig zahlen. Alle hierdurch entstandenen Unkosten trug die Staatliche Jagdwirtschaft, somit letzten Endes der DDR-Staat. Durften anfangs der 70er Jahre nur Politbüromitglieder und Mitglieder des Ministerrates zur Jagd auf den Darß fahren, wurde der Personenkreis dann bald erweitert, so daß auch andere Minister, Staatssekretäre, hohe Wirtschaftsfunktionäre und Bürger, die sich durch hohe Leistungen in der DDR verdient machten, in den Genuß der Jagd auf dem Darß kommen konnten. In Dierhagen, einem Ort unmittelbar an der Ostsee gelegen, verbrachten viele ausländische Gäste, darunter viele Jäger, ihren Urlaub in dem Gästehaus des Ministerrates. So tauchten immer mehr Jagdgäste aus vielen Ländern bei mir auf, so unter anderem aus der Sowjetunion, aus Polen, CSSR, Ungarn, Bulgarien, Belgien, Kuba, Angola und Österreich. Auch aus der BRD kamen Wirtschaftsbosse, die mit der DDR Handel trieben, zur Jagd - obgleich ich keinen Westkontakt haben durfte und man mir nicht einmal den Briefwechsel mit meiner Schwester erlaubte. So kam im Durchschnitt jeden zweiten, spätestens dritten Tag ein Gast, oftmals sogar mehrere, zur Jagd. Die Einweisungen erfolgten grundsätzlich durch meine vorgesetzte Dienststelle, das Ministerium für Land- und Forstwirtschaft, entweder in schriftlicher oder mündlicher Form. Ich bekam gleichzeitig Nachricht über die Dauer des Jagdeinsatzes, die

Art, Anzahl und Güte des zu schießenden Wildes, der Jagdgast aber ahnte nichts davon. So kam jeder Jäger angereist im Glauben, er könne den stärksten Hirsch, Bock oder ältesten Keiler strecken. In Berlin wollte man verhindern, daß jemand vom anderen wußte, welche Genehmigung er erhielt, denn der Jagdneid unter diesen hohen Funktionären blühte grenzenlos. Daher hielt sich der Minister für Land- und Forstwirtschaft, der für die Genehmigungen verantwortlich zeichnete, aus diesem Gefecht heraus. Ich erinnere mich, daß ich mehrmals die Anweisung von Berlin bekam, aufzupassen, daß sich die beiden zur Zeit eingewiesenen Gäste ja nicht nach der Jagd begegnen. Sie sollten nicht erfahren, wie die jagdliche Beute von dem anderen ausfiel. Mehrmals zwang man mich somit, kurz vor unserem Wirtschaftshof in einen Seitenweg hineinzufahren, um erst mal per Fuß zu kontrollieren, ob nicht schon der Jagdbegleiter mit dem anderen Gast ihr geschossenes Wild abluden. Erst als die Luft rein war, fuhr ich dann zum Kühlraum, um dort schnell das gestreckte Stück hineinzuschieben. Das Führen der Gäste verlangte von uns viel Einfühlungsvermögen, Jagdgeschicklichkeit, gutes Wissen, Reaktionsvermögen und hohe Disziplin.

Da jeder angereiste Gast aufgrund seiner hohen Funktion viele Privilegien besaß und dementsprechend überall Vorteile genoß, glaubte er, auch diese auf der Jagd entsprechend auskosten zu können. Man mußte daher zum Beispiel verstehen, dem Gast geschickt beizubringen, daß er hier nur nach den in der Staatlichen Jagdwirtschaft herrschenden Bestimmungen jagen konnte. So durfte kein Gast alleine auf Pirsch oder zur Ansitzjagd gehen. Grundsätzlich teilte ich ihm seinen Jagdbegleiter zu. Das Aufbrechen des Wildes durfte vom Gast nicht vorgenommen werden, so die Anweisung von Berlin. Hätte sich der Leiter der Staatlichen Jagdwirtschaft oder der Revierförster durch ein krankes Stück Wild infiziert, wäre das eben das kleinere Übel. Die meisten

Schützen versorgten in ihrem Leben noch kein Stück. Sie besaßen zwar alle eine Jagderlaubnis, aber auf welche Art und Weise sie diese erwarben, entzieht sich meiner Kenntnis.

Ich mußte dem Gast auch oftmals schonend beibringen, warum die Notwendigkeit bestand, diesen oder jenen Weg zu Fuß zurückzulegen und nicht mit dem Wagen zu dicht an den Jagdort heranzufahren. Auch die Mentalität der Gäste mußten wir beachten. Einige erzählten oder rauchten gerne auf dem Hochsitz, andere verließen den Sitz, um noch mal schnell aus der Hose zu gehen. Ich führte zum Beispiel etliche Male einen Minister, der grundsätzlich auf der Jagd die Notdurft verrichten mußte. Eigenartig, sobald er den Hochsitz wieder bestieg, kam auch das Wild angezogen. Zur Jagdgeschicklichkeit gehörte unter anderem auch dazu, den Gast geräuschlos auf den Hochsitz zu bringen oder mit ihm lautlos an das zu streckende Wild heranzukommen. Gewohnt, immer von der Kanzel zu schießen, konnten die wenigsten vernünftig pirschen.

Ein gutes Wissen sowohl in politischer als auch fachlicher Hinsicht gehörte zu unserem Handwerk. Ich saß oftmals auf dem Hochsitz mit dem Politbüromitglied Alfred Neumann. Grundsätzlich knüpfte er mit mir, nachdem er sich nach meinem Befinden und dem der Familie erkundigte, ein politisches Gespräch an. Peinlich wäre es für mich gewesen, nicht vorher die Tagespresse gelesen zu haben, um hier mitreden zu können. Einige Jagdgäste kannten unsere Jagdzeitung oder beschäftigten sich mit den forstlichen Aufgaben. Auch hier war es notwendig, auf gestellte Fragen die richtige fachliche Antwort zu geben, beziehungsweise die eigene Meinung zu vertreten. Wir mußten auch ein gutes Reaktionsvermögen besitzen. Da der Gast in vielen Fällen nicht wußte, welchen Hirsch, Rehbock oder Keiler er schießen durfte, mußte der Jagdbegleiter schnell reagieren, wenn womöglich ein stärkeres Stück als geplant auf die Fläche trat. Oftmals klappte die Notlüge, das Stück sei noch zu jung; oder reichte die Zeit zum plötzlichen Aufbruch nicht aus, um angeblich einen besseren Hochsitz zu besetzen, da hier wahrscheinlich kein Wild mehr kommen würde, konnte insofern noch die Notbremse gezogen werden, als das man mit dem Taschentuch winkte (dieses geschah natürlich hinter dem Rücken des Gastes) und somit das Wild, das nicht zum Abschuß stand, vergrämte. Diese Methode wagte ich allerdings nicht bei Politbüromitgliedern, die ausschließlich nur ich führen durfte, anzuwenden. Das Risiko wäre wohl doch zu groß gewesen, zumal ihre Begleiter, ausnahmslos Staatssicherheitsoffiziere, entweder mit auf dem Hochsitz oder in der Nähe saßen. Es gelang mir allerdings auch, daß sie in einigen Fällen, trotz ihrer Dienstanweisung, sich immer in der Nähe ihres Chefs aufzuhalten, in meiner Dienststelle verblieben und dort Karten spielten.

Ich erinnere mich an keinen Fall, in dem ein Gast ohne meine Einwilligung schoß. Ein Jäger beschwerte sich einmal, daß ihn der begleitende Revierförster schon mehrmals nicht schießen ließ, da verschiedene Rehböcke angeblich zu jung gewesen wären. Er durfte die Böcke nicht erlegen, da er keinen der Klasse 1 frei hatte. Berlin hielt ihn im Glauben, auch stärkere schießen zu dürfen. Die Wahrheit konnte ich ihm allerdings nicht erzählen, da ich sonst mit meiner Dienststelle angeeckt wäre. Ich kritisierte den betreffenden Revierförster, da er sich hierbei nicht taktisch klug benahm. Außerdem war ich gezwungen, dem Gast einem anderen Revierförster anzuvertrauen, da er ablehnte, mit dem vorherigen noch weiter auf Jagd zu gehen. Schließlich gehörte auch eine gute Disziplin zu unserem Dienst.
Die meisten Gäste erschienen pünktlich zur Jagd. Das erforderte natürlich, daß auch derjenige, der ihn führen sollte, entsprechende Pünktlichkeit an den Tag legte. Hierzu gehörte ferner, die Einhaltung der Anzugsvorschrift und die Sau-

berkeit und Betriebssicherheit des betreffenden Fahrzeuges. Die Politbüromitglieder brachten ihre eigenen Geländewagen mit. Vor und während der Jagd durfte keiner meiner Leute Alkohol trinken. Saß man nach der Jagd gemeinsam beim Essen und Umtrunk, redeten oder antworteten die Revierförster nur dann, wenn sie von den Gästen angesprochen oder von mir aufgefordert wurden. Weilte mein Vorgesetzter von Berlin unter uns, hielt auch ich mich an die aufgestellten Diziplinregeln. Ich lernte in den vielen Jahren hohe Jagdgäste mit den verschiedensten Charakteren kennen, die aber alle von einer Idee beseelt waren: „Der Sozialismus siegt, wenn es auch Mängel und Schwächen gibt. Aber auch die werden wir meistern. Neben uns steht der große Bruder, die Sowjetunion!"

Diese Überzeugung vertrat auch ich, zumal ich das immer wieder aus dem Munde der Politbüromitglieder und Minister, die bei mir zur Jagd gingen, hörte. Hinzu kam noch, daß ich die strenge Anweisung von meiner vorgesetzten Dienststelle erhielt, weder einen Westsender zu hören, noch zu sehen. Ich hielt dieses strikt ein. Nicht deswegen, weil ich zu wenig Zivilcourage besaß oder mich sogar als Speichellecker betätigte, im Gegenteil: Ich kämpfte oft in meinem Leben, auch zur DDR-Zeit, für mein oder das Recht anderer, wodurch ich Nackenschläge einstecken mußte. Nein, es war die innere Einstellung zur sozialistischen Idee, meine Überzeugung, daß die vom Kapitalismus ausgestrahlten Sendungen nur die Köpfe unserer Menschen verwirren und uns vom eingeschlagenen Weg abbringen. Hinzu kam, daß ich den zur Jagd kommenden Politbüromitgliedern volles Vertrauen schenkte, die richtige Politik zu betreiben, da eine Reihe von ihnen selber von den Nazis in Gefängnissen oder sogar im KZ eingesperrt wurden. Aber alles das stellte sich als großer Irrtum heraus. Es bewahrheitet sich immer wieder: Wer blind nur einer Sache glaubt, erleidet Schiffbruch. Diktaturen werden immer dem Volk schaden und es ins Unglück stürzen. Nach der Wende kam ans Tageslicht, daß sogar im Politbüro nur Diktatur herrschte. Hier bestimmten in erster Linie Honecker, Mielke, Mittag und letzten Endes nur Honecker. Alle kritischen Bemerkungen von anderen Politbüromitgliedern kehrten sie vom Tische. Die Volkskammer, das angeblich höchste Organ der Volksmacht, stimmte letzten Endes der von Honecker vorgegebenen Marschrichtung zu. Die überwiegende Mehrheit der Bevölkerung schenkte diesen Gremien bis Mitte der 80er Jahre das vollste Vertrauen. Alle Medien, wie Presse, Rundfunk und Fernsehen, führten den Menschen immer wieder vor Augen, welche Vorzüge sie in der DDR gegenüber der BRD hätten. In der Tat gaben sich die meisten damit zufrieden, daß sie arbeiten, billig einkaufen, wohnen und leben konnten. So stimmten zunächst die Grundbedingungen, um einigermaßen gut und sorglos leben zu können. Verheimlicht wurde, was allerdings in den letzten Jahren nicht mehr gelang, die immer schlechter werdende wirtschaftliche Lage. Die DDR geriet immer mehr in Schulden. Der Ruin ließ sich nicht mehr aufhalten. Ein mit dieser Politik geführtes Wirtschaftssystem mußte zwangsläufig zusammenbrechen.

Die Politbüromitglieder, die bei mir zur Jagd kamen, lernte ich nur von der einen Seite kennen. Niemand ließ durchblicken, daß Honecker ein Diktator sei. Ja einige traten bescheiden und volkstümlich auf.

Ich denke an Gerd Schürer von der Plankommission, der sich über jeden Jagdabend freute, auch wenn er nicht zu Schuß kam. Oder Alfred Neumann, über zwei Meter groß, viele Jahre von den Nazis eingesperrt, Zehnkämpfer auf der Olympiade 1936 in Berlin, der sich sehr gerne mit mir über forstliche Probleme unterhielt. Oft kam der Volkskammerpräsident Horst Sindermann, ebenfalls Politbüromitglied und jahrelanger Häftling bei den Nazis, zur Jagd. Ich werde nicht vergessen, wie ich ihn einmal auf eine Kanzel mitneh-

men wollte und die gequollene Tür sich nicht aufschließen ließ. Er antwortete nur: „Ist egal, es gibt ja noch mehr Hochsitze.” Hermann Axen, ein auffallend kleines Männchen, zeichnete im Politbüro für die Außenpolitik verantwortlich und führte viele Gespräche mit den führenden SPD-Genossen in der BRD. Er ging nur selten zur Jagd. Er freute sich mehr an dem Anblick des vor ihm stehenden Wildes, als daß er selber schoß. Wir saßen einmal auf der großen Buchhorster Maase, der größten Wiese des Darßes. Es zogen nach und nach ca. hundertfünfzig Stück Rotwild heraus. Er schaute begeistert durchs Glas und meinte: „So viele Tiere habe ich bisher nur in Afrika gesehen.” Auch jetzt schoß er nicht, mit der Begründung: „Schade wär's, wenn wir diesen Anblick stören würden.” Etliche Male unternahm ich mit ihm Waldwanderungen. Er fragte mich einmal: „Was werden die Borner bloß denken, daß dort am Bodden so ein großes Haus für mich gebaut wird. Selber überrascht, stand ich vor dem fertigen Bau, als ich den ersten Urlaub darin verbrachte. Außerdem gehört es mir nicht persönlich.” In der Tat, die Partei baute ihm ein wunderhübsches, herrlich am Wasser gelegenes Haus, das er zwei bis drei Mal im Jahr nutzte.
Mehrmals machte ich mit dem Politbüromitglied Gerhard Grüneberg Bekanntschaft. Mein Chef in Berlin, Leiter der Inspektion Staatsjagd, Oberstlandforstmeister Richter, warnte mich vor diesem Mann. „Du mußt auf sein Ohrläppchen achten. Wenn das rot anläuft, mußt du sofort mit der Diskussion aufhören. Er duldet dann keinen Widerspruch mehr.” Ich habe es stets beachtet. Grüneberg konnte Wodka in rauhen Mengen trinken, versuchte stets, sich nichts anmerken zu lassen. In vorgerückter Stunde ließ er keine andere Meinung als die von ihm geäußerte gelten. Wir saßen einmal auf einem Hochsitz, als ein Hirsch gezogen kam. Ich teilte sofort Grünebergs Meinung, der ihn auch als einen 2b-Hirsch ansprach, daß man diesen strecken sollte. Als er schoß, brach der Hirsch auf der Stelle zusammen und schlegelte. Ich flüsterte Grüneberg zu: „Sofort repetieren und

noch einmal schießen." Der aber antwortete: „Wo Grüneberg hinschießt, da wächst kein Gras mehr." Kaum ausgesprochen, da rappelte sich der Hirsch auch schon hoch und suchte das Weite. Die Kugel krellte nur. Den Beschossenen sahen wir nie wieder.
Grüneberg war verantwortlich für die Landwirtschaft in der DDR. Einzelwirtschaften gab es so gut wie nicht mehr. Er sorgte für eine Trennung zwischen Feld und Stall, so daß sich die Landwirtschaft in Produktionsgenossenschaften entweder mit Feldbau oder mit der Tierproduktion beschäftigte. Trotzdem standen sich die Bauern in den LPGen finanziell sehr gut. Grüneberg ließ auch in der Forstwirtschaft sinngemäß eine gleiche Arbeitsteilung durchführen, um eine höhere Arbeitsproduktivität zu erreichen. So wurde der Waldbau von der Holznutzung getrennt. Spezialbrigaden, ausgerüstet mit Fäll- und Rücketechnik, führten den Holzeinschlag von Revier zu Revier durch. Um deren Technik produktiv auszunutzen, wurden Großkahlschläge, oftmals über fünf Hektar, angelegt. Das zog natürlich wieder Monokulturen mit meistens reinen Nadelhölzern nach sich. Das Ziel möglichst einen naturnahen Wald aufzubauen, rückte dadurch immer mehr in die Ferne. Zu der Zeit stand eben die Massenproduktion von Holz im Vordergrund. Erst nach dem Tod von Grüneberg wurden auch bei uns in der Forstwirtschaft Korrekturen vorgenommen. Vorbei die Zeit der Großkahlschläge, Waldbau und Holznutzung kamen wieder in die Hand des Revierförsters.
Als ein undurchsichtiger Gast zeigte sich Günter Mittag, die rechte Hand von Honecker. Er ließ sich seine Getränke nur von seinen Bodyguards eingießen. Er begründete es damit, daß er schwer zuckerkrank sei und nur bestimmte Sachen trinken dürfe. Schießen konnte er sehr gut. Einmal saßen wir im so genannten Heidensee, eine ca. zwanzig Hektar große Schilffläche. Plötzlich zeigte sich ein Rehbock der Klasse 2b auf hundertfünfzig Meter Entfernung. Auch er sah ihn sofort und fragte: „Soll ich schießen?" „Das wird nicht klap-

pen, denn der steht vollkommen vom Rohr verdeckt. Nur der Hals ist frei." „Sie kennen meine sichere Hand nicht", antwortete er. „Wenn Sie meinen", erwiderte ich. Im stillen dachte ich: „Deine Überheblichkeit wirst du gleich selber spüren." Ich ließ ihn schießen. Sekunden später fiel der Schuß. Wie vom Blitz erschlagen, brach der Bock zusammen. Mittag trug ihm einen sauberen, sofort tödlichen Halsschuß an.

Oder ich denke an Werner Krolikowski, ebenfalls Politbüromitglied. Er reiste immer in guter Laune an. Ich werde nicht vergessen, wie er mit seiner Leibesfülle, er wog weit über zwei Zentner, die Nachsuche eines von ihm beschossenen alten Keilers mitmachte und das in finsterer Nacht. Ich habe diese aufregende Geschichte in meinem Buch "Wo Adler noch und Stürme jagen" näher beschrieben. Auch Krolikowski, er führte Tagebuch, konnte sich mit seiner oftmals gegenteiligen Meinung bei Honecker nicht durchsetzen.

In dem Buch "Tatort Politbüro" von Peter Przybylski, Pressesprecher des Generalstaatsanwaltes in der DDR, werden unter anderem Meinungen von Krolikowski, die er in einer Notiz in einem Gespräch zwischen Willi Stoph, Ministerpräsident, und Erich Mielke, Chef der Staatssicherheit, am 13.11.1980 niedergeschrieben hat, veröffentlicht: „Er (Honecker) macht alles nur noch im Komplott mit G. M. (Günter Mittag). Auch zur Jagd fährt er meist mit G. M. allein. Mielke ist nur noch zur Jagd eingeladen, wenn Abrassimow eingeladen ist." An einer anderen Stelle heißt es: „Die Lage im PB (Politbüro) hat sich in den letzten Monaten in keinerlei Hinsicht zum Guten geändert. E. H. (Erich Honecker) schaltet und waltet wie er will. Es gibt keine echte Kollektivität. Er führt keine Problemdiskussionen durch. Ehrliche Analysen über die innere Lage in der DDR mit entsprechenden Schlußfolgerungen werden schon jahrelang im PB nicht mehr behandelt. Auch nicht zum Gegenstand einer kollektiven Aussprache und Beschlußfassung gemacht. Wenn sich im PB der Keim einer anderen Meinung zeigt, wird er bereits übergangen oder zurückgewiesen. Praktisch arbeitet das PB unter dem Druck von E. H., dessen Alleinmeinung in allen Fragen und Belangen durchgesetzt wird. Die Mehrheit der Mitglieder und Kandidaten des PB redet ihm zum Munde und erweckt den Anschein, daß sie mit der Handlungsweise von E. H. recht zufrieden ist, obwohl davon ausgegangen werden muß, daß die Mehrheit des PB zugleich durchschaut und auch die Gefahren übersieht, die daraus entstehen. Aber von keinem wird etwas dagegen gesagt, bzw. etwas dagegen getan. Die preußische Disziplin und Liebedienerei feiert im PB jeden Tag neue Triumphe."

Als angenehmer Gast zeigte sich Paul Strauß, Staatsratsmitglied. Er erwarb sich große Verdienste um die Plattenmethode beim Wohnungsbau. Er erzählte oft von den Staatsratssitzungen. Er schwärmte von Honecker, der auch hier Vorsitzender war und auch in erster Linie das Sagen hatte. Die Vorsitzenden aller Parteien von CDU, LDPD, NDPD und Bauernpartei besaßen die Mitgliedschaft im Staatsrat. Sie erkannten alle die führende Rolle der SED an und zeigten sich somit auch Honecker hörig. Entsprechend war ihre Politik bis hinunter zu ihren kleinsten Parteizellen ausgerichtet, nämlich den DDR-Staat bestmöglich zu stärken und die Politik der SED zu unterstützen. Ich selber hielt fast dreißig Jahre den Vorsitz der Nationalen Front in Born, in der sich ebenfalls alle Blockparteien vereinten. Die Nationale Front stellte sich die Aufgabe, die von der SED beschlossenen Maßnahmen ideologisch in die Köpfe der Menschen hineinzutragen, die Bevölkerung aufzurufen mit Hand anzulegen, um die Lebensbedingungen in der DDR im Rahmen des NAW (Nationales Aufbauwerk) zu verbessern.
So wurden Dank des Fleißes der Bevölkerung in der Gemeinde Born, Ähnliches passierte fast in allen Dörfern und Städten der DDR, eine Buswartehalle gebaut, zentrale Wasserleitungen gelegt, Renovierungen von Schulen vorgenommen, Säuberungsaktionen im Dorf durchgeführt, Parkplätze

geschaffen, Parks angelegt, beim Aufbereiten des Windwurfholzes geholfen, Hand angelegt bei Pflanzungen im Walde und dergleichen mehr. Alle diese Arbeiten führten die Einwohner kostenlos durch. Alles dieses passierte nicht mit Zwang. Die Menschen kamen freiwillig und arbeiteten im Bewußtsein, einen guten Beitrag für die Verbesserung ihrer Lebensbedingungen zu leisten. So sah man auch mich oftmals mit gutem Beispiel vorangehen, indem ich körperliche Arbeit bei diesen aufgezählten Maßnahmen verrichtete, zu denen ich mich auch heute noch bekenne.

Ich werde nie vergessen, als ich einmal als Vorsitzender der Nationalen Front die Bevölkerung aufrief, beim Bau einer Freilichtbühne freiwillig mitzuhelfen. Diesen Bau wollten wir am Rande des an der Oberförsterei liegenden Parks bauen. Ich suchte eine sich hierfür anbietende freie Fläche aus. Es mußte lediglich eine größere Kiefer gefällt werden, um genügend Sitzfläche zu erhalten.
Der Forstarbeiter S., ein versierter und tüchtiger Forstarbeiter, führte mit einem seiner Kollegen die Fällung durch. Er machte den Vorschlag, um dem Baum eine einwandfreie Fallrichtung zu geben - er sollte auf keinen Fall auf die sich bereits im Rohbau befindliche Freilichtbühne stürzen - am oberen Drittel des Kiefernstammes ein Seil anzubringen, an dem Männer dann den Baum in die gewünschte Richtung ziehen sollten. Wer aber sollte das Seil dort oben anbringen? Da meldete sich auch schon unser Dorffriseur, Helmut Penk. Er kletterte wie ein Affe behende den Stamm hinauf und fing an, das Seil um den Schaft zu schlingen, der Forstarbeiter S. machte sich indes an dem Baum zu schaffen, um mit der Axt den Fallkerb der bereits angesägten Kiefer zu vergrößern. Da passierte es auch schon. Der Baum fing an, sich zu neigen und zu drehen. Der oben sitzende Friseurmeister machte die Drehung mit und sauste nun, sich an einem Ast festklammernd, mit in die Tiefe. Die Kiefer fiel zum Glück auf ihre langen seitlichen Äste, die ihn vor dem Aufschlagen auf

die Erde bewahrten. Der Figaro kam aus dem Geäst gekrochen und ging torkelnd und kreideblaß von dannen, die Nase voll von diesem Vorhaben. Die fertig gebaute Freilichtbühne wurde dann bald mit dem Auftritt von Bärbel Wachholz eingeweiht, einer damals in der DDR bekannten Sängerin, deren Lieder auch heute noch ab und zu im Rundfunk und Fernsehen zu hören sind.

Auch mit Markus Wolf, dem höchsten Spionagechef der Staatssicherheit, kam ich einmal in Berührung. Er sollte auf Anweisung von Berlin einen guten Rehbock schießen. Wir saßen auf dem Nordsitz, am so genannten Salzstein bei Wieck. Eine gute Stunde saß Wolf regungslos neben mir, ohne sichtlich den Kopf zu bewegen und ohne mit mir ein Wort zu wechseln. Als dann endlich der ihm zugedachte Bock auf die Wiese heraustrat und ich Wolf zunickte, er dürfe schießen, kam etwas Leben in ihn. Er schob sehr vorsichtig seine Büchse auf die Hochsitzbrüstung, zielte, und schon brach der Schuß. Der Bock machte ein paar Fluchten und blieb verendet liegen. Ich streckte ihm die Hand entgegen und sagte freudig: „Waidmanns Heil." Er erwiderte nur kurz „Waidmanns Dank", ohne Freude zu zeigen. Am Stück angekommen, lobte ich den guten Blattschuß und erklärte ihm, daß er sogar einen alten Bronzemedaillenbock erlegt habe, was ihn aber nicht sichtlich berührte, denn er verzog nicht eine Miene. Ich dachte nur im stillen, „was sollst du dazu sagen." Jeder andere hätte sich ein Loch in den Bauch gefreut, eine solche Trophäe vom Darß mit nach Hause nehmen zu dürfen.

So könnte ich noch von vielen Jagdgästen erzählen.
Ich erinnere mich zum Beispiel noch an eine folgende Geschichte: Kurz nach der Gründung der Staatlichen Jagdwirtschaft tauchte die erste Jagddelegation auf. Der damalige Minister für Schwermaschinenbau, Gerhard Zimmermann, brachte unter anderem seinen sowjetischen Ministerkollegen

zur Jagd mit. Bei einer solchen Delegation, so stellte ich später immer wieder fest, hängten sich sofort Vertreter vom Bezirk und vom Kreis mit ein, so daß wir im Nu fünfzehn bis zwanzig Personen versorgen mußten. Ich, damals in der Vorbereitung eines solchen Jagdeinsatzes noch unerfahren, vergaß auf die Vollständigkeit der Jagdbekleidung des sowjetischen Ministers, den ich persönlich führen sollte, zu achten, so daß er anstatt mit Gummistiefeln mit Halbschuhen in den großen "Tschaika" stieg. Da wir im ersten Jahr noch über keine geeigneten Fahrzeuge verfügten, waren wir auf die der Gäste angewiesen. Dummerweise regnete es genau an diesem Abend. Ich mußte das Pirschen mit dem Gast schnell aufgeben, da er mir durch die Dolmetscherin sagen ließ, er habe nur Halbschuhe an und bereits nasse Füße. So spielte ich meinen letzten Trumpf aus, indem ich ihn an eine mit Mais beschickte Kirrung führte. Hier sah ich schon von weitem den mir bereits bekannten fünf- bis sechsjährigen Keiler. Ich blieb sofort stehen, zeigte mit dem Finger hin und flüsterte der Dolmetscherin zu: „Sagen Sie bitte dem Minister, auf achtzig Meter Entfernung steht ein Keiler, den er schießen kann. Wir müssen uns jetzt immer unter Deckung des vor uns stehenden Schirmes vorsichtig ranpirschen." Sie übersetzte und er nickte verständnisvoll. Es begann bereist zu dämmern. Am Schirm vorsichtig angekommen, übergab ich ihm die Waffe. Er zuckte mit den Schultern und gab mir zu verstehen, er sähe nichts. Ich schaute durchs Glas: Der Schwarzkittel stand nur fünfzig Meter vor uns und tat sich an den Maiskörnern gütlich. Mühevoll machte ich dem Minister klar, daß der Keiler vor ihm bräche. Daraufhin stellte er die Waffe an den Schirm, nahm seine Brille ab, putzte sie, sah durch das Fernglas und schüttelte erneut mit dem Kopf. Als ich ihn wiederum und nun auch durch die Dolmetscherin wissen ließ, daß wir uns nicht irrten, nahm er die Waffe und machte die Andeutung, daß ich selbst mein Glück versuchen möge. Ich schaute ihn entsetzt an und forderte ihn mit Nachdruck auf, doch endlich zu schießen. Er aber drehte sich um, zeigte Richtung seines Autos und trat somit den Rückzug an. Betroffen schaute ich die Dolmetscherin an. Sie flüsterte mir zu: „Der Minister ist Brillenträger. Er kann schlecht sehen, und von der Jagd hat er auch nicht viel Ahnung." Was sollte ich darauf antworten? Mir war klar, hier bahnten sich Jagdmethoden an, die ich mir erst noch verinnerlichen mußte. Ich drehte mich noch einmal zum Keiler um, der aber inzwischen verschwand. Die Geräusche des laut abgehenden Ministers vergrämten ihn wohl. Wir trafen uns mit den übrigen Jagdgästen anschließend an der Jagdhütte. Hier lagen drei Rehböcke auf dem Streckenplatz. Der sowjetische Minister machte aus seiner schlechten Stimmung keinen Hehl. Er zeigte auf seine aufgeweichten französischen Halbschuhe. Die Dolmetscherin sorgte sich sofort um ihn. Sie ließ sich eine Decke geben, die sie ihm um die unbeschuhten Füße wickelte. Als er dann noch während des Essens mehrmals nieste, warf sie ihm auch noch eine Decke um die Schultern und ließ ihn am Tisch so Platz nehmen, daß die aus dem Kamin strömenden Wärme seinen Rücken anstrahlte. Immer wieder kam er auf seine durchnäßten französischen Halbschuhe zu sprechen. Minister Zimmermann fragte ihn, warum er nicht geschossen habe. Da meinte er: „Worauf sollte ich denn schießen. Ich habe kein Wildschwein gesehen." Zum Glück bestätigte die Dolmetscherin das von uns Beobachtete. Ich ärgerte mich nun, nicht doch selbst geschossen zu haben. Dann hätte er sich an diesem Abend mit fremden Federn schmücken können und nichts über seine französischen Halbschuhe erzählen müssen.

Die verpatzte Jagd

In den ersten Jahren spielte sich das jagdliche Leben mit den Gästen noch in der alten Oberförsterei in Born ab. Meine beiden damaligen Hunde, ein Deutsch-Drahthaar und ein Langhaarteckel hielt ich in den von Forstmeister Mueller gebauten Zwingern. An dem Draht nagte der Zahn der Zeit schon gewaltig. So passierte es eines Nachts, daß sich meine Hunde durch den Maschendraht bissen und selbständig Hof und Park inspizierten. Auslauf gab es genügend. Alleine der über zwei Hektar große Park, einstmals von v. Raesfeld angelegt, mit Kiefern, Sitkafichten, Douglasien, Buchen, Linden, Eschen und Ilex bestanden, boten nicht nur für die Menschen, sondern auch für die Hunde viele interessante Dinge. Ab und zu versteckten sich Rehe in dem Brombeergestrüpp, oder Füchse legten ihren Bau in der Nähe des Teiches an. Am Ufer konnte man sogar den herrlich blau schimmernden Eisvogel beobachten. Im Mai sang im dichten Baumgeäst der Buchen der scheue Pirol sein Lied. Die hohen Sitkafichten am Rande des Parks nutzten gerne die Fischreiher als Schlafbäume.

Östlich des Parks, der sich bis an den Bodden hinzog, erstreckten sich weite Wiesen. Hier konnten sich die Jagdhunde so richtig auslaufen. Ich werde nicht vergessen, wie Cora, meine stämmige Deutsch-Drahthaarhündin einmal plötzlich in rasender Geschwindigkeit Richtung Dorfende Kuhlenbruch davonstürmte. Nach einigen Minuten sah ich sie mit einem herrlich schimmernden Italienerhahn zurückkommen. Sie griff ihn wahrscheinlich aus der einige hunderte Meter von uns weidenden Hühnerschar heraus und apportierte ihn mir stolz wie ein Spanier. Sie setzte sich auf die Hinterläufe und überließ mir das Tier, als ich „aus!" rief. Ich beschaute mir den Hahn. Er trug keine Bißwunde davon. Mit Freude nahm er auf, daß ich ihn hoch in die Lüfte warf, denn ich sah ihn anschließend mehr fliegen als laufen, um möglichst schnell wieder seine heimatlichen Gefilde zu erreichen. Cora konnte überhaupt gut laufen. Ich trainierte oft mit ihr. Einmal fuhr ich wieder mit dem Motorrad auf dem Linderweg, das Tempo langsam steigernd. Mein Hund lief brav neben mir, als er plötzlich seitlich in die Büsche sprang und auch schon wieder auftauchte. Ich dachte, ich sähe nicht richtig. Im Nu lief er wieder gehorsam neben dem Motorrad, im Fang einen Junghasen apportierend.

Aber in jener Nacht, in der sich die Hunde aus dem Zwinger selbständig machten, passierte etwas anderes. Der im Sekretärsgebäude wohnende Forstarbeiter Langhoff besaß viele Kaninchen. Meine beiden Hunde brachten es fertig, den Stall aufzubrechen und sechs Kaninchen zu töten. Ja, sie legten ihre Strecke sogar säuberlich auf den Rasen. Vielleicht wollten die Hunde das ihnen gewohnte Bild nach einer Jagd nachahmen. Ich konnte mich nur noch beim Nachbarn entschuldigen und den angestellten Schaden begleichen. Ansonsten bereitete mir Cora viel Freude bei den Nachsuchen. Ihr Leben wurde eines Tages auf einer Treibjagd ausgehaucht. Ein Keiler verletzte sie in einer Dickung dermaßen am Rückgrat, so daß sie sich davon nicht mehr erholen konnte. Dieser Ort im Revier Born heißt ihr zu Ehren heute noch die Cora-Dickung.

Die Wildaufbewahrung gestaltete sich anfangs noch sehr primitiv. Über einen geeigneten Kühlraum verfügten wir noch nicht. Das erlegte Wild wurde an der Talje am Scheunengiebel hochgezogen. Nach einer Treibjagd hingen einmal annähernd zwanzig Stück Schwarzwild am Giebel, als mehrere Bürger, darunter der Bürgermeister, sich den Streich erlaubten, ein Wildschwein von dieser Strecke abzuhängen und fortzuschaffen. Sie kamen zu ihrem Bedauern nicht auf ihre Kosten, denn es begann leider keine Suche nach diesem Schwarzkittel, da ich es gar nicht bemerkte. Nach zwei Tagen hängten die Diebe ihn wieder an die ursprüngliche Stelle zurück und beichteten es mir. Ich ließ Gnade vor Recht walten und wertete es nur als einen nicht gelungenen schlechten Scherz.

Es meldete sich wieder ein Jagdgast an. Ich wollte mich auf eine Kanzel am so genannten Kiepenbruch, wo früher die Wisente gefüttert wurden, zum Ansitz begeben, um einen Hirsch zu bestätigen, den der Gast an einem der nächsten Abende schießen sollte. Schon beim Hinaufklettern entdeckte ich ein Liebespärchen, das sich in dieser Kanzel sichtlich häuslich niederließ. Mit höflichen, aber bestimmten Bemerkungen verabschiedeten wir uns, und ich nahm auf der schon angewärmten Bank Platz.
Die Hirschbrunft begann schon vor kurzem. Die Sonne verschwand hinter den Wipfeln der hohen Kiefern. Die Amseln kündigten melodisch den hereinbrechenden Abend an. Ich richtete mich auf eine geraume Wartezeit ein, denn das Wild zog hier meistens spät auf die Wiese, da noch oftmals zur vorgerückter Stunde Strandgänger und Radfahrer den in der Nähe vorbeiführenden Wanderweg benutzten. Ich sah am Himmel einen Kondensstreifen eines Düsenflugzeuges.

Da mußte ich an eine erst kürzlich erlebte Flugreise denken. Wir kamen von Leipzig, als uns die Stewardess nach mehrmaligem Anflug auf Barth verkündete, daß wir nicht landen könnten, da unter uns ein schweres Gewitter tobe. Wir würden jetzt zur Insel Usedom fliegen und dort in Heringsdorf zwischenlanden. Hier erwartete uns schon ein Reisebus, der uns in eine in der Nähe liegende Gaststätte brachte. Heißhungrig stürzten sich die Fluggäste an die Theke und verschlangen die dargereichten Bockwürste. Der Kollege Oberförster Blaufuß verdrückte gleich zwei dieser prallen Würste, da sein Magen besonders knurrte und er großen Hunger verspürte. Nach über einer Stunde Aufenthalt, das Gewitter zog inzwischen auch über Usedom hinweg, starteten wir wieder. Die Sturmböen drückten unser kleines Flugzeug ab und zu dermaßen hoch und runter, so daß bei den Fluggästen komische Gefühle in der Magengegend einsetzten. Meinen Nebenmann, Oberförster Blaufuß, quälten jetzt wohl doch die heißhungrig verschlungenen zwei Bockwürste, denn ich merkte, daß er blaß wurde und sein mit Schweißtropfen benetztes Gesicht abwischte. Dann streckte er auch schon seine Hand nach vorne aus. Ich sah seinen Kopf förmlich in der Spucktüte verschwinden, als er auch schon seinen Magen leerte und dabei Laute wie von einem aufgeregten Truthahn ausstieß. Er ließ nicht locker. Auch das Letzte mußte raus. Ich dachte nur: „gut, daß du selber nur eine Bockwurst gegessen hast.” Hinter mir sah ich eine Dame, die von diesem Berg- und Tal-Flug ohnmächtig wurde. Schnell sprang die Stewardess helfend herbei. Ich schaute weiter in die Runde, fast überall nur spuckende Fluggäste entdeckend. Auch ich war heilfroh, als wir endlich auf dem Flughafen landeten. Der Sturm tobte noch dermaßen, daß wir uns gegenseitig festhielten, um die Halle zu erreichen. Hier standen schon wieder Fluggäste bereit, die mit der nächsten Maschine nach Berlin starten wollten. Ich dachte im stillen: „Viel Spaß beim Spucken!”

Herüberschallende Stimmen auf dem so genannten Müllerweg rissen mich aus meinen Gedanken. Mir war erneut bewußt, daß das Wild sich durch diese menschlichen Laute noch mehr verspäten würde. Da vernahm ich auch Motorengeräusche und Türengeknalle. Alles was sich dann abspielte, habe ich in meinem Buch "Wo Adler noch und Stürme jagen" noch näher beschrieben, als das jetzt in meinem Gedicht zum Ausdruck kommt:

Die verpatzte Jagd

Es dürfe wohl bekannt sein:
wenn der Hirschruf voll erschallt,
bleibt der Jäger niemals heim,
denn es zieht ihn in den Wald.
Ich ließ den Bürokram sein,
hier muß Vernunft nun walten:
setzte mich in' Wagen rein,
und war nicht mehr zu halten.

Und schnell einen Blick noch fix,
ich wollte nichts vermissen:
Ja, da lag das Glas, die Büchs,
der Mantel auf dem Kissen.
Die Patronen fehlten nicht,
im Schaft das Messer drinnen.
Auch die Stiefel heil und dicht,
so kann die Fahrt beginnen.

Laune gut, das Wetter schön:
heute werd'n die Hirsche schrei'n.
So wolle ich den Abend seh'n,
sollte ganz der meine sein.

Jetzt heißt es: sehr schnell sputen.
In die Kurve geht's ganz leicht.
Und so nach zehn Minuten
hatte ich das Ziel erreicht.

Mitten drin im Darßer Wald
ließ ich nun den Wagen steh'n.
Und so sah man mich bald
zu dem nächsten Hochsitz geh'n.
Auf 'ner Kanzel ist es schön.
Nicht nur Jäger meinen das:
Pärchen kann man oft auch seh'n.
Dort ist's schöner als im Gras.
Ich hatte es kaum gedacht,
sah ich besetzte Plätze.
Auf der Leiter schlich ich sacht,
und jetzt noch ein, zwei Sätze.
Ja, ich nichts anders wußte:
ich fluchte, schimpfte gräßlich.
Doch ich mir sagen mußte:
die Kleine war nicht häßlich!

„Verzeihung, für diesen Teil",
sagte er im Rückwärtsschritt.
„Ihnen wünsch' ich 'Waidmanns Heil'!",
doch das Mädel nahm er mit.
Oh, der Abend fängt gut an,
das dacht' ich nun im Sitzen.
Heute kommt kein Hirsch mehr ran,
kein Schwein, kein Reh mit Kitzen.

Plötzlich hör' ein Auto ich.
Es ist kaum zu glauben.
Meine Haare sträuben sich,
man will den Nerv mir rauben.

Die Wagentüren knallen.
Ich kann es kaum ertragen.
Man hört's im Walde schallen,
als wollt' man Wild verjagen.

Wieder klappten Türen zu,
und ein Motor heulte auf.
Weggefegt war meine Ruh'.
Ja, es stieg 'ne Wut herauf.
Der Wagen entfernte sich,
und eine Ruh' zog ein.
Jetzt war ich zuversichtlich,
doch der Abend brach schon rein.

Als ich dachte: jetzt wird's schön,
oh Schreck, ich hör' nicht richtig:
alles sollt' von vorne geh'n:
Geräusche klangen tüchtig.
Ich denke: Steig jetzt runter,
denn bevor es kommt zum Knall
-wahrscheinlich wird's noch bunter -
du mußt klären diesen Fall.

Dachte nach nun ärgerlich,
dabei kriegt' ich Gänsehaut:
Da haben sie sicherlich
dir deinen Wagen geklaut.
Die Leiter schnell nun runter.
Die Hirsche mußt' ich lassen.
Der Kopf ganz klar und munter:
die Diebe woll't ich fassen.

Dunkelheit bricht jetzt herein,
wie ich den Marsch antritt.
Was mag mit dem Wagen sein?
Immer schneller wird mein Schritt.

Als ich ankam, nein wie schön,
wie man sich doch irren kann:
Ja, der Wagen war zu seh'n,
und noch alle Räder dran.

Wie ich tret' nun näher ran,
ich dacht, es wär' mein Ende:
Einer brüllt mich laut da an:
„Verhaftet, hoch die Hände!"
Mir wurde bang und bänger.
Den Pulsschlag fühlt' ich tucken.
Das Herz verkrampft sich enger.
Ich mußt' nach Worten schlucken.

Und jetzt blitzschnell sagt ich mir:
Nun sei ein Mann, kein Affe!
Wilddiebe stehen hinter dir.
Gebrauche selbst die Waffe!
Und ganz plötzlich fuhr ich rum.
Ich erblaßte völlig schier:
Ja, ich guckte blöd' und dumm:
ein Soldat stand hinter mir.

Ach mir wurde leicht ums Herz,
denn es kann nicht anders sein:
sicher war's doch nur ein Scherz,
und gleich kommt da Licht herein.
„Was hab' ich denn verbrochen?"
fragte ich, „was ist gescheh'n?"
Ein zweiter kam gekrochen,
dunkel war's und er kaum zu seh'n.

Schnell holt' ich den Ausweis raus.
Doch er winkte ab und meint:
„Leider wird kein Schuh daraus:
sehr verdächtig, wie es scheint."

Und der zweite funkte nun
seinen großen Chef schnell an.
Ja, er läßt nicht eher ruh'n,
bis er an der Strippe dran.

Er meldet kurz und bündig:
„Von Erfolg gekrönt sind wir.
Wir haben den Mann nun endlich,
festgenommen ist er hier!"
„Festgenommen? Falscher Sinn!"
Ich protestiere sehr:
„Zu beweisen, wer ich bin,
ist für mich nicht allzu schwer!"

Doch der Posten blieb dabei:
„Die Ausweise kümmern nicht.
Ganz egal, gleich wie es sei,
alles kommt noch an das Tageslicht!"
Ich bekam dann nun Bescheid
- nein, die Stimme klang nicht rauh -
aus Prerow käm' gleich zu zweit:
ein Soldat mit'n ABV.

Plötzlich fing es nun zu regnen an.
Und ich sprach jetzt auf ihn ein:
ob ich im Auto warten kann?
Ja, ich würd' auch artig sein.
Der Soldat, der nickt mir zu.
Ich stieg nun in den Wagen.
Doch ich hatte keine Ruh:
man woll't mir an den Kragen.

Ich stellte mir die Frage
- es ging in den Sinn mir rein,
sehr komisch war die Lage - :
lachen oder wütend sein?

Nach ‘ner Stunde war’s so weit:
man sah zwei Lichter blitzen.
Heller wurd’ die Dunkelheit:
man sah was Kleines flitzen.

Wie herangefegter Wind,
oh, wahrhaftig, ich seh’ genau:
ja, es steigt heraus geschwind
der Prerower ABV.
Er grüßt freundlich und behend,
wie er tritt an mich heran.
Und schon er zum Posten rennt:
„Wo ist der gefangene Mann?”

Der Soldat, dienstbeflissen,
zeigt auf mich: „Da steht er doch!”
Erfolg wollt’ er nicht missen,
denn er sah mich schon im Loch.
Der Polizist, wütend fast,
nimmt mich nun voll auf’s Korn:
„Was, der soll bei uns in’ Knast?
Unser Forstmeister von Born?”

„Laßt den Unsinn!” sprach er nun,
„Helfen möcht’ ich, wo ich kann.
Ja, ich hab’ noch mehr zu tun!
Wo ist also nun der Mann?”
Doch der Posten blieb dabei.
Ich hätte mich benommen
verdächtig, gleich wie es sei,
und darum festgenommen.

Endlich klärte sich der Fall:
Einen gestohlenen Wagen
suchte man schon überall,
ja, seit einigen Tagen.

Da mein Auto hier nun stand,
so im Walde ganz allein.
Lag es doch auf leichter Hand,
das wird das geklaute sein.

Und der ABV nun spricht,
korrekt aus Kreisesmitte:
„Das wollten wir leider nicht.
Verzeihen Sie uns nun bitte!"
Ich sagte sehr gelassen,
ja, frei und auch besonnen:
„Ich möcht' zusammenfassen,
um jetzt zum Schluß zu kommen:

Die Soldaten waren gut,
Eifrigkeit man hier verspürt,
zeigten Tapferkeit und Mut,
der Befehl war ausgeführt!"
An die Jäger ich mich richt':
Ich möcht' rufen aus als Gruß,
als Moral von der Geschicht':
Mensch, als Jäger geh' zu Fuß!

Der Knochen im Aktenschrank

Die jährliche Trophäenschau auf der Landwirtschaftsausstellung in Leipzig, die wir Leiter der Staatsjagdgebiete ebenfalls besuchen mußten, zeigte einen Überblick über den Stand der Jagd in der DDR. Hier konnte man nur die Gold- und Silbermedaillentrophäen zeigen, denn die mit Bronze ausgezeichneten hätten keinen Platz mehr in der für die Jagd zur Verfügung gestellten riesigen Ausstellungshalle gefunden. Die vielen starken Trophäen, die von den zahlreichen Besuchern - auch vielen Nichtjägern - bewundert werden konnten, ließen Rückschlüsse auf eine gut organisierte, gepflegte und disziplinierte Jagd in der DDR ziehen. Die Hege und Pflege des Wildes stand im Mittelpunkt. Die Bewirtschaftungsrichtlinien für die einzelnen Wildarten wurden fast ausnahmslos strikt eingehalten. Trotzdem kam es in einigen Gebieten zu überhöhten Wildbeständen aufgrund von falschen Einschätzungen der Wildbestände und der nicht eingehaltenen Abschußziffern, insbesondere bei Rotwild. Besonders überhöhte Rotwildbestände traten in den Staatsjagdgebieten auf, so auch auf dem Darß. Mit Genehmigung von Berlin wirtschafteten wir mit vier- bis fünffacher Wilddichte. Wir konnten diesen Bestand halten, da wir dem Wild reichlich Wildäcker, Wildwiesen und zusätzliche Winterfütterung in Form von Mais, Hafer, Runkeln und Silage boten.

Anhand der jährlichen Trophäenausbeute maß Berlin unsere Arbeit. Von 1970 bis 1989 lagen 13 Silbermedaillen- und 36 Bronzemedaillenhirsche auf der Strecke. Den stärksten Hirsch mit 208 internationalen Punkten erlegte das damalige Politbüromitglied Minister Halbritter. Die Trophäe dieses ungeraden Sechzehnenders wies eine durchschnittliche Stangenlänge von 106 cm, einen Rosenumfang von 29 cm und 6,5 kg Geweihgewicht auf. Die oberen Stangenumfänge von durchschnittlich 15,7 cm, die unteren lagen bei 18,5 cm, imponierten sehr. Halbritter fiel später bei Honecker in Ungnade und mußte aus dem Politbüro ausscheiden. Ich selber wurde von Harry Tisch, Politbüromitglied und Vorsitzender des "Freien deutschen Gewerkschaftsbundes" kritisiert, da er selber gerne diesen Hirsch geschossen hätte.

Ferner erzielte man bei Damwild viermal Bronze-, bei Rehwild zweimal Gold-, zweimal Silber-, vier Bronze- und bei Schwarzwild zwei Silber- und vierzehn Bronzemedaillen. Pfiffige Jagdgäste stellten ihre Trophäen in Leipzig gar nicht aus und wenn, dann unter einem falschen Namen. Auch von Honecker, der in erster Linie in der Schorfheide jagte - auf dem Darß ist er zur Jagd nie gewesen - konnte ich keine Trophäen entdecken. Auch auf den Weltausstellungen in Budapest (Ungarn) und Plovdiv (Bulgarien), die ich besuchen durfte, tauchte sein Name nicht auf. Hier konnte man die stärksten Trophäen der Welt bewundern.

Ich betonte, daß die riesige Halle in Leipzig nicht ausgereicht hätte, um auch noch alle Bronzemedaillentrophäen ausstellen zu können. Es wurde also eine große Anzahl von Gold- und Silbermedaillentrophäen jährlich zur Schau gestellt. Trotzdem wirkten die stärksten Trophäen der DDR auf diesen Weltausstellungen gegenüber den besten der Welt wie Kinder zu Erwachsenen. An den Wänden protzten die Trophäen insbesondere aus Bulgarien, Ungarn und Jugoslawien. Hier wuchsen Hirsche heran, die optimale Lebensbedingungen und somit auch die besten Voraussetzungen für das Schieben eines starken Geweihes vorfanden, die begründet sind in dem mit viel Sonne versorgten Klima, in den guten Äsungsbedingungen durch die riesigen Laubwälder, Maisfelder und gute Wiesen sowie letzten Endes in den guten Umweltfaktoren. Das Wild braucht einen bestimmten Lebensraum, der nicht von der Zivilisation immer mehr eingeengt und ständig durch Menschen gestört wird. Trotz des verhältnismäßig schlechten Abschneidens unserer dort gezeigten Trophäen, unser stärkstes in Plovdiv gezeigtes Hirschgeweih rangierte noch hinter der achtzigsten Stelle im Weltmaßstab, konnte sich die DDR mit der BRD, die nur über wenige gute Trophäen verfügte, allemal messen.

Eines Tages erhielt ich von meinem damaligen Chef, dem Oberlandforstmeister Schotte, aus Berlin telefonisch den Auftrag, Gerhard Schürer, Kandidat des Politbüros und Vorsitzender der Staatlichen Planungskommission, zur Jagd einzuladen und ihn unbedingt zu Schuß zu bringen. Ich sollte mich im Gästehaus in Dierhagen anmelden, da er sich dort im Urlaub befände. Nach erfolgter Anmeldung empfing mich Schürer im Foyer des Gästeheimes. Ich stellte mich vor, erzählte ihm von den forstlichen Aufgaben auf dem Darß und von den vorhandenen Wildarten, um ihn allmählich seelisch auf die von mir für ihn geplante Jagd vorzubereiten. Als ich dann sagte: „Ich schlage vor, eine kleine Jagd auf dem Darß zu veranstalten", fing er an zu lachen und sagte: „Nein, ich besitze zwar die Jagderlaubnis, aber überhaupt keine Ambition und Erfahrung auf jagdlichem Gebiet. Ich würde mich bei Ihnen nur blamieren. Nein, schönen Dank für die Einladung, aber daraus wird nichts." Ich lenkte mein Gespräch sofort auf ein anderes Thema, um dann langsam wieder auf die ausgesprochene Einladung zurückzukommen.
Er wollte mir jetzt eine Zigarette anbieten, aber ich antwortete: „Danke, ich bin konsequenter Nichtraucher. Ich habe als Sechzehnjähriger auf der Penne die letzte Zigarette geraucht. Sport und Rauchen vertragen sich nicht gut." „Haben Sie Kinder? Rauchen die denn?" wollte er wissen. „Auch sie rauchen alle nicht. Als die beiden ältesten, Heino und Klaus, vierzehn Jahre alt waren, wettete ich mit ihnen: Wer es bis zum zwanzigsten Lebensjahr schafft, weder zu rauchen noch Alkohol zu trinken, der bekommt von mir hundert Mark. Der älteste, mit achtzehn Jahren auf der Offiziershochschule, schaffte es tatsächlich. Ich ließ mir von den Offizieren be-

stätigen, daß keine alkoholischen Getränke bei Heino beobachtet wurden. Ich mußte also hundert Mark an ihn zahlen, was ich natürlich gerne tat. Mein zweiter Sohn, Klaus, gestand, er habe kurz vor Ablauf des festgesetzten Termins dem Foppen seiner Mitschüler - er machte sein Abitur - nicht standgehalten und einige Biere getrunken. Aufgrund seiner Ehrlichkeit teilten wir uns die Prämie. Er studierte dann Forstwirtschaft und ist auch Nichtraucher geblieben. Mit unserem dritten Sohn, Uwe, wollte ich ebenfalls eine derartige Wette abschließen, aber dieser forderte eine höhere Geldprämie. Er meinte, die Preise seien inzwischen gestiegen, somit muß auch die Höhe der Prämie angehoben werden. Da ich nicht einwilligte, sprang unsere Tante Hedi ein: „Ich gebe hundert Mark dazu." Hiermit erklärte ich mich aber nicht einverstanden. Ich ließ die Wette fallen, zumal ich es auch interessant fand, einen Versuch anstellen zu können, ob auch eine Vorbildwirkung, Eltern als Nichtraucher zu haben, Einfluß auf Kinder ausüben würde. Uwe lud sich als Oberschüler Freunde zu einer Silvesterfeier auf sein Zimmer ein. Am nächsten Tag verspürte er den Versuch des Rauchens und des Alkoholgenusses von vorne und hinten, so daß er von Stund an keine Zigarette mehr anfaßte, was ihm später als Sportstudent zugute kam. Mit unserem Nachkömmling Jörg schloß ich auch keine Wette ab. Auch bei ihm hoffte ich es durch Vorbildwirkung zu schaffen. Ich wollte ja nicht, daß die Söhne Abstinenzler werden, denn ich bin auch kein Kind von Traurigkeit. Ich wollte nur erreichen, daß sie das schädliche Rauchen unterlassen." So wie es sich später herausstellte, blieb auch Jörg, der dann auch wie ich und Klaus vor ihm in Tharandt Forstwirtschaft studierte, Nichtraucher.

Nachdem ich den dritten Versuch startete, Schürer zur Jagd einzuladen, sagte er: „Ich merke schon, Sie haben von Ihrer Dienststelle den Auftrag, mich mit aller Gewalt zur Jagd zu bewegen. Gut ich werde kommen, aber nur Ihnen zuliebe." Der wahre Grund zu dieser Einladung lag darin begründet, daß die Inspektion Staatsjagd Kontingente für Fahrzeuge, Maschinen und andere Dinge brauchte, deren Genehmigungen über den Tisch von Schürer liefen. Beim Verabschieden fragte er: „Sie werden doch sicherlich nichts dagegen haben, wenn ich Kurt Stoph, den Bruder unseres Ministerpräsidenten Willi Stoph, zur Jagd mitbringe?" „Selbstverständlich nicht!" antwortete ich, heilfroh darüber, meinen Auftrag erfolgreich an den Mann gebracht zu haben. Am nächsten Tag trafen wir uns bei herrlichem Sonnenschein. Über Nacht fiel ein wenig Schnee, dies ermöglichte ein leichtes Abfährten. Ich ließ Otti Werner vorher mit dem Jeep die Abteilungen abfahren, um mich zu vergewissern, daß wir die richtigen Stellen für die Jagd aussuchten. Zwei meiner Söhne setzte ich als Helfer ein. Sie mußten einige Dickungen durchdrücken. Ich stellte mich neben Schürer, um ihm die notwendige Hilfestellung beim Schießen geben zu können. Wir hatten beide Pech. Bei uns ließ sich auch beim dritten Versuch kein Wild erblicken, während der von Otti Werner geführte Kurt Stoph bereits mehrmals schoß, aber nichts traf.

Jetzt meinte Schürer: „Wir wollen nun Schluß machen. Der herrliche Sonnentag und die frische Waldluft taten mir gut. Ich kam zwar nicht zum Schuß, aber ich erzählte Ihnen ja, daß ich kein Jäger bin." „Ich schlage vor", erwiderte ich, „wir machen den letzten Versuch. Ich habe das Gefühl, als solle es doch noch gelingen, daß Sie zumindest einmal schießen." Er schaute mich von der Seite an: „Na gut. Aber wirklich der letzte Versuch." Ich wies meine Söhne ein, die Abteilung 110 von West nach Ost durchzudrücken. Ich stand mit Schürer auf dem Nordweg, in der Nähe der Weberbuchen, zur linken Hand eine Lärchenkultur, zur rechten eine Kieferndickung. Plötzlich sah ich ein einzelnes Stück Rotwild flüchtig über die Kultur kommen. Schnell schaute ich durchs Glas und erkannte einen schlecht veranlagten Spießer. Ich flüsterte Schürer zu: „Dort von links kommt ein

Hirsch. Den können Sie schießen." Schon riß mein Gast den Karabiner hoch und zielte. Der Schuß brach. Ich rief: „Nachladen!" Als der Hirsch den Nordweg überfiel, hallte der zweite Schuß. Der Spießer verschwand in der Dickung. Schürer zitterte vor Aufregung am ganzen Körper. „Oh je, das ging zu schnell. Da konnte ich nicht treffen." „Wir werden sehen", beruhigte ich ihn. „Bei dem heutigen Schnee können wir gut überprüfen, ob der Hirsch die Kugel annahm." Schnell fanden wir die Fährte dort, wo er den Nordweg überfiel. „Schauen Sie!" rief ich erfreut. „Hier liegt Schweiß und gar nicht wenig." Ich sah nach links und konnte anhand der Schweißfährte erkennen, daß sie von dem ersten Schuß herrührte. Es war jetzt ein leichtes, der Fährte zu folgen. Den Hirsch fanden wir nach 80 Metern verendet in der Dickung. Die Freude vergrößerte sich, als mein Gast sogar zwei Blattschüsse entdeckte. Er umarmte mich vor Freude und meinte: „Wissen Sie, das ist mein erster Hirsch. Ich freue mich sehr." Und ich freute mich besonders darüber, daß auch die Trophäe, kaum zwanzig Zentimeter lange Spieße, seine Anerkennung fand, denn Schürer fragte: „Würden Sie mir die Spieße präparieren lassen? Mit ihnen wird zeitlebens eine schöne Erinnerung verknüpft sein." „Selbstverständlich", antwortete ich. „Ich fahre gleich nach Neujahr nach Berlin zurück. Sie können die Trophäe dem nächsten Jagdgast mitgeben."

Einige Wochen verstrichen, da standen Schürer und Bruno Lietz, damals für die Land- und Forstwirtschaft in der Plankommission verantwortlich und später unser Minister für Land- und Forstwirtschaft, bei mir in der Tür. „Na, du bist der Richtige", kritisierte mich Lietz sofort. „Du wolltest doch meinem Chef die Trophäe nach Berlin mitgeben!" Wohl rot und blaß zugleich, antwortete ich erschrocken: „Ich habe sie selbstverständlich mitgeschickt. Nur kann ich im Moment nicht sagen, wem ich sie in die Hand drückte. Hier sind inzwischen so viele Jagdgäste gewesen, daß mir der Name nicht sofort einfällt." Obgleich ich in meinem Gehirn umherkramte, blieb doch eine gewisse Gedankenlücke. Ich versprach, so schnell wie möglich diesen Fall aufzuklären. Schürer beruhigte mich: „Die Trophäe wird sich schon wieder anfinden."

Abends saß ich mit ihm auf dem Hochsitz in Abteilung 52. Es war wieder wie verhext. Kein Stück trat auf den Wildacker aus. Schuld gab ich dem wahrscheinlich umgesprungenen Wind, der jetzt in die vor uns liegende Dickung hineinblies. Vom Hochsitz herunter geklettert, wollte ich nun mit Schürer pirschen. Plötzlich sah ich vor uns auf hundert Meter Entfernung einen schlecht veranlagten Rotspießer stehen. Ich dachte: wenn wir den schießen, haben wir eine Ersatztrophäe für die verlorengegangene. „Sehen Sie dort", sagte ich leise, „da steht ein Spießer, den dürfen Sie schießen." Er nickte, nahm seine Waffe, lud sie schnell und bereitete sich zum Schießen vor. Der Spießer stand nach wie vor breit. Schürer zielte und ließ fliegen. Ich sah durchs Glas, daß der Hirsch von der Kugel keine Notiz nahm. „Noch mal schießen!" forderte ich ihn leise auf. Schnell lud er seine Repetierbüchse wieder durch, zielte diesmal länger und schoß erneut. Das gleiche Bild: unser Spießer stand wie angewurzelt und äugte. Als Schürer dann zum dritten Mal abdrückte und der Spießer immer noch verhoffte, rief er laut: „Das ist doch eine Attrappe, kein richtiger Hirsch!" Nach diesem lauten Ausruf ging der Hirsch trollend ab. Da rief Schürer: „Nein sowas. Das ist doch ein richtiger!" Ich führte Gerhard Schürer dann noch viele Male, erlebte aber nie wieder Fehlschüsse mit ihm. Nun leidenschaftlicher Jäger geworden, nahm er sich dann das Revier Neuheide als ständiges Jagdgebiet, so daß er in den letzten Jahren nur noch selten auf den Darß kam.
Nach dem Erlebnis mit der vermeintlichen Attrappe fragte Schürer am nächsten Morgen seinen persönlichen Referenten in der Stattlichen Plankommission: „Ist hier im Büro ei-

ne Trophäe für mich abgeliefert worden?" „Wie sieht so etwas aus?" „Kleine Spieße, auf einem Brett aufgesetzt." „Ach so!" sagte sein Mitarbeiter und öffnete eine Tür unten im Aktenschrank. „Ist es dies, was gesucht wird?" „Na ja, das ist die Trophäe", rief Schürer freudig aus. „Wie kommt die dort hin?" „Ach, da kam jemand mit angeschleppt. Ich wußte mit dem Knochen nichts anzufangen und habe ihn dort hinein gefeuert. Also quasi zu den Akten getan."

Der Kuckuck auf der Hutkrempe

Bevor die Staatliche Jagdwirtschaft Born gegründet wurde, gab es ein Wildforschungsgebiet für Rehwild in Zingst. Leiter dieses Gebietes war Prof. Dr. Dr. hc. Hans Stubbe, Biologe und Genetiker. Nach dem Studium der Landwirtschaft und Biologie in Berlin und Göttingen promovierte er 1929. Er widmete sich vorrangig genetischen Forschungen. Er war zunächst wissenschaftlicher Mitarbeiter der damaligen Kaiser-Wilhelm-Gesellschaft, dann als Direktor des Instituts für Kultur- und Pflanzenforschung in Wien tätig. Nach Zusammenbruch des Faschismus gründete er in Gatersleben bei Quedlinburg das Institut für Kultur- und Pflanzenforschung, die Keimzelle des später weltbekannten Zentralen Instituts für Genetik und Kulturpflanzenforschung der Akademie der Wissenschaften der DDR.

Zigtausende Pflanzensippen trug man hier in Gatersleben zusammen als Ausgangsmaterial für intensive Forschungen auf den verschiedensten Gebieten der Landwirtschaftswissenschaften. Es diente dem Ziel, alles so schnell wie möglich in der Praxis nutzbar zu machen. Hierfür setzte sich der parteilose Hans Stubbe verantwortungsvoll ein und hat sich hier auch einen Namen gemacht. Nicht zuletzt als Präsident, später Ehrenpräsident der Akademie der Landwirschaftswissenschaften (1951 bis 1968), als auswärtiges korrespondierendes oder Ehrenmitglied zahlreicher ausländischer Akademien. Prof. Stubbe wird aber auch als ein hervorragender Jagdwissenschaftler, begeisterter Jäger und Naturbeobachter geehrt. Er leitete die Arbeitsgemeinschaft für Jagd- und Wildforschung der Akademie für Landwirtschaftswissenschaften. Unter anderem beschäftigte er sich mit Versuchen der Kreuzung des europäischen mit dem sibirischen Rehwild. Prof. Stubbe erwarb sich Verdienste bei der künstlichen Aufzucht von Auerwild, einer in ganz Mitteleuropa gefährdeten Wildart. Durch seine wissenschaftlichen Arbeiten schuf er Grundlagen für eine moderne Wildbewirtschaftung in einem industrialisierten Land mit intensiver industriemäßig betriebener Landwirtschaft und einer entwickelten Forstwirtschaft. Er trug somit zur Ausarbeitung der Grundsätze und Rahmenrichtlinien für die Bewirtschaftung unserer Schalenwildarten bei.

Als Mitglied des Beirates der obersten Jagdbehörde war sein Ratschlag immer gefragt. Mit seinem Werk "Buch der Hege", dem wohl umfassendsten Handbuch auf dem Gebiet für Jagdwissenschaftler, Jäger und Forstleute, setzte er sich ein bleibendes Denkmal. Er verstarb 87jährig. Seine letzte Ruhe fand er auf dem Friedhof in Zingst. Ich selber begegnete ihm etliche Male. Wir trafen uns oftmals auf Treibjagden. Er zeichnete sich als ein gewandter und sicherer Schütze aus.

Wir feierten wieder einmal seinen Geburtstag auf seinem kleinen Landsitz in Zingst. Hier fühlte er sich wohl. Obgleich schon hochbetagt, betrieb er noch eine kleine Landwirtschaft und Obstbau. Das alles noch neben seinen vielen ehrenamtlichen Funktionen. Hinter seinem Haus genoß er den schönen Ausblick auf die Insel Großer Kirr mit dem herrlichen Vogelparadies. An den Geburtstagen trafen sich neben vielen Gästen von Wissenschaft und Wirtschaft auch Jäger aus seinem Bekanntenkreis. Nach einigen Gläsern Sekt und anderen Getränken, die von seiner charmanten Lebensgefährtin, Frau Prof. Thonke, kredenzt wurden, machten dann Jagderzählungen ihre Runde.
„Herr Forstmeister", so fing Prof. Stubbe mit mir ein neues Gespräch an, „Ihnen ist ja bekannt, daß ich im so genannten Freesenbruch und in der Ellerbeck, diesem Wald zwischen Prerow und Zingst, jagen darf, nachdem das Wildforschungsgebiet Zingst seit Gründung des Staatsjagdgebietes aufgelöst wurde. Ich möchte nun mein Jagdgebiet an die Staatliche Jagdwirtschaft Born zurückgeben." „Warum denn das?" fragte ich entrüstet. „Gefällt Ihnen das Revier nicht?"

„Doch schon. Wild ist auch genug vorhanden“, antwortete Stubbe. „Aber ich habe mich über das letzte Jagderlebnis so geärgert, daß ich das nicht mehr überwinde.“ „Was ist denn passiert?“ wollte ich wissen. „Nun gut, ich will es Ihnen erzählen. Aber ich bitte Sie, den Betreffenden verschont zu lassen. Ich bat einen erfahrenen Jäger, der mich meistens auf der Jagd begleitet und auch mein Jagdrevier betreut, für mich einen Hirsch zu bestätigen. Auf meine alten Tage wollte ich lediglich nur noch einen schießen. Dieser bräuchte kein starker zu sein, aber dafür ein recht alter. Bald darauf kam mein Revierverwalter und meldete mir, er hätte einen alten Hirsch ausgemacht. Der würde meinem Wunsch entsprechen. Wir saßen gemeinsam auf dem Hochsitz, da trat ein Hirsch heraus. Mein Nebenmann stieß mich an und forderte mich auf, zu schießen, denn vor uns stünde der Gesuchte. Ich backte an und ließ fliegen. Der Hirsch brach zusammen und verendete sofort. Wir traten an ihn heran. Enttäuscht meinte ich zu meinem Begleiter: ‚Ich bat doch extra darum, einen alten Hirsch zu schießen. Dieser hier ist doch noch viel zu jung, als daß man ihn schon strecken sollte.‘ Wissen Sie, was er darauf antwortete?“ „Nein“, erwiderte ich. „Er meinte nur: ‚Herr Professor. Wer hat denn geschossen, ich oder Sie?‘ Das ist doch wohl der Gipfel, meinen Sie nicht auch, Herr Forstmeister?“ Ich mußte ihm in moralischer Hinsicht recht geben, denn er verließ sich voll auf seinen Revierverwalter, obgleich jeder Schütze für seinen Schuß verantwortlich zeichnet.

„Wissen Sie auch“, so meinte ich zu Stubbe, um ihn auf ein anderes Thema zu bringen, „wie das Rotwild in den Zingster Osterwald kam?“ „Das weiß ich“, antwortete der Professor. „Bruno Kaiser, ein alter Forstarbeiter erzählte des öfteren davon. In den früheren Jahren gab es auf dem Ostzingst kein Rotwild. Erst 1937 wurde es eingebürgert. Forstmeister Mueller ließ auf dem Darß eine große Fanganlage für Rotwild bauen. Den gefangenen Hirschen sägte man, bevor sie auf Reisen gingen, zunächst die Geweihe ab. Am Anfang aber kamen drei Schmaltiere mit dem Pferdefuhrwerk an, die man ins vier Hektar große Eingewöhnungsgatter am Wiecker Weg aussetzte, aber nach einigen Tagen verendeten, da sie aus Unkenntnis zu große Mengen an Öl- und Leinkuchen sowie Hafer gefüttert bekamen. Auch die nächsten Versuche scheiterten, da sich die Tiere schon beim Transport tödliche Verletzungen zuzogen. Erst als Lkws von der damaligen FLAK aus Zingst den Transport übernahmen, klappte es. So brachten sie ohne Verluste die Stammeltern des heutigen Rotwildes des Osterwaldes in Kästen heran, einen Vierzehnender, vier Alt- und drei Schmaltiere. Nach zweijähriger Eingewöhnung entließ man sie im Herbst 1939 in die Freiheit. Kurz zuvor setzte ein Alttier ein Hirschkalb im Gatter. Aus dem Stralsunder Tierpark, geplagt von Futtersorgen, kamen noch drei Schmaltiere hinzu. 1944 konnte Bruno Kaiser, der sich in Frankreich als Soldat aufhielt und jetzt vierzehn Tage Heimaturlaub genoß, 38 Stück Rotwild in der Abteilung 369 beobachten." Ich kannte diese Vorgänge ebenfalls, da ich sie schon mehrmals aus dem Munde von Bruno Kaiser vernahm.

Vor einigen Jahren trug sich dann folgende Sache zu: Beim so genannten Westhof kam es während der Brunft zwischen einem Zwölf- und einem ungeraden Vierzehnender zu einem harten Zweikampf mit tödlichem Ausgang. Die Tiere verkämpften sich mit den Geweihen und kamen nicht wieder voneinander los. Man fand sie verendet im Chausseegraben. Ich ließ damals die Trophäen so verkämpft präparieren und über dem Kamin des Jagdzimmers in der Staatlichen Jagdwirtschaft Born aufhängen.
Aber jetzt möchte ich eine Geschichte erzählen, die auch auf Wahrheit beruht", rief ich nun in die Runde. Alle Geburtstagsgäste schauten mich erwartungsvoll an, neugierig, was ich wohl wieder zum besten geben würde. „Na!" meinte Frau Prof. Thonke, „das wird wohl wieder Jägerlatein sein!"

„So wahr, wie ich hier sitze, werde ich eine Sache erzählen, die zwar unglaublich klingt, aber auf Wahrheit beruht." „Legen Sie los", munterte mich Stubbe auf, „wir sind gespannt." „Einige von Ihnen", so fing ich an, „werden sicherlich Herrn Wiedemann kennen, einen tüchtigen leitenden Mitarbeiter im Volkseigenen Gut Zingst. Dieser rief mich an, ob ich damit einverstanden sei, einen jungen Rehbock mitten im Darßer Wald auszusetzen. Er habe diesen als Kitz vor dem Verbrennen am Außendeich gerettet, mit nach Hause genommen und gesund gepflegt. Da er nun anfing, seine Kräfte zu messen und störrisch zu werden, wollte Wiedemann sich doch lieber von ihm trennen, bevor ein Unglück passiere, zumal er auch kleine Kinder zu Hause hatte. Wir machten also einen Termin aus, nachdem ich die Einwilligung zum Aussetzen des Bockes gab. An dem vereinbarten Tag kam er von Zingst mit seinem Wagen angefahren, hinten auf dem Sitz der Rehbock, eingerahmt von den beiden Wiedemannschen Kindern. Ich fuhr nun voraus. Die anderen hinterher. Am so genannten 'Großen Stern' stiegen wir alle aus, auch der Bock sprang munter aus dem Wagen und äugte um sich. Zielgerichtet zog er auf eine Buche zu, das Laub an ihren herunterhängenden Zweigen lockte ihn regelrecht an. Wir beobachteten ihn eine geraume Zeit und stiegen dann in unsere Autos, um ihn in seiner neuen Heimat allein zu lassen. Der Bock entfernte sich voller Neugier so weit, daß er unser Verschwinden gar nicht bemerkte.

Vierzehn Tage später erhielt ich von Wiedemann einen Anruf, der ausgesetzte Rehbock befände sich quietschvergnügt wieder auf seinem Hof in Zingst. Jetzt frage ich Sie: Wie ist so etwas möglich?" „Wieviele Kilometer mußte der Bock zurücklegen, um seine Heimat wieder zu finden?" fragte mich jetzt einer aus der Runde. „Das waren rund achtzehn Kilometer, die er bewältigen mußte." Jetzt begann ein Rätselraten. Niemand fand eine Erklärung für dieses kuriose Tiererlebnis. Vor allen Dingen kannte dieser Bock weder den Darßer Wald noch das Umfeld der Darßer Dörfer, das es zu durchqueren galt. „Ich suchte damals", so erzählte ich weiter, „auch lange nach einer Lösung dieses Rätsels und kam dann zu folgendem Resultat, das zwar nicht hundertprozentig stimmen muß, aber einleuchtend ist. Als ich damals nach Born zog, fiel mir abends auf dem Hochsitz - und das immer bei Ostwind - oft ein eigenartiger Geruch auf. Ich erfuhr, daß dieser Duft vom Trockenwerk des Volkseigenen Gutes Zingst herrührte. Dieses anfängliche Geruchserlebnis fiel mir jetzt wieder ein. Der Rehbock, der Wind wehte in jenen Tagen auch wieder aus Richtung Osten, brauchte nur diesem, ihm von zu Hause her bekannten Duft entgegenzuziehen, um dann eines Tages wieder auf dem ihm vertrauten Hof zu stehen." „Darauf müssen wir einen trinken", meinte nun Professor Stubbe. „Ja, Rehe sind intelligente Tiere", bestätigte jemand. Alle lachten und gaben sich weiter der festlichen Stimmung hin.

„Wissen Sie noch", wandte ich mich jetzt an die Lebensgefährtin des Professors, „als Sie mich mal wegen eines Wildschweines anriefen?" „Na und ob", antwortete sie. Ich gab jetzt folgendes zum besten: „Frau Professor rief bei mir an und sagte aufgeregt: ‚Herr Forstmeister, kommen Sie bloß schnell her. Bei uns steht an der Hintertür unseres Hauses ein großer Keiler. Ich habe große Angst. Herr Professor befindet sich auf Dienstreise. Der Keiler läßt mich nicht aus dem Hause gehen.' ‚Frau Professor', sagte ich, ‚ich gebe Ihnen Brief und Siegel: wenn ich komme, ist kein Keiler mehr zu sehen!' ‚Doch, doch', jammerte sie, ‚der ist dickfellig und weicht nicht von der Stelle.' ‚Gut, ich werde sofort kommen', beruhigte ich sie. Ich eilte zum Gewehrschrank, entnahm einen Drilling, lief zu dem auf dem Wirtschaftshof beschäftigten Mitarbeiter Heinz Bettac und ließ mich von ihm mit einem Jeep nach Zingst, 16 km von Born entfernt, fahren. Hier empfing mich Frau Professor. ‚Herr Forstmeister, jetzt werden Sie wahrscheinlich böse sein, daß der Keiler nicht mehr zu sehen ist.' ‚Das habe ich Ihnen ja schon am Telefon prophezeit', erwiderte ich, nicht gerade freudig gestimmt. ‚Aber Sie können sich anhand der Fährte überzeugen, daß ich nicht geschwindelt habe', forderte sie mich auf. Tatsächlich, eine starke Schwarzwildfährte im Sand, unmittelbar an der Hintertür des Hauses, führte uns jetzt über den Hof Richtung Garten. Hier erblickten wir ein großes Loch im Gartenzaun, das der Keiler für seinen Rückwechsel ausnutzte. Nachdem ich der Hausherrin den Vorschlag unterbreitete, das Loch im Zaun reparieren zu lassen, um nicht von einem erneuten unerwünschten Besuch überrascht zu werden, verabschiedeten wir uns."
„Aber was ich nun erzähle", meinte Frau Thonke, „werden Sie wahrscheinlich wieder nicht glauben wollen. Anfang des Jahres, es lag viel Schnee, stand plötzlich ein großer Hirsch bei uns auf dem Hof. Er zeigte keine Scheu, als er mich eräugte. Erst nach geraumer Zeit zog er von dannen." Sie prüfte mein Gesicht, ob ich ihrer Geschichte Glauben

schenkte. „Ich glaube es Ihnen sogar“, erwiderte ich, „denn die Trophäe des von Ihnen beobachteten Hirsches hängt bei mir im Jagdzimmer.“ „Jetzt wollen Sie mich wohl auf den Arm nehmen!“ rief sie entrüstet aus. „Nein, nein“, erzählte ich weiter, „dieser Hirsch zog seinerzeit bis an die Chaussee Zingst-Barth, also knapp 300 Meter. Hier tat er sich nieder. Ein vorbeikommender Armeefahrer alarmierte den Zingster Revierförster Klaus Schröter, der den Hirsch dann von seiner Qual, von einer Kollision mit einem Fahrzeug herrührend, erlöste. Glauben Sie mir das nun? Außerdem lade ich Sie und Herrn Professor herzlich ein, sich diese Trophäe in Born anzuschauen.“ „Wir nehmen die Einladung dankend entgegen“, erwiderte der Professor. „Wir werden im nächsten Jahr davon Gebrauch machen, um auch, wenn es möglich ist, noch einmal die Darßer Hirsche schreien zu hören.“

Nachdem es wieder in den gefüllten Sektgläsern perlte, stellte man mir die Frage, wie mir denn die kürzlich erlebte Schiffsreise gefallen habe. „Sehr gut“, antwortete ich, „sie strengte aber auch an.“

Dann erzählte ich ausgiebig von der Fahrt. Es war damals eine Auszeichnungsreise. Wir flogen von Berlin bis Moskau und von dort nach Kasan. Diese Stadt liegt unmittelbar an der Wolga und zählt über eine Million Einwohner. Die Kasaner Universität ist die älteste in der damaligen UdSSR. Dort studierte 1887 Lenin, der Gründer des Sowjetstaates. Per Schiff fuhren wir dann auf der Wolga bis Rostow am Don. Diese ca. 2.000 Kilometer lange Schiffsreise ging über zehn Tage. Wir durchquerten Waldland, Waldsteppe und Steppe, Gegenden mit einem gemäßigten kontentinalen Klima. Besonders interessant erschien mir das Erlebnis auf dem Wolga-Don-Kanal. Hier fuhren wir durch ein Staubecken von 101 Kilometern Länge. Diese einzigartige wasserbautechnische Anlage verläuft durch eine hügelige Landschaft. Der reibungslose Schiffsverkehr wird durch 13 Schleusen

gewährleistet. Während der Schiffsreise legten wir mehrmals an, um einige Städte zu besichtigen, so unter anderem Togliatti, das sich am Kuibyschewer Staubecken erstreckt. Hier kamen wir am Wolga-Autowerk vorbei, das den bekannten Lada baut. Wir fuhren dann am übernächsten Tag durch das Wolgograder Staubecken. Bald erreichten wir Wolgograd, das frühere Stalingrad. Diese Stadt liegt an einer Krümmung des Unterlaufs der Wolga und erstreckt sich viele Kilometer an ihrem rechten Ufer. Wir besuchten das grandiose Ehrenmal auf dem Mamaihügel für die Gefallenen der Stalingrader Schlacht. Es soll die Menschheit mahnen, niemals wieder einen Krieg zu führen.
Am zehnten Tag kamen wir in Rostow am Don an. Diese Stadt bildet einen wichtigen Verkehrsknotenpunkt, der die Zentralgebiete Rußlands und die Ukraine mit dem Kaukasus verbindet. Was mir als Jäger auffiel, obgleich ich sehr oft auf dem Deck stand und das Ufer mit dem Fernglas absuchte, konnte ich nicht ein Stück Wild, weder Hase noch Reh, ja nicht einmal Flugwild, bis auf ein paar Krähen, erspähen. Auch während der Busfahrten zu einigen Orten entdeckte ich nichts dergleichen. Außerdem enttäuschten mich die vielen landwirtschaftlich ungenutzten Flächen bzw. die teilweise herrschende Unordnung auf dem Land. „Kein Wunder“, dachte ich, „daß dieses riesige Land noch Getreide importiert!“ Mit dem Flugzeug traten wir dann die Heimreise an. Es waren herrliche Tage, die uns Gelegenheiten gaben, das Leben, die Kultur und Geschichte des russischen Volkes näher kennenzulernen.

Einige Jahre zuvor erlebten meine Frau und ich eine interessante Schwarzmeerfahrt, die ebenfalls in unserer Erinnerung haften blieb. Wir flogen von Berlin über Kiew nach Jalta und steuerten dann per Schiff einige Schwarzmeerhäfen an, wie Sotschi, Suchumi, Batumi, um dann Stadtbesichtigungen zu unternehmen. Zu gerne besuchte ich den Basar in der jeweiligen Stadt, um hier das Tun und Treiben der Händler sowie der Kauflustigen zu studieren. An vielen Straßenecken standen Apfelsinen- und Mandarinenverkäufer, die ihre Ware schwarz verkauften. Sobald die Miliz kam, verschwanden sie um die Ecke und ließen sich erst wieder bei reiner Luft blicken. Einen bitteren Beigeschmack erhielt unsere Schiffsreise insofern, als wir zwei gewaltige Stürme auf dem Schwarzmeer erlebten. Unsere Kabine lag ganz vorne, so daß man sowohl in die Tiefe als auch zur Seite mal nach links mal nach rechts, geschaukelt wurde, so daß es mir - meiner Frau machte es anscheinend nichts aus - speiübel wurde. Ich lief zur Bar und kippte mir einen großen Wodka hinunter, um Widerstand gegen das Rumoren in der Magengegend zu üben. Plötzlich stand ein Borner namens Günther Schulz neben mir und begrüßte mich herzlich, er arbeitete in der Landwirtschaft. Ich dachte nur: die Welt ist so groß und doch so klein! Auch er erhielt diese Fahrt als Auszeichnung und wollte nun ebenfalls etwas gegen das Unwohlsein tun. So überbrückten wir dann beide lustig die schaukelnde Atmosphäre auf dem großen Passagierdampfer und das mitten auf dem Schwarzen Meer.

Nach der Schilderung meiner Schiffsreisen stießen wir gemeinsam wieder an und ließen erneut das Geburtstagskind hochleben. Dann meinte der Professor zu mir: „Sie haben in Ihrem Leben ja mit vielen Förstern zu tun gehabt. Einige lernte ich auch kennen. Alle sind beseelt von dem Gedanken, einen sehr guten Wald zu hinterlassen, aber auch für einen guten und gesunden Wildbestand setzen sie sich ein", lobte er. Ich stimmte ihm zu. „Die grüne Zunft", so fuhr er fort, „feiert auch gerne. So erzählte mir mal Herr Wendel, Revierförster von Zingst, folgendes: Er wurde vor Jahren von seinem Freund, Revierförster Erich Mehl, zur Bockjagd eingeladen. Sie saßen abends in gemütlicher Runde zusammen, tauschten ihre Jagderlebnisse aus und schauten dabei auch reichlich in die Flasche. Irgendwann legten sie sich schlafen, um früh morgens auf den Rehbock zu pirschen. Der

Wecker sorgte dafür, daß sie rechtzeitig von dannen ziehen konnten. Noch in dunkler Nacht erreichten sie die vermeintliche Stelle, an der der Bock angeblich morgens ins Gehölz ziehen sollte. Sie hockten sich an einen Baum und dösten vor sich hin, die Dunkelheit und damit das Warten überbrückend. Beide nickten ein. Plötzlich wachte Förster Wendel auf, rieb sich die Augen, starrte nach vorne und sah dort im Morgengrauen einen starken Bock auf sich zuziehen. Er stieß den schnarchenden Erich Mehl an, der sofort die Augen weit aufriß, das Fernglas hochnahm und in die Richtung schaute, wo sein Nebenmann mit dem Finger hinwies. Da flüsterte auch schon Mehl dem Wendel zu: ‚Das ist unser Bock, den du erlegen sollst. Nimm das Gewehr und schieß, wenn er breit steht.' ‚Du hast doch die Waffe', flüsterte Wendel, ‚gib sie mir her.' ‚Nein, die hast du doch mitgenommen', erwiderte Förster Mehl. ‚Ich habe keine mitgenommen', flüsterte der andere entsetzt zurück. ‚Nun wird's verrückt', meinte Mehl, ‚dann können wir wohl nach Hause gehen und den Bock laufen lassen.' Beide - einer verließ sich auf den anderen, letztlich nahm keiner die Waffe mit - standen auf und zogen verärgert nach Hause."

Alle lachten über diese mißlungene Bockjagd, als auch schon wieder die Gläser gefüllt wurden. „Revierförster Wendel", so begann ich das neue Gespräch, „war ein sehr tüchtiger Revierförster, bei seinen Forstarbeitern allerdings nicht immer beliebt, da er ihre Arbeiten stets sehr kritisch betrachtete. Ich selber arbeitete sehr gerne mit ihm zusammen, da man sich auf ihn verlassen konnte. Seine schriftlichen Arbeiten sowie die anstehenden Termine erfüllte er gewissenhaft. Außerdem war er kein Kind von Traurigkeit. Ich erinnere mich an ein Jägerfest. Ich organisierte es, wir feierten in der Prerower Gaststätte 'Helgoland'. Als die Stimmung im Saal ziemlich ihren Höhepunkt erreichte, kletterte ich auf die Bühne und gab bekannt: wer jetzt innerhalb einer halben Stunde das größte Tier in den Saal bringt, ist Sieger und bekommt einen Preis! Etliche Jäger stürmten nach draußen, um dieses Gaudi mitzumachen. Nach einigen Tanzrunden erschien schon der erste Jäger mit einer Katze auf dem Arm. Er bekam Beifall von den Zuschauern. Es dauerte nicht lange, als auch schon der nächste mit einem Wachtelhund erschien, der sofort bei Betreten des Saales den Hinterlauf hochnahm und an den Saalpfeiler näßte. Alles tobte vor Lachen. Schon wieder kam ein Grüner, dieses Mal mit einem großen Kater herein. Der Katzenfänger mußte sich aber doch bald wieder nach draußen begeben, da der Wachtel den Kater eräugte und fürchterlichen Krach machte. In den nächsten Minuten sah man dann ein buntes Bild. Tiere der verschiedensten Gattungen wurden angeschleppt. Neben Katzen und Hunden, auch Hühner und Kaninchen. Aber dann der Höhepunkt, die Tür öffnete sich und herein stürmte ein Schafbock, der den Revierförster Wendel an einem langen Strick mit in den Saal zog. Alles grölte und klatschte wild Beifall. Da die dreißig Minuten verstrichen waren, erhielt Wendel mit diesem Einfall den Preis, eine Flasche mit gutem Cognac. Ich bat ihn, nach vorne zu kommen und den Preis in Empfang zu nehmen. Dieser winkte ab und rief: ‚Erst muß ich den störrischen Schafbock wieder zurück in den Stall bringen, bevor der Besitzer es merkt und die Polizei alarmiert.' Später stellte sich heraus, daß sogar jemand hoch zu Roß in den Saal wollte, sich aber denn doch nicht traute, da sein Pferd etwas zu groß geraten schien und samt Reiter nicht durch die Tür paßte."

Meine Erzählung erregte großes Gelächter bei den Geburtstagsgästen, als auch schon Frau Prof. Thonke Stubbe aufforderte, er möge doch mal das Jagderlebnis mit dem Kuckuck erzählen. Der Professor ergriff sofort das Wort und betonte: „Meine Herren, Sie werden sicherlich jetzt glauben, ich erzähle Jägerlatein, aber es lebt noch der Bekannte und somit mein Zeuge, mit dem ich folgende Geschichte erlebte. Wir setzten uns beide an einem warmen Junitag auf einen Rehbock an. Plötzlich flog ein Kuckuck heran, setzte sich auf die große Krempe meines Jagdhutes und fing an ‘kuckuck, kuckuck’ zu rufen.” Alles grölte jetzt vor Lachen. Gut gelaunt rief Stubbe plötzlich: „Horrio!”Alle antworteten mit „Jo-ho!” Und wieder, und noch einmal erschallte dieser Ruf. Und wie dann jemand ausrief: „Faß die Sau an ...” und wir mit „den Pürzel” erwiderten, war es höchste Zeit, den Heimweg anzutreten.

Der verschwundene Fahrer

Inzwischen führte ich viele Gäste auf die Jagd und erlebte so manche interessante, amüsante, aufregende, ja sogar gefährliche Situationen. Ich denke an den Besuch der Landwirtschaftsminister aller sozialistischen Länder, die 1974 aus Anlaß der Eröffnung der Landwirtschaftsausstellung in der DDR weilten und anschließend bei mir zur Jagd kamen. Alle erlegten ein Stück Wild, nur der ungarische Gast nicht. Mit diesem mußte ich auf Geheiß unseres Ministers noch einmal losziehen, mit dem Auftrag, auf jeden Fall mit Erfolg nach Hause zu kommen. Es klappte zum Glück. Wir schossen ein Stück Rotwild. Die Delegation besuchte auch das Volkseigene Gut Zingst. Der damalige VEG-Direktor, Diplomlandwirt Herbert Maltzahn, gab den Gästen einen Überblick über die zehnjährige Geschichte des Volkseigenen Gutes, das sich aus einem Ödlandgebiet zu einem Betrieb der industriemäßigen Futter- und Färsenproduktion entwickelte. Die Gäste besahen sich das moderne Trockenwerk in der Sundischen Wiese und dann die Großanlage Born, in der damals 7.000 Jungrinder unter einem Dach gehalten wurden. Jährlich produzierte das Gut seiner Zeit 19.000 Tonnen Trockengrüngut sowie 7.000 Färsen, die es an andere Landwirtschaftsbetriebe verkaufte. Die Landwirtschaftsminister der sozialistischen Länder zeigten sich beeindruckt von den Leistungen dieses Betriebes. Besonders der Minister aus der Sowjetunion schien von dem Gesehenen angetan, denn die Landwirtschaft seines Landes konnte sich nicht mit Ruhm bekleckern. Trotzdem hieß es in der DDR: "Von der Sowjetunion lernen, heißt siegen lernen."

Ich werde nie vergessen, wie die Forstwirtschaft in den 50er-Jahren hunderttausende Festmeter Holz der Landwirtschaft zur Verfügung stellen mußte, damit sie Rinderoffenställe bauen konnte. Auch hier mußten wir die in der Sowjetunion angewandten Methoden in der Landwirtschaft übernehmen. In diesen primitiven Stallungen ohne Türen, sie besaßen nur Wände und ein Dach darüber, standen die Kühe zwar vor Nässe von oben geschützt, aber völlig in der Zugluft. Große Tierverluste sowie Rückgang in der Milchleistung folgten daraus. Ähnliche Pannen passierten damals als Chruschtschow, damaliger erster Sekretär der KPDSU, auf die DDR einwirkte, überall Mais anzubauen. „Mais ist", so propagierte er, „die Wurst am Stengel." Auch die riesige konzentrierte Rinderhaltung forderte ihren Tribut. 1981 brach auf dem Darß die Maul- und Klauenseuche aus. Tausende Kühe mußten getötet werden. Unsere Halbinsel wurde zum Sperrgebiet erklärt. Monatelang durfte niemand den Darß verlassen. Als dann der Ostteil der Halbinsel Zug um Zug von der Seuche befreit wurde, verkleinerte sich somit jedesmal auch das Sperrgebiet, so daß die Grenze eines Tages mitten durch den Darßer Wald verlief. Den Grenzverlauf markierten Lappschnüre, die wir sonst für die Treibjagden benutzen. Die letzte Enklave der Sperrzone bildeten dann die Stallungen des Volkseigenen Gutes in Born. Da die Försterei unmittelbar an die landwirtschaftliche Fläche grenzte, gehörte sie mit zum Sperrgebiet. Den Geburtstag des Revierförsters Klaus Gadow feierten wir trotzdem. Ein festlich gedeckter Tisch stand unter dem Schlagbaum. Gadow saß mit der Frau innerhalb, wir Gäste außerhalb der Sperrzone und ließen uns die dargereichten Speisen und Getränke munden.

Ich erinnere mich ferner an die Kubajagd. Fidel Castro, erster Sekretär der kommunistischen Partei Kubas, weilte in der DDR. Als er in der Stadt Rostock Quartier machte, lud man ihn auch zur Jagd auf den Darß ein. Im letzten Moment sagte er ab und schickte dafür zwei seiner begleitenden Landsmänner. Der von mir geführte Kubaner ließ sich abends als Jagdkönig feiern, im Glauben, drei Wildschweine geschossen zu haben. In Wirklichkeit streckte er aber nicht eins. Alle Einzelheiten dieser kuriosen Jagd schildere ich in meinem Buch "Wo Adler noch und Stürme jagen".

Eine amüsante Jagd erlebte ich mit Egon Krenz, Politbüromitglied und später Nachfolger von Erich Honecker. Obgleich er sich für die Jagd nicht sehr interessierte, animierten ihn seine politischen Mitstreiter so lange, bis er sich überreden ließ, die Jagdwaffe in die Hand zu nehmen. Das erste Mal ließ ich ihn auf eine Scheibe schießen. Die Schießergebnisse fielen befriedigend aus. Besser als er schoß allerdings seine Frau, die sofort ins Schwarze traf. Seinen ersten Rehbock erlegte er auf dem Darß. Allerdings selber nicht überzeugt von seinem Erfolg, meinte er hinterher: „Ich habe den Bock nicht getroffen. Da fiel gleichzeitig ein zweiter Schuß, den wohl der Förster abgab." Diesmal sollte er einen Hirsch schießen. Ich ließ eigens hierzu einen transportablen Hochsitz an ein Maisfeld stellen, da ich dort mehrmals einen alten Sechzehnender in den Maisschlag ziehen sah. Egon Krenz brachte seinen Jungen mit. Wir nahmen zu dritt auf dem vorbereiteten Sitz Platz. Er erkundigte sich nach meinem Wohlbefinden, nach meiner Familie und unterhielt sich mit mir über die verschiedensten Dinge, bis sich dann auch unser Hirsch an der Waldkante zeigte. Es trennten uns gute 300 Meter. Krenz schaute sich interessiert mit dem Fernglas den starken Hirsch an. Ich machte ihn darauf aufmerksam, daß es ein Sechzehnender und sogar ein Silbermedaillenhirsch sei und wir uns Zeit lassen müßten, denn noch wäre die Schußentfernung viel zu groß. Er würde noch näher kommen, da er in den Mais ziehe.

Wie es der Teufel wollte, unser Hirsch äste und äste am Waldrand. Er machte keine Anstalten näher zu kommen, was er sonst die letzten Abende immer tat. Krenz wurde schon unruhig: „Es hat keinen Zweck mehr. Gleich wird es dunkel." „Der Mond spendet uns genügend Büchsenlicht, so daß wir schießen können", versuchte ich ihm Mut zu machen. Und in der Tat, der Vollmond zog seine Bahn immer höher an dem sternenklaren Himmel. Mittlerweile verringerte sich die Schußentfernung auf 200 Meter. Der Hirsch wollte eindeutig in den Maisschlag. Plötzlich hörten wir den Jungen von Krenz laut schnarchen. Die Stille und die Dunkelheit, kein Lüftchen bewegte sich, bewirkten, daß ihn die Müdigkeit übermannte. Da wurde Egon Krenz unruhig. Er flüsterte mir zu: „Laßt uns aufbrechen.” Damit hatte ich nicht gerechnet. Ich antwortete enttäuscht: „Wir können doch jetzt die Stellung nicht verlassen. In spätestens zehn Minuten wird der Hirsch auf sechzig Meter vor uns stehen, so daß wir schießen können.” „Nein, nein, wir fahren nach Hause. Der Junge ist müde”, antwortete mein Nebenmann. Schon rüstete er sich zum Aufbruch, nachdem er seinen Jungen aus dem Schlaf rüttelte. Mir blieb nichts anderes übrig, als verärgert mit vom Hochsitz zu steigen. Ich dachte später oft über dieses Erlebnis nach. Aus welchem Grunde beendete Krenz die Jagd? Ich fand nur eine Erklärung: Er war kein leidenschaftlicher Jäger, denn sonst hätte er sich nie solche Gelegenheit entgehen lassen.

Eine peinliche Situation erlebte ich mit dem damaligen Armeegeneral Hoffmann. Er ließ sich Ferienbungalows am Darßer Ort, der nördlichsten Spitze vom Darß, bauen. Obgleich Naturschutzgebiet, wurde es zum Sperrgebiet für die Nationale Volksarmee erklärt. Hier verbrachte er oftmals seinen Urlaub und kam dann auch bei mir ab und zu zur Jagd. Ich bestätigte für ihn einen starken Keiler, der regelmäßig auf die Kirrung in Abteilung 56 zog und sich an den ausgestreuten Maiskörnern gütlich tat. Ich pirschte mich mit dem Armeegeneral eines Abends an diesen Keiler heran. Es gelang uns, einen Schirm und eine Sichtblende ausnutzend, auf eine Entfernung von 30 Metern an diesen Urian heran zu kommen. Hoffmann schoß, der Sand spritzte auf. Zu tief. Er unterschoß das Schwein. Er rief am nächsten Tag bei mir an und sagte: „Sie haben doch wirklich geglaubt, ich sei ein Schlotschütze, oder? Aber ich ließ die Waffe untersuchen. Das Zielfernrohr war total verstellt. Dann kann man natürlich nicht treffen.” Ich dachte nur: „Oh, da wird sein Begleiter von der Staatssicherheit, der für die Waffe verantwortlich ist, wohl einen anständigen Rüffel bekommen haben!" Ich wunderte mich auch tatsächlich, denn Armeegeneral Hoffmann, den ich schon mehrmals zur Jagd führte, schoß sonst sehr gut. Der Keiler blieb dadurch am Leben, ließ sich aber an der Stelle nicht wieder blicken.

Eines Abends trat Bruno Lietz, Minister für Land- und Forstwirtschaft, bei mir in die Tür. Er kam von einer Jagd in Eixen, Staatsjagdgebiet, in dem Harry Tisch in erster Linie jagte, zurück und bemerkte, daß er nichts geschossen habe. „Dann schlage ich vor", erwiderte ich „wir versuchen es bei mir. Wir werden uns auf einen Hochsitz setzen und auf Rotwild warten." Anfangs zeigte er keine große Lust, ließ sich dann doch von mir überreden. Wir fuhren bis zur Leu, einer sechs Hektar großen Wiese. Ich ließ den Wagen am g-Gestell stehen und pirschte mit dem Minister Richtung Wiese. Plötzlich hörten wir einen Hirsch röhren. Es war Ende November. Normalerweise ist die Hirschbrunft Mitte, spätestens Ende Oktober auf dem Darß zu Ende. Wir blieben ruckartig stehen, denn wir glaubten uns verhört zu haben. Da erschallte auch schon das nächste Schreien und noch einmal. Lietz schaute mich an und meinte grienend: „Das sind deine Bengels, die sitzen in den Bäumen und wollen mich verscheißern!" Er wußte aus meinen früheren Erzählungen, daß meine Jungen im Nachahmen des Hirschröhrens Kapazitäten darstellten und damit so manchen Gast narrten. „Meine Kinder", so antwortete ich ihm schnell, „sind jetzt erwachsen und aus dem Haus. Die können es nicht sein." Er schaute mich erneut mißtrauisch an, als sich wieder ein Hirsch auf der Wiese meldete. „Wir werden jetzt", flüsterte ich dem Minister zu, „an die Leu heranpirschen, dann werden wir bestimmt etwas sehen." Nach 100 Metern erreichten wir das Ziel. Die Wiese lag zu beiden Seiten vor uns. Vorsichtig schauten wir um die Ecke. Siehe da, zur rechten Hand stand in voller Lebensgröße ein mittelalter Hirsch und röhrte. Am Waldesrand erblickten wir mehrere Stück Kahlwild, daneben einen starken, älteren Kronenhirsch, der jetzt ebenfalls dem jüngeren antwortete. Schon zogen alle in den höheren Bestand, auch der mittelalte, ein Zwölfender, verschwand von der Wiese, als nun ein Schneetreiben einsetzte. Plötzlich trat ein Damschaufler aus dem Bestand und zog auf die Wiese. Schnell nahm ich mein Glas hoch und erkannte einen guten 2b-Hirsch. Ich forderte meinen Gast auf, zu schießen. Schon brach der Schuß. Der Damschaufler zeichnete gut und flüchtete zurück ins hohe Holz. Wir kletterten schnell auf

die Kanzel, um eventuell den verendeten Schaufler zu erblicken. Aber es begann stark zu dämmern. Und das Schneetreiben, das jetzt mehr in Schneeregen überging, ließ keine große Sichtweite zu. Ich dachte, ich sah nicht richtig, als plötzlich drei junge Hirsche an der anderen Seite auf die Wiese zogen. Sie kamen so nahe, daß ich den mittleren als einen schlecht veranlagten ungraden Achtender ansprechen konnte. Meinen Fingerzeig verstand der Minister sofort. Er schoß. Ich hörte einen Kugelschlag, dann überfiel uns auch schon die Finsternis, daß wir nichts mehr sehen konnten. Wir baumten ab und suchten in der Wiese nach dem Hirsch, fanden ihn bei dieser Dunkelheit aber nicht. Außerdem durchnäßten unsere Sachen im Nu. „Wir werden jetzt", so rief ich Bruno Lietz zu, „nach Hause fahren, um einen Hund zu holen." Zu Hause ließ ich den Minister am wärmenden Kamin Platz nehmen und einen steifen Grog servieren, während ich mir einen Jäger schnappte und wir beide die Nachsuche vornahmen. Sein Terrier nahm sofort die Fährte auf, führte uns zum Damschaufler und einige Minuten später zu dem mitten in der Wiese liegenden Hirsch, an dem der Minister und ich in der Dunkelheit glatt vorbei liefen.

Ein Jagderlebnis werde ich ebenfalls nie vergessen. Fast jedes Jahr kam der im Landwirtschaftsministerium arbeitende Staatssekretär und leidenschaftlicher Jäger Dr. Cesarz zu uns. Die Hirsche röhrten aus Leibeskräften. So auch an diesem herrlichen Morgen. Der Nebel regte sie besonders an, ihre Stimme zu messen. Wir saßen auf einer Kanzel, ringsherum ein herrliches Konzert. Vor uns stand ein Hirsch in der Sitkafichtendickung, den wir nicht erspähen konnten, da er uns nicht den Gefallen tat, in eine Lücke zu treten. Wir waren uns aber bald einig, einen noch nicht sehr alten Hirsch vor uns zu haben. Da meldete sich plötzlich eine tiefe Stimme. Wir schauten uns beide an und lauschten gespannt, das nächste Röhren des Alten abwartend. Da schrie er auch schon wieder mit tiefer Stimme. Ja, hier befand sich sein Einstand, denn sein Ruf erschallte immer wieder von derselben Stelle. Der Staatssekretär schaute auf die Uhr und meinte: „Spätestens in einer Stunde muß ich nach Berlin zurückfahren." Da ich gerne wollte, daß er seinen ihm genehmigten Hirsch der Klasse 1 erlegen sollte und am heutigen Morgen die letzte Chance für ihn bestand, zum Erfolg zu kommen, sagte ich zu ihm: „Wir gehen jetzt aufs Ganze und pirschen den Hirsch an, auch wenn er in der Dickung stehen sollte." Mein Gast erklärte sich sogleich damit einverstanden. Wir gingen auf dem k-Gestell bis an die Stelle, von der ich annahm, daß es die von uns gesuchte Dickung mit dem Hirsch sein könne. Wir warteten bis auf das nächste Schreien. Jawohl, ich irrte mich nicht. Unser Alter stieß kurz an und machte mir so klar, daß er mitten in der Dickung der Abteilung 154, die sich wie ein Schlauch vom k-Gestell bis zum Nordweg erstreckte, stand.

Wir verließen jetzt das k-Gestell und bahnten uns durch das brusthohe Farnkraut, immer längs der Fichtendickung. Ab und zu blieben wir stehen, um das nächste Röhren abzuwarten und uns zu vergewissern, daß wir nicht am Hirsch vorbei liefen. Das Schreien des Hirsches verstummte jetzt vollkommen, nachdem er sich zuvor noch einmal röhrend meldete. Ich pirschte noch einige Schritte weiter, dicht gefolgt von meinem Gast. Da nahm ich mein Herakleumrohr, angefertigt aus einem hohlen Stengel eines Riesenbärenklaues, aus dem Rucksack und ahmte einen mittelalten Hirsch nach. Prompt antwortete unser Gesuchter. Er stand also in fünfzig Metern Entfernung rechts in der Dickung vor uns. Schnell pirschten wir vorwärts, die hohen Adlerfarnkrautwedel nach links und rechts wegschiebend. Ich schaute dabei zur Dickung, um eine größere Lücke zu entdecken. Noch ein paar Schritte und ich sah das, was ich suchte: eine freie Stelle, in der es gelingen könnte, den Hirsch zu schießen, falls der dort verhoffen würde. Nochmals brachte ich meinen Hirschruf ins Spiel. Keine Antwort. Da erblickte ich vor mir einen auf dem Boden liegenden armlangen Ast, den ich aufnahm und damit ins Farnkraut schlug, einen gereizten Nebenbuhler imitierend. Da knackte es auch schon in der Dickung. Unseren Hirsch plagte die Neugier. Wieder war alles ruhig. Erneut schlug ich wie wild in den Adlerfarn. Ein neues Knacken verriet den Alten, daß er jeden Moment in der Lücke auftauchen mußte. Ich stellte mich schnell breitbeinig hin, den Blick in die Dickung werfend. Auf mein Geheiß machte sich der Staatssekretär schußbereit, indem er den Lauf seines Repetierers auf meine linke Schulter legte. Ich nahm das Fernglas hoch, jeden Moment den Hirsch vermutend. Die Geräusche des ziehenden Hirsches kamen immer näher. Unsere

Nerven waren zum Zerreißen angespannt. Noch zwei, drei Schritte und er müßte sich in der Lücke zeigen. Tatsächlich, er tat uns den Gefallen. Ich schaute schnell durchs Glas: starke Brunftmähne und Stangen, das Haupt, alles deutete auf einen alten Hirsch hin. Ich flüsterte meinem Gast zu: „Schießen!" Ein paar Sekunden später brach der Schuß. Der Alte riß seinen starken Körper herum, stürmte davon. Das Krachen der Äste hörten wir noch weit, es endete in einem dumpfen Aufschlag. Der Staatssekretär meinte aufgeregt: „Ich bin gut abgekommen. Er stand etwas spitz, aber die Kugel muß hinter dem Blatt sitzen." Nach einigen Minuten begaben wir uns zum Anschuß. Einige Meter weiter fand ich schon die ersten Schweißtropfen. Dem Schweiß folgend, schoben wir uns beide gebückt durch die Fichtendickung. Ehrfurchtsvoll standen wir dann bald vor dem gestreckten alten Kronenhirsch, der sogar, wie es sich später herausstellte, eine Bronzemedaille erhielt. Ein Jagderlebnis, das man nicht so leicht vergißt.

Gerne erinnere ich mich an Herrn Professor Dr. Dr. h.c. Horst Klinkmann, damaliger Direktor der Klinik für Innere Medizin der Universität Rostock und Mitglied der Akademie der Wissenschaften. Aufgrund seiner Verdienste erlielt er die Erlaubnis von unserem Minister, nach vorheriger Anmeldung auch auf dem Darß zur Jagd zu gehen. Er trat sehr bescheiden und höflich auf und nutzte dieses Privileg, im Staatsjagdgebiet jagen zu dürfen, nie aus. Außerdem blieb ihm aufgrund seiner wissenschaftlichen Tätigkeit nur wenig Freizeit dafür übrig. Er zeichnete sich als ein sehr guter Schütze aus, doch an diesem Abend passierte es, daß er auf ein Stück Schwarzwild, einen schwachen Überläufer, vorbeischoß. Sicherheitshalber suchten wir in dem Stangenholz nach, in das das beschossene Stück hineinflüchtete. Wir bemerkten gar nicht, daß die finstere Nacht über uns hereinbrach. Da wir schon mehrmals im Kreis liefen, mußte ich mich neu orientieren, um die Richtung zu unserem abgestellten Auto zu finden. Ich ging vorweg, der Professor hinterher. Da wir jetzt plötzlich durch eine Dickung kriechen mußten, war mir klar, die Orientierung verloren zu haben. Ich kenne aufgrund meiner langjährigen Tätigkeit auf dem Darß fast jeden Weg und Steg, aber in stockfinsterer Nacht schien es jetzt doch anders zu sein. Gott sei Dank kamen wir jetzt an eine Schneise. Ich schaute nach vorne, hinten, links, rechts, oben, überall nur schwarze Nacht. „Verdammt noch mal, sollst du jetzt dem Gast sagen, du hättest dich verlaufen und wüßtest nicht mehr, wo wir uns befänden? Er würde lachen und denken, der Forstmeister verirrt sich im eigenen Wald.” Plötzlich glaubte ich, die richtige Marschrichtung zu erahnen. „Hier müssen wir lang”, sagte ich mit dem Ton tiefster Überzeugung und marschierte im Eiltempo vorweg. Mein Gast, der eine sportliche Figur besaß, schritt behende hinterher. Es blieb ihm sowieso nichts anderes übrig, als dicht hinter mir zu bleiben, da wir uns sonst in der Dunkelheit verloren hätten. Jetzt kamen wir an eine im rechten Winkel abbiegende Schneise. Instinktmäßig bog ich nach links ab, immer noch nicht wissend, wohin wir liefen. Ein Blick nach oben ließ nichts verraten. Ein Baum glich dem anderen. Ich munterte meinen Gast auf: „Bald haben wir es geschafft. Jetzt ist es nicht mehr weit.” Nach 200 Metern eiligen Schrittes sah ich plötzlich etwas Helles durch die Bäume schimmern. Schon erkannte ich eine Wiese, die so genannte Leu. Die Heureuter bestätigten es. Siegesbewußt sagte ich zum Professor: „Jetzt nur noch 500 Meter und wir stehen an unserem Auto.” Wir benutzten nun den mir ausgiebig bekannten Pirschsteig, der parallel an der Ostseite vorbeiführte. Nach einigen Minuten konnten wir endlich den Geländewagen an der Schneise von Abteilung 88 besteigen. Ich entschuldigte mich wegen des eingeschlagenen Umweges. Mein Gast meinte nur: „Das war ein schöner Nachtspaziergang durch den Darßer Wald.”

Prof. Horst Klinkmann studierte in Rostock Medizin. Zu seinen internationalen Lehrern zählten so berühmte Ärzte, wie der Budapester Psychologe Prof. Dr. Balint, der Schwedische Nierenspezialist Prof. Dr. Alwall und Prof. Dr. Kolff, der Erfinder der künstlichen Niere. Nach erfolgter Habilitation erhielt Klinkmann eine Berufung als Professor nach Salt Lake City/Utah in den USA. Gastprofessuren führten ihn nach Kolumbien, Großbritannien, Schweden, Italien, in alle damaligen sozialistischen und viele andere Länder. In über 45 Staaten aller Kontinente hielt er Gastvorlesungen. Er war Ehrenmitglied vieler internationaler Universitäten und medizinischer Gesellschaften sowie Ehrendoktor der Universität Marseille, Frankreich, und Debrecen, Ungarn. Er leitete acht Jahre die Weltgesellschaft für künstliche Organe und erhielt später deren Ehrenpräsidentschaft. In der DDR wurde er zweimal als Nationalpreisträger ausgezeichnet. Unverständlich ist, daß diese Kapazität, die seit 1974 die Klinik für Innere Medizin in Rostock leitete, die Tausende von Menschen half, immer bescheiden und hilfsbereit auftrat und überall beliebt war, nach der Wende den Dienst quittieren mußte, weil sie Staatsnähe zeigte und angeblich mit der Staatssicherheit zusammen arbeitete. Unfaßbar, daß hier einem Spezialisten, der sich menschlich nichts zuschulden kommen ließ, der Fußtritt gegeben wurde. Die Nachwelt wird eines Tages diese Fehlentscheidung der heutigen Gesellschaftsordnung mit anderen Augen betrachten, so wie wir es verurteilen, wie damals jüdische Ärzte und Gelehrte durch den Nationalsozialismus gezwungen wurden, ihren Dienst aufzugeben und Deutschland zu verlassen. Professor Klinkmann, dem es kürzlich gestattet wurde, den Professortitel zu behalten, führt inzwischen seine wissenschaftlichen Arbeiten in Italien fort.

Als ein unangenehmer Gast erschien mir dagegen Siebold, der damalige Minister für Kohle und Energie. Er kam mit wenig Schlaf aus. Dafür brauchte er aber viel Energiezufuhr in Form von Wodka. Mit Bangen sah ich seiner Zuweisung zur Jagd von unserem Ministerium entgegen. Er quartierte sich bei uns ein. Kaum die Koffer ausgepackt, zeigte er auch schon den Drang, zur Jagd zu fahren. Mir war es recht, denn sonst hätte er sich womöglich in den Sessel gesetzt und nach Wodka verlangt. Schon saßen wir im Jeep. Auf Wunsch des Ministers nahmen wir auch seinen Fahrer mit. Als wir nun auf dem k-Gestell fuhren, bat mich der Minister, seinen Fahrer auf irgendeinem Hochsitz abzusetzen. Er sei Jungjäger und solle nächste Woche die Jagdprüfung ablegen. Es wäre gut, wenn er jede Gelegenheit zum Beobachten von Wild nutze. Ich zeigte dem Fahrer vom Jeep aus den in Abteilung 155 stehenden Hochsitz und machte ihn darauf aufmerksam, daß er dort so lange zu sitzen habe, bis er unseren Scheinwerfer auf unserer Rückfahrt bemerke. Dann solle er sich sofort zu uns zurückbegeben. Als ich dann im Dunkel mit meinem Gast zurückkam und Lichtsignal gab, erschien kein Fahrer. Auch ein Hupsignal fruchtete nicht. Siebold fluchte gottserbärmlich: „So ein Idiot. Wo treibt der sich jetzt herum?" Ich dachte nach: „Vielleicht ist er auch von den Grenzsoldaten festgenommen worden, da er keinen Ausweis bei sich trägt." „Das ist durchaus möglich. Seinen Ausweis läßt er gerne liegen", antwortete der Minister wütend. „Wir werden zur nächsten Armeedienststelle fahren, um dort Erkundigungen einzuziehen", beruhigte ich ihn. Auf der Wache im Armeegebiet Darßer Ort angekommen, brachten wir unser Anliegen vor. „Hier wurde keine Person festgenommen", sagte der Wachhabende, nachdem er mit dem Offizier vom Dienst sprach. „Rufen Sie doch bitte Ihre Dienststelle in Ahrenshoop an. Vielleicht steckt er dort", bat ich den Soldaten. Was sich jetzt abspielte, war für die Augen und Ohren des Ministers unerfreulich. Weder über Telefon noch über Funk brachte der Wachhabende es fertig, eine Verbindung zur Armeedienststelle Ahrenshoop herzustellen. Ich dachte bei mir: „Wenn hier im Ernstfall etwas passiert, dann Prost Mahlzeit."

Unverrichteter Dinge kehrten wir zu unserer Ausgangsstelle zurück. Ich traute meinen Augen nicht: Der Fahrer vom Siebold stand am k-Gestell, der vereinbarten Stelle, und wartete auf uns. „Wo sind Sie Idiot gewesen?" brüllte der Kohleminister ihn an. „Na, wenn Sie nicht so lange warten, bis ich zurück bin. Hexen kann ich auch nicht", antwortete resignierend der Fahrer. Es stellte sich heraus, daß er den vom Auto aus gezeigten Hochsitz verfehlte und den 300 Meter davon entfernten Sitz einnahm. Siebold sagte nur noch unwirsch: „Die in der nächsten Woche stattfindende Jagdprüfung können Sie sich aus dem Kopf schlagen. Sie sind als Jäger nicht geeignet. Sie finden ja nicht einmal zu einem Hochsitz, der groß und breit vor Ihnen steht."

Mein größtes Schwein

Mit Beklemmung nahm ich den Anruf entgegen, daß Harry Tisch, Politbüromitglied und Vorsitzender des Freien Deutschen Gewerkschaftsbundes, am nächsten Tag zur Jagd kommen würde. Erst kürzlich war er hier. Er kritisierte mich, ob ich mich nicht schäme, ich führe einen vornehmen Wartburg und der alte, über sechzigjährige Revierförster W. müsse mit dem Moped durchs Revier fahren. Ich sollte alles daransetzen, so lautete sein Auftrag, daß er die Fahrprüfung in Kürze ablegen würde. So fuhr ich mit einem Trabant zu seiner Wohnung, lud den Revierförster ein und machte mit ihm Fahrschule auf einer nicht mehr genutzten Wiese des Volkseigenen Gutes. Ich ließ ihn die Wiese hoch- und runterfahren, so lange, bis er einigermaßen das Gefühl besaß, richtig zu kuppeln, langsam anzufahren, das Tempo zu vergrößern, zu halten, rückwärts zu fahren und in eine markierte Parklücke einzubiegen. Da er jahrelang Motorrad fuhr, machte er im Autofahren schnell Fortschritte. Als ich wohl zum vierten Mal zu ihm kam, um mit ihm zu trainieren, begegnete uns seine Frau, die ins Dorf zum Einkaufen wollte. Wir hielten an. Ich rief ihr zu: „Steigen Sie ein. Wir bringen Sie ins Dorf, dann brauchen Sie nicht zu Fuß zu gehen." Aber das hätte ich nicht sagen sollen, denn sie meinte empört: „Schämen Sie sich gar nicht, daß Sie meinen Mann noch zum Autofahren überredet haben. Ich werde mich hüten, ins Auto zu steigen. Ich möchte noch länger leben", drehte sich um und lief schnurstracks Richtung Dorf. Ihr Mann winkte ab und meinte nur: „Laß sie laufen." Er gab Gas und fuhr mit mir auf unsere Trainingswiese. Schon nach wenigen Tagen bestand er die Fahrprüfung.

Ich dachte nur im stillen: „Von Harry Tisch erhältst du Prügel, weil der Revierförster nicht mit dem Auto fährt und von dessen Frau bekommst du Senge, weil er fährt." Er kaufte sich bald einen Privatwagen und brachte es fertig, daß auch seine Frau eines Tages mit einstieg. Beide freuten sich und waren zufrieden.

Ich setzte mich nun am Vorabend des angekündigten Besuchs von Harry Tisch auf die Kanzel in Abteilung 204, um dort den von einem Jäger beobachteten Keiler zu bestätigen, den dann der Gast am nächsten Tag schießen sollte. Vor mir lag ein kleiner, unter anderem mit Hafer bestellter Wildacker. Zur rechten Hand eine Kieferndickung. Die Sonne verschwand an diesem herrlichen Sommerabend allmählich hinter den Buchenwipfeln. Ich hörte den Wellenschlag der rauschenden Ostsee, denn mein Hochsitz stand nur 600 Meter von der Küste entfernt. Das herrliche Verfärben der Buchen beobachtend und in Gedanken versunken, kam mir der mongolische Gast in den Sinn, den ich vor einigen Tagen kennenlernte. Er schoß ein Schwein. Gut gelaunt erzählte er in der Jagdhütte von dem in seiner Heimat gern getrunkenen Nationalgetränk. Ich hörte schon oft von einigen deutschen Jagdgästen, daß sie mit Widerwillen in der Mongolei "Kumys", so heißt dieses Getränk, probierten. Er aber schwärmte von diesem "Airag", so wie er ihn bezeichnete. Wenn die Mongolen einen Gast in der Jurte mit einem Ehrentrunk willkommen heißen, dann kann man sicher sein, daß es sich um Kumys handelt. Der Gast erzählte mir von der Herstellung diese Getränkes: Die Stute wird gemolken, die Milch in einen Ledersack gefüllt, mit dem Stock geschlagen und mit gesäuertem Getreide gegoren. Fertig ist der schäumende Trank. „Aber ganz so schnell und einfach geht es nicht", meinte er. „Denn die Milch muß in dem aus roher Rinderhaut bestehenden Sack in kurzer Zeit mindestens 600 mal geschlagen und verquirlt werden. Das fertige Getränk, das nur von Juni bis Oktober hergestellt wird, solange die Stuten gemolken werden können, lohnt jedoch den Aufwand. Kühl gereicht ist es eine prickelnde Erfrischung, die dem Gast in der Jurte nach langem Ritt oder langer Fahrt durch die hitzeglühende, staubige Steppe ein Labsal bietet. Er erzählte mir weiter, daß der Airag Dank seiner Zusammensetzung als Allheilmittel von Generation zu Generation verwendet werde. Er helfe unter anderem bei Skorbut, Tuberkulose, Verdauungsstörungen, Blutarmut sowie Erschöpfung. Ich erfuhr weiter, daß die Heilkraft des Getränkes, das in der Mongolei auch in Sanatorien Anwendung findet, damit erklärt wird, daß es der Organismus leicht aufnimmt und es den Stoffwechsel anregt. Bei der Gährung sind Milchsäurebakterien mit am Werk, die antibiotische Eigenschaften aufweisen. Da der wachsende Bedarf nach diesem Getränk immer mehr zunahm, ist man inzwischen schon zur industriellen Herstellung übergegangen. So ersetzt zum Beispiel ein elektrisch betriebenen Quirl das stundenlange Schlagen der Milch.

Als ich mir jetzt gerade vorstellte, wie dieser Kumys wohl schmecken könnte, bewegten sich einige Äste am Rand der Kieferndickung. Ich vermutete den Keiler, der sich vorsichtig herausschieben wollte. Es fing schon stark an zu dämmern. Ein leises Knacken verriet den Schwarzen, daß er unmittelbar am Dickungsrand verhoffte. Ja, alte Keiler sind sehr vorsichtig, oftmals drehen sie sich noch einmal um, verschwinden lautlos, um dann plötzlich wieder an einer anderen Stelle den Wind zu prüfen, ob auch kein Mensch in der Nähe sitzt. Aber diesmal benahm sich der Schwarze anders. Die Äste bewegten sich erneut an der gleichen Stelle und schon fängt der dunkle Koloß an, sich aus der Dickung zu schieben. Ich riß das Fernglas hoch und meine Augen weit auf. Ja, ich erkannte das dunkle Haupt, mittendrin blitzte etwas weißes auf, der Körper schob sich weiter heraus. „Verdammt nochmal, das ist doch kein Keiler!" Da erkannte ich einen Neger, der auch mich sofort auf dem offenen Hochsitz sah und sich blitzschnell wie ein richtiges Wildschwein herumwarf und schon wieder verschwand. „Ist so

K.-P. Reif

etwas möglich?" fragte ich mich. Aber ich sah es ja mit eigenen Augen und träumte doch nicht, obgleich ich mich gedanklich intensiv mit dem Kumys beschäftigte. Jährlich führten Kampfschwimmer der Nationalen Volksarmee Übungen durch. Der zuständige Offizier kam jedesmal ordnungsgemäß ins Büro und meldete die geplante Ausbildung bei mir an, denn ohne meine Zustimmung durften NVA- bzw. Kampfgruppenübungen auf dem Darß nicht erfolgen. Ich stimmte mit den Offizieren das jeweilige Gelände ab, auf dem sie sich bewegen durften. Die Kampfschwimmer mußten, nachdem sie in niedriger Höhe aus dem Flugzeug sprangen, in einer bestimmten Zeit das ihnen angegebene Ziel erreichen, unter der Maßgabe, sich von niemandem erblicken zu lassen. Diese Einzelkämpfer der Marine sollten schwimmende Hindernisse beseitigen oder feindliche Objekte, wie Schiffe und Brücken, durch Sprengladungen vernichten. Es wurden damals in der DDR auch ausländische Soldaten, so unter anderem Angolaner, als Kampfschwimmer ausgebildet. Dieser Neger kam wohl völlig vom Kurs ab, denn dieses Gelände erhielt von mir keine Freigabe. So passierte es, daß er vor meinem Hochsitz auf allen Vieren herausgekrochen kam und dabei das Glück besaß, nicht einen hitzigen unerfahrenen Jäger vor sich zu haben, der ihm womöglich eine Kugel zwischen die Rippen gejagt hätte, in dem Glauben, der Schwarze sei ein Wildschwein. Da mir klar war, daß in der Dickung kein Wild mehr und schon gar kein Keiler stecken konnte, verließ ich den Hochsitz, in der Hoffnung, es möge am nächsten Tag an einer anderen Stelle besser klappen.

Mit gemischten Gefühlen erwartete ich also Harry Tisch. Ich führte ihn schon oftmals zur Jagd und erlebte ihn auch auf Treibjagden. Sein Jagdneid war grenzenlos. Er mußte jedes Mal etwas zur Strecke bringen, sonst zeigte er sich als ungenießbar. Darüber hinaus erwartete er auch, daß er auf den Treibjagden die meisten Stücke schoß, um Jagdkönig zu sein, denn sonst taugte für ihn die Jagd nichts. Dasselbe galt auch sinngemäß beim Skatspielen. Er mußte gewinnen, ansonsten stänkerte er den ganzen Abend. Da er gerne Rotwein trank, stellten sich die übrigen Gäste auch hierauf ein, obgleich sie lieber andere Getränke zu sich genommen hätten. Jeder fügte sich dem Willen des Hauptgastes an diesen Abenden. Ich wollte nun auf Nummer sicher gehen, damit er auf jeden Fall einen Schwarzkittel schoß, indem ich mit ihm zur Kirrung in Abteilung 56 fuhr. Der Wind blies von Norden, also mußten wir den südlichen Pirschsteig benutzen, um nicht Gefahr zu laufen, die Schwarzkittel schon vorher zu vergrämen, denn ich vermutete hier mehrere Überläufer, die oftmals schon sehr zeitig, aus der Dickung kommend, auf die Kirrung zogen. Tisch pirschte dicht hinter mir her. Ich ließ mir Zeit, um mich Schritt für Schritt leise vorwärts zu bewegen. Meine Devise lautete immer: man pirscht erst dann richtig, wenn man sich selber nicht hört, vorausgesetzt, daß man noch gut hören kann.

Die meisten Gäste konnten nicht Pirschen, das Ansitzen gewohnt, warteten sie lieber oben auf den Hochständen auf das Wild. Ich stehe auf dem Standpunkt, daß ein Jäger erst dann ein vollkommener ist, wenn er auch die Pirscherei beherrscht, denn sie bedeutet die hohe Schule der Jagdkunst. Wer sie nicht beherrscht, sollte es lieber lassen, denn sehr schnell ist ein Stück Wild vergrämt und schlimmstenfalls das ganze Revier leergepirscht. Harry Tisch schlich wie eine Katze hinter mir her. Er gab sich die größte Mühe, auch nicht auf den kleinsten Ast zu treten, um jedes Geräusch zu vermeiden. Der Pirschsteig erschien mir dieses Mal unsagbar lang. Wir legten schon über 200 Meter zurück, als wir wieder stehenblieben und den Bestand links und rechts mit dem Glas ableuchteten. Wir durften auf keinen Fall unverhofft auf Rehwild stoßen, denn dieses hätte unvermeidlich geschreckt und die Schwarzkittel gewarnt. Die um unseren Kopf umherschwirrenden Mücken versuchten uns anzugreifen, hielten aber Abstand, da wir uns mit Mückenspray einsprühten. Mein Gast benutzte ein westdeutsches Fabrikat. Mir blieb nichts weiter übrig, ein in der DDR hergestelltes Mückengift anzuwenden, das höchstens eine halbe Stunde, wenn man schwitzte, nur eine Viertelstunde wirkte. Das westdeutsche Spray dagegen hielt die Mücken zwei bis drei Stunden vom Körper ab. Außerdem roch es angenehm und brannte längst nicht so wie unseres im Gesicht. In den Genuß dieses Präparates und vieler anderer Jagdutensilien, darüber hinaus auch westdeutscher Jagdbekleidung, kamen nur die Jagdgäste, in erster Linie die Politbüromitglieder. Sie verfügten eben über alle Dinge, die wir in der DDR nicht bekamen. In Wandlitz, ihrer Festung, konnten sie alle wertvollen Waren aus dem Westen verbilligt kaufen. Die Normalbürger in der DDR standen nach vielen Sachen oftmals stundenlang an oder kamen nur durch Tausch an sie heran, während die Politbüromitglieder sich keine Gedanken machen mußten, um zum Beispiel einen guten Farbfernseher kaufen zu können. Ja, sie predigten Wasser und tranken selber Wein. Ich durfte in diesem Fall auch nicht den Gast bitten, mir nächstes Mal ein westdeutsches Mückenspray mitzubringen. Das hätte bei einer Kenntnisnahme durch meine vorgesetzte Dienststelle in Berlin ein Disziplinarverfahren gegeben. Wir durften grundsätzlich dem Gast keinen Wunsch vortragen, geschweige denn stillschweigend Geschenke annehmen. In diesem Falle machte sich sofort ein schriftlicher Bericht erforderlich, da man in Berlin davon ausging, daß der Mitarbeiter eines Staatsjagdgebietes nicht bestechlich, also nicht käuflich sein dürfe. Berlin sah es als nächsten Schritt, daß der um den Gefallen Bittende zum Verräter wird, indem er sich vom westdeutschen Gast, dem Klassenfeind, für seine Interessen einspannen läßt. Alles purer Blödsinn. Wir Leiter eines Staatsjagdgebietes dachten keine Minute daran, die DDR zu verraten, denn wir waren alle von der Richtigkeit des Sozialismus so beseelt, daß wir niemals auf solche Gedanken gekommen wären.

Eines Tages mußte ich zur Inspektion Staatsjagd, meiner vorgesetzten Dienststelle in Berlin. Hier hielt man mir vor, daß die Waffe eines verstorbenen Gastes mit meiner Zustimmung an einen Jäger verkauft wurde. Obgleich ich meinen Chef darauf aufmerksam machte, daß ich damit den persönlichen Wunsch des an Krebs verstorbenen Gastes erfüllte, denn dieser Jäger führte ihn oft auf Jagd, lautete seine Antwort: „Nach so einem eigenmächtigen Handeln wird sehr leicht der nächste Schritt getan, nämlich Verrat der DDR.“ Ich schaute ihn entsetzt an. Er erlaubte keine Widerrede. Als ich dann einige Tage später ein schriftliches Gesuch einreichte, man möge mich von der Funktion des Leiters der Staatlichen Jagdwirtschaft Born entbinden, da ich kein Verräter werden möchte, zitierte man mich erneut nach Berlin. Dort erhielt ich die Erklärung, daß man meinem Antrag stattgeben würde. Ich müßte aber dann auch den Darß verlassen. Dieser Hieb saß natürlich. Ich hoffte, wenigstens als Revierförster bleiben zu dürfen. Den Darß verlassen, das hätte ich seelisch nicht verkraftet. So biß ich in den zweiten sauren Apfel, denn den ersten mußte ich schon ein Jahr vorher auf ähnliche Art und Weise probieren.

Wieder pirschten wir vorsichtig einige Schritte weiter. Plötzlich sah ich in 100 Metern Entfernung zur linken Hand etwas Schwarzes. Ruckartig blieb ich stehen. Auch Harry Tisch parierte sofort und riß wie ich das Fernglas hoch. „Das muß ein Schwein sein”, sagte ich zu ihm. Er nickte: „Ja, das ist ein größeres Stück.” Eine dicke Erle nutzten wir jetzt als Blende, um die nächsten 30 Meter zu überwinden. Am Baum angekommen, sahen wir uns erneut den Schwarzen an. Dann flüsterte mir Tisch zu: „Donnerwetter, da steht aber ein großer Keiler. So einen großen habe ich noch nicht gesehen.” Auch ich hatte den Eindruck, daß dort ein ziemlich großer Schwarzkittel stand. Er hob sich sehr gut von dem auf der Kirrung neu ausgestreuten weißen Dünensand ab. Ich ließ alle Kirrungen auf dem Darß mit hellem Sand beschichten.

Es brachte den Vorteil, daß das Büchsenlicht mindestens eine Stunde länger ausreichte, da sich die schwarzen Umrisse der Schweine sehr gut von dem hellen Untergrund abzeichneten. Außerdem konnte man den Mais gut mit dem Sand abdecken, so daß Vögel, wie Tauben und Eichelhäher, kaum die Maiskörner aufnehmen konnten. Mein Gast flüsterte mir zu: „Ich werde schießen." „Nein", antwortete ich. „Wir gehen auf Nummer sicher. Zehn Meter müssen wir noch näher herankommen." Als das Schwein sich drehte und uns die Hinterpartie zeigte, wagten wir uns vorwärts zu bewegen. Hinter einer starken Erle gingen wir erneut in Deckung. Schon hörte ich Harry Tisch, durch das Fernglas sehend: „Donnerwetter, da steht aber ein Riesenkeiler. Wenn ich den kriege, habe ich den größten Keiler meines Lebens geschossen." Auch ich schaute durchs Glas. In dem Licht der Abendsonne und auf dem hohen Dünensandhügel zeichnete sich der Umriß des Schwarzen deutlich ab. Er stand jetzt breit. Auch ich sprach ihn nicht als Bache an, und gab mit reinem Gewissen die Erlaubnis zum Schuß. Ich stellte mich breitbeinig hin. Schon legte Harry Tisch die Waffe auf meine linke Schulter, zielte und schoß. Ich riß wohlweislich den Mund auf, um eine Verletzung meines Trommelfelles zu verhindern, und hörte einen deutlichen Kugelschlag, der nach weidwund klang. Das Schwein flüchtete in die hinter der Kirrung liegende Sitkafichtendickung.
Mein Gast meinte aufgeregt: „Ich bin gut abgekommen. Das Stück nahm die Kugel an. Es muß ein Blattschuß sein." „Den Kugelschlag habe ich gehört", erwiderte ich, „er klang nicht gut, ich befürchte einen Weidwundschuß. Aber wir werden ja sehen." Am Anschuß fanden wir bis auf die starken Eingriffe zunächst nichts. Ich suchte den Rand der Dickung ab und fand ein Tröpfchen Schweiß. In dieser Sitkafichtendickung suchte ich schon mehrmals nach, stellenweise verdichtete sich der Wuchs derart, daß man sich die Kleider zerreißen konnte. Ohne Hund in die Dickung hinein zu kriechen, wäre womöglich Selbstmord, denn ein verletz-

ter Keiler ist unberechenbar. „Was sollen wir jetzt machen?" fragte Harry Tisch. „Ich werde schnell nach Hause fahren, um einen Jäger mit einem Hund für die Nachsuche zu holen." Während ich losrannte, setzte mein Gast sich auf meinen Wunsch hin auf die Kanzel. Bald tauchte ich mit dem Jäger Heinz Bettac wieder auf. Er zeichnete für die Ausbildung und Pflege der Hunde sowie für Nachsuchen verantwortlich. Diese zentrale Hundehaltung auf dem Gelände der Staatlichen Jagdwirtschaft Born bewährte sich nicht, so daß ich später danach trachtete, daß möglichst jeder Revierförster einen brauchbaren Hund führte.
Heinz Bettac brachte an diesem Abend seine beiden privaten Jagdterrier mit. Ich gab ihm den Auftrag, zunächst mit einem Terrier die Nachsuche an der Leine aufzunehmen. Sollte es in der Dickung zu kompliziert werden, dem Hund zu folgen, sollte er ihn schnallen. Tisch und ich setzten uns auf den Hochsitz. Es verging wohl eine halbe Stunde. Wir hörten und sahen nichts. Plötzlich vernahmen wir den Standlaut von dem Terrier. Jetzt setzte ein Gepolter in der Sitkafichtendickung ein. Dann hörten wir wieder Standlaute. Das wiederholte sich etliche Male. Inzwischen schnallte Bettac auch seinen zweiten Terrier. Die Hunde trieben das Stück Schwarzwild hin und her. Dann verloren sich alle Laute und Geräusche in der Riesendickung. Die finstere Nacht brach herein. Alles war mucksmäuschenstill um uns. Harry Tisch meinte ärgerlich: „Zwei Hunde im Einsatz und kein Ergebnis!" „Eins steht fest", erwiderte ich, „es ist kein Blattschuß gewesen. Sollte ich mit meiner Vermutung richtig liegen, daß Sie das Stück weidwund trafen, hätten wir eine Wartezeit von drei Stunden einlegen müssen und die Nachsuche nicht gleich beginnen dürfen, sondern erst morgen früh, nach Sonnenaufgang“, räumte ich ein. „Auf jeden Fall müßt ihr morgen alles daran setzen, daß Schwein zu finden", sagte Harry Tisch jetzt kurz angebunden. „Denn auf so einen großen Keiler habe ich bisher noch nicht geschossen.“ Nachdem Heinz Bettac mit seinen beiden abgekämpften

Terriern enttäuscht auftauchte, bestätigte er, daß die Hunde den Keiler mehrmals hochmachten, er aber immer wieder entweichen konnte.

Am nächsten Morgen suchte ich mir zehn Forstarbeiter aus, die die Dickung systematisch durchkämmen sollten. Hundertprozentig davon überzeugt, daß das weidwundkranke Stück in der Sitkafichtendickung verendet gefunden würde, versprach ich dem Finder eine Prämie in Höhe von hundert Mark. Als wir mit den Fahrzeugen die Abteilung 56 erreichten, teilte ich die Mannschaft in zwei Gruppen ein und ordnete an, zunächst die Dickung zu umschlagen, um festzustellen, ob das Schwein eventuell noch nachts die Dickung verließ, denn dann könnten wir uns die mühsame und strapaziöse Nachsuche in den Sitkafichten sparen. „Sorgfältig ist auf jeden Wechsel zu achten", betonte ich nochmals, „ob Schweiß oder eine frische Fährte aus der Dickung führt." Die erste Gruppe umschlug die linke und die zweite, die ich anführte, die rechte Seite, nach vorheriger Kontrolle der Rückwechsel. Ich merkte, daß alle Forstarbeiter mit großer Sorgfalt jede Fährte und jeden Wechsel untersuchten, um einen Tropfen Schweiß zu finden. Wir bogen jetzt auf das m-Gestell ein, das parallel mit der Ostsee verläuft. Der Forstarbeiter Eduard Kunz, der einige Schritte voraus ging, rief plötzlich: „Hier ist Schweiß!" Und gleich danach: „Hier liegt das Schwein!" Schnell eilte ich zum Fundort. Enttäuscht sagte ich zu Kunz: „Das ist ja ein Überläufer. Wir suchen einen großen Keiler. Dieser hier wird wahrscheinlich von einem Armeefahrzeug, das regelmäßig Grenzposten ausfährt bzw. wieder einholt, überfahren worden sein. Aber ich untersuche ihn mal näher." Ich drehte ihn auf die andere Seite und entdeckte zu meinem Erstaunen einen Ausschuß, der durch das kleine Gescheide führte. Jetzt fand ich auch den winzigen Einschuß auf der anderen Seite des starken Überläufers. „Das kann doch wohl nicht wahr sein", murmelte ich. Aber doch, Tisch beschoß das Stück von links. So lag auch der Einschuß, den ich erneut untersuchte. Der von mir gehörte Kugelschlag deutete auch auf weidwund. Die Kugel durchschlug sowohl das große, als auch das kleine Gescheide. Einige Schweißtropfen bestätigten, daß der kranke Überläuferkeiler aus jener Dickung wechselte, in der er bei der Nachsuche nachts noch steckte. Kunz freute sich über die gewonnene Prämie. Mit Grauen dachte ich daran, wie Harry Tisch meine Nachricht wohl aufnehmen würde.

Ich rief ihn an. „Das ist unmöglich. Ich habe auf mein größtes Schwein geschossen und nicht auf einen Überläufer." Ob er es mir glaubte, daß wir einer Sinnestäuschung unterlagen, wie ich es ihm zu erklären versuchte. Ich weiß es nicht. Ziemlich kurz angebunden verabschiedete er sich am Telefon von mir. Mir klang es noch lange im Ohr: „Mein größtes Schwein."

Der verschwundene Hirsch

Es entstand inzwischen das neue Verwaltungsgebäude der Staatlichen Jagdwirtschaft Born in der Abteilung 33. Die nach meinen Plänen angelegte Grünanlage stellte einen Anziehungspunkt für Urlauber und Einheimische dar. Nach der Wende behaupteten böse Zungen, daß das Gelände kein Außenstehender betreten durfte. Aber das entspricht nicht der Wahrheit. Unorganisierte Besichtigungen sah man allerdings nicht gerne. Ansonsten durfte jeder Bürger mit seinem Anliegen unsere Büroräume betreten. Oftmals besuchte uns der Kindergarten von Born. Die Kinder sahen sich gerne die in der Voliere gehaltenen Tauben und Fasane an. Eine Zeit lang konnten sie sogar Wildschweine im Gehege beobachten. Wir zogen mehrere Frischlinge auf. Sie stammten von einer Bache, die schon mehrere Jahre auf dem Friedhof in Prerow frischte. Der Pfarrer führte gerne seine Kirchgänger zu dieser alten Grabstätte, um sich gemeinsam mit ihnen an diesem Naturerlebnis zu erfreuen. Eines Tages nahm ein Prerower Bürger die Frischlinge mit zu sich nach Hause, was natürlich sehr schnell bekannt wurde, gezwungenermaßen griff ich entsprechend ein. Gepflegt wurde unsere Grünanlage von den beiden fleißigen Forstarbeitern Otto Lamowski und Alfred Grolik, die sich auch beim Heizen ablösten. Arbeit gab es genug. Der Rasen erforderte eine ständige Pflege. Um zu verhindern, daß die Maulwürfe die Grünanlage zerstörten, erhielten die beiden für jeden gefangenen 1 Mark Prämie. Wunderhübsch blühten die vielen verschiedenfarbigen Rhododendronsträucher. Ebenso erfreute die herrliche Rosenpracht, deren Beete Heidekraut umrahmte, jeden Besucher. Leider mußte man einen Teil der Grünanlage erneuern, als das Verwaltungsgebäude 1982 durch Funkenflug abbrannte, dessen Aufbau aber sofort wieder begann. Auch im Walde gab es reichlich Arbeit. Im Durchschnitt wurden in den Jahren 1977 bis 1988 pro Jahr 30 Hektar aufgeforstet. Die Jungwuchspflege betrug 19 Hektar pro Jahr. Jährlich mußten im Durchschnitt 18 Tonnen Harz geerntet werden. Der Holzeinschlag stieg von 12.000 Festmetern Holz im Jahre 1977 auf 21.000 Festmeter im Jahre 1988. Trotzdem wuchs noch mehr Holz zu, als man nutzte. Diese Arbeiten, hinzu kamen noch unter anderem Jungbestands-, Kulturpflege-, Forstschutz-, Wegebau- und Meliorationsmaßnahmen, wurden 1988 von 62 Arbeitskräften bewältigt. 29 Arbeiter beschäftigten sich mit den jagdlichen Aufgaben, wie unter anderem Bearbeitung und Bestellung der Wildäcker, Füttern des Wildes, Hochsitzbau, Anlegen von Pirschsteigen und Wegebau. Dies bezog sich auf 39 Hektar Wildäcker und 42 Hektar Wiesen auf dem Darß. Der Futtermeister legte täglich 81 Kilometer zurück, um 30 Kirrungen zu versorgen. Im Durchschnitt bauten die Arbeiter jährlich 25 neue Kanzeln. Hinzu kamen noch 10 bis 15 kleine transportable Sitze, die wir für kombinierte Ansitzdrückjagden benötigten, die wir erstmalig 1974 durchführten. Somit stand jedem Schützen bei der Drückjagd ein Hochsitz zur Verfügung. Die wilden Treibjagden, bei denen die Jäger auf den Schneisen standen und die oftmals sehr gefährlich verliefen, fanden damit ein Ende.

Großen Wert legte ich auf gepflegte Pirschsteige, so daß man lautlos jeden Hochsitz erreichen konnte. Außerdem mußten die Sitze so stehen, daß man genügend Deckung besaß, um sie auch ungestört verlassen zu können, ohne das Wild zu vergrämen. Im Jahre 1989 wurden auf dem Darß 161 Stück Rotwild, 45 Stück Damwild, 129 Stück Rehwild und 527 Stück Schwarzwild erlegt. Es kamen jährlich 150 bis 160 Füchse zur Strecke. 1989 zählten 14 Hunde zum Bestand der Staatlichen Jagdwirtschaft Born, davon 4 Deutsch-Drahthaar, 1 Jagdspaniel, 3 Dachsbracken und 6 Teckel. Durch die Verbesserung der Wildäsung (Wildäcker, Wiesen, Fütterung) stiegen die Durchschnittswildbretgewichte von 1970 zu 1975 um 10 kg beim Rotwild, beim Schwarzwild um 7 kg und beim Rehwild um 2 kg. Sie nahmen aber speziell beim Rotwild Ende der 80er Jahre durch den weit überhöhten Wildbestand wieder ab. Die anfangs zu hoch geschraubte Anforderung an die Darßer Hirschtrophäe wurde 1988 durch eine neue von mir bestätigte Wildbewirtschaftungsrichtlinie korrigiert. Jetzt strebten wir an, daß der zehnjährige Hirsch ein 95 cm langes Geweih mit einem Gewicht von 5 kg und 12 Enden trägt. Der siebenjährige Hirsch sollte eine Bronzemedaille und der über zehnjährige eine Silbermedaille aufweisen. Diese Kriterien errechneten wir nach den Durchschnittswerten, die sich aus unseren Unterlagen ergaben. Jedes Stück Wild wurde bei uns vermessen, somit auch jede Trophäe. Zur Staatlichen Jagdwirtschaft Born gehörten 1989 dreiunddreißig Jäger, davon besaßen acht eine eigene Kugelwaffe und drei eine Schrotflinte. Die übrigen holten sich eine Waffe von dem zuständigen Revierförster, der gleichzeitig als Jagdleiter fungierte. Der Empfänger mußte für den Erhalt der Waffe jede Woche unterschreiben. Die Jagdgebietsgrenze deckte sich nicht in allen Fällen mit der des Forstreviers. Jeder Jäger, ortsansässig und aus den verschiedensten Berufsgruppen stammend, bejagte für gewöhnlich einen bestimmten Bezirk, der aber aus unterschiedlichsten Gründen verändert werden konnte. Traten zum Beispiel Wildschäden auf, so zog man auch Jäger aus anderen Jagdgebieten heran. Kam Besuch von Jagdgästen, durften die betreffenden Waidgenossen in ihrem Pirschgebiet nicht zur Jagd gehen, was natürlich oftmals zur Verärgerung führte. Trotzdem gab es für unsere eigenen Jäger genug zum Schießen. Von den ca. 1.000 Stück Schalenwild, davon 860 Stück auf dem Darß und 140 Stück in Neuheide, wurden 46 % durch Gäste erlegt, so daß noch ca. 540 Stück die einheimischen Waidgenossen zur Strecke brachten. Das bedeutete fast 17 Stück pro Kopf. Da es eine Reihe von inaktiven Waidgenossen gab, schossen die übrigen um so mehr. So daß einige Jäger sogar 50 bis 60 Stück Schalenwild im Jahr erlegten. Der Abschuß beschränkte sich in erster Linie auf weibliches Wild, denn auf die Trophäenträger legten natürlich die Gäste großen Wert. Unsere eigenen Jäger bekamen nur in seltenen Fällen einen 2b-Hirsch frei. Während den Gästen grundsätzlich kein kostenloses Wildbret zustand, erhielten die übrigen Schützen je nach Wildart 20 bis 30 % von ihren geschossenen Stücken als kostenlosen Schützenanteil. Der Betreffende konnte aber auch auf das Wildbret verzichten und sich dafür den Wert in Geld auszahlen lassen. Mit Unterstützung der Jagdleiter erarbeitete ich Wettbewerbsrichtlinien für die einheimischen Jäger, die in erster Linie den aktiven Waidgenossen zugute kamen. Hier spielten solche Punkte, wie Planerfüllung, angestellte Beobachtungen, Raubwild- und Raubzeugabschuß, eine besondere Rolle. Jeder Jäger besaß einen persönlichen Abschußplan und mußte auch eine bestimmte Anzahl von Ansitzen vollbringen, um Wild zu beobachten, deren Ergebnisse letzten Endes in schriftlicher Form durch die Jagdleiter bei mir einliefen. Sie dienten dazu, um Möglichkeiten für das erfolgreiche Führen von Jagdgästen zu schaffen.

Auch an die Hundeführer mit erfolgreichen Nachsuchen dachten wir in dem Wettbewerb. Alle aufgerechneten Faktoren in dem Wettbewerbsvordruck wurden in Mark bewertet. Die ausgezahlten Prämien schwankten zwischen 50 Mark und 3.000 Mark pro Person, je nach Aktivität des einzelnen Jägers. Einige Waidgenossen verdienten sich durch das Erlegen beziehungsweise Fangen von Füchsen zusätzlich Geld. Aktive Jäger kamen auf über 30 Füchse, was ihnen über 2.000 Mark einbrachte. Während die Raubwild- und Raubzeugprämien der Staatliche Forstwirtschaftsbetrieb Rostock zahlte, bestand für die Staatliche Jagdwirtschaft die Möglichkeit, die Wettbewerbsprämie aus eigenem Fond zu begleichen. Diese Gelder stammten in erster Linie aus den den Jagdgästen nicht zustehenden Schützenanteilen. Die Gäste besaßen aber den Vorteil, kostenlos in der Staatlichen Jagdwirtschaft zu übernachten, zu essen und zu trinken.

Schlugen sie ihr Quartier im Gästehaus des Ministerrates in Dierhagen auf, mußten sie allerdings alles auf Heller und Pfennig bezahlen. Ihre Jagdtrophäen durften sie präpariert und aufgesetzt ebenfalls kostenlos mit nach Hause nehmen. Wenn auch die einheimischen Jäger nicht wagten, negative Äußerungen über das Jagdleben in der Staatlichen Jagdwirtschaft laut von sich zu geben, denn das hätte ein Jagdverbot auf dem Darß nach sich gezogen, wenn es in Berlin lautbar geworden wäre (Spitzel gab es sicherlich auch in den eigenen Reihen), so regte sich doch zumindestens eine innerliche Empörung. Besonders verärgert zeigten sich alle diejenigen Waidgenossen, die bei der Gründung der Staatlichen Jagdwirtschaft Born im Jahre 1970 in die neue Jagdgesellschaft Zingst abgeschoben wurden, weil sie die Kriterien bei der Überprüfung durch einige Dienststellen, somit auch durch die Staatssicherheit, angeblich nicht erfüllten. Da spielten unter anderem solche Faktoren eine Rolle, wie Westverwandtschaft, Leumund und Parteizugehörigkeit. Wobei man einen Parteilosen als besser ansah als ein Mitglied der befreundeten Blockparteien. Eine Ausnahme machte hier die Bauernpartei, die der SED besonders nahestand.

1984 wurde die Jagdgesellschaft Zingst auf Drängen von Berlin aufgelöst, um dieses Territorium zusätzlich für die Gästejagd zu nutzen. Erneut gab es eine Verärgerung unter diesen Jägern. Denn plötzlich entsprachen sie angeblich den kadermäßigen Richtlinien, wegen den man sie 1970 ausgliederte und durften nun innerhalb der Staatlichen Jagdwirtschaft jagen. Es ist verständlich, daß sich eine innere negative Einstellung bei einigen Jägern breit machte. Sie mußten sich ständig einem gewissen Zwang unterordnen. Wenn sie zur Jagd gehen wollten, mußten sie auch unangenehme Pflichten erfüllen. Dazu zählten der regelmäßige Besuch der Jagdversammlungen, auf denen ihre Arbeit zur Kritik stand, eine bestimmte Anzahl von Wildbeobachtungen, in erster Linie für Jagdgäste, nachzuweisen, nicht zu jagen, wenn

Gäste in ihrem Pirschbezirk auf Jagd gingen, und die Erfüllung der Bedingungen des Pflichtschießens, denn sonst drohte ebenfalls eine Jagdsperre. Gerne hätten einige Jäger auch einmal einen besseren Hirsch erlegt, denn sie durften nur Spießer und wenige Jäger aufgrund guter Leistungen einen 2b-Hirsch schießen.

So erhielt ein tüchtiger Waidgenosse von mir die Erlaubnis, einen Hirsch zu erlegen. Ich bestätigte für ihn einen 2b-Hirsch. Da ich ihn überraschen wollte, erzählte ich nichts von der Geweihstärke, nur, daß der Hirsch regelmäßig zur gleichen Zeit auf dem so genannten Kiepenbruch-Wildacker auswechselte. Der Jäger fuhr überglücklich noch am selben Abend zum Ansitz. Der Hirsch trat wie gewohnt aus. Meinem aufgeregten Waidgenossen kam sofort in den Sinn, daß

es der Hirsch sein müsse, denn die Uhrzeit, Standort des Auswechselns, die Endenzahl und das Alter stimmten mit dem von mir beschriebenen überein. Der Geweihte stand günstig, auch in guter Entfernung. Das Büchsenlicht reichte aus, so daß er einen Schuß wagen konnte. Der Hirsch brach auf der Stelle zusammen. Er rührte sich auch nach einigen Minuten des Beobachtens nicht mehr. Mit zitternden Händen schloß der Jäger die Luken der Kanzel und rüstete sich zum Abbaumen. Unten angekommen, schaute er nochmals durchs Glas. Der Geweihte lag regungslos. Mit einem seligen Glücksgefühl schritt der Schütze nun auf den Hirsch zu. Als erstes betrachtete er sich die Trophäe, drehte sie mehrmals hin und her und stellte mit Entsetzen fest, daß er hier einen zu starken Hirsch erlegte. Er konnte nicht ahnen, daß es sich um den von mir bestätigten handelte. „Oh, oh," sagte er sich: „hier gibt es Ärger. Ich fahre erst zum Chef, um ihn zu bitten, mitzukommen und sich den Gestreckten anzusehen." Ohne den Hirsch aufzubrechen, sprang er schnell in den Jeep und kam mit unruhigem Gewissen zu uns auf den Hof gefahren. Schnell eilte er an unsere Haustür, die er aber verschlossen vorfand. Meine Frau und ich legten uns gerade einige Minuten zuvor schlafen. Da nachts immer das Schlafzimmerfenster aufstand, meldete der Jäger sich dort mit leiser Stimme. Ich antwortete, er beichtete hastig seine angebliche Sünde und bat mich, mitzukommen, um mir das Unheil anzuschauen. Schnell zog ich mich an. Mit überhöhter Geschwindigkeit fuhr er mit mir zum Unglücksort. Was wir hier erlebten, schildere ich in meinem damals verfaßten Gedicht:

Wat allens up dee Jagd passiert

Wat so up dee Jagd passiert,
nee is manchmal dolles Stück.
Mancher hätt sich dor verfiert,
wenn't vorbischütt und kein Glück.
Doch dat allergrößte Ding
passierte mal abends spät:
Bi mi an dee Dör wat klingt,
hürt ick dor, dat einer räd.

Dee Uhr güng up elben tau,
wier grad int Bett rinstägen.
Und ick glöfte, jetzt hark Rau,
künn schalten ut min Brägen.
Plötzlich sei'k ein Kierl dor gan
bi uns am Finster dütlich.
Und nu sei'k ein Jäger stahn.
Ick denk, dit is jo nüdlich.
Dörch dat Finster röpt hei nu:
- buten wiert vom Maand schön hell -
„Schlapen Sei schon? Uk dei Fru?
Können's nicht mitkamen schnell?
Ik heff ein Hirsch dor schaten.
Ik weit, ik kann nich leigen.
Ik heff em ling' dor laten
und will em Sei irst zeigen.

Jo, dat is ein grotes Diert,
allein uptauladen, nee!
Jo, ik heff mi selbst verfihrt,
wi hei vör mi lingen dee."
Ut dat Bett ik ruter for,
em to helpen wier min Pflicht.
Wäulte mi schnell mang dei Hor,
fünn dei Unnerbüx nu nich.

Und endlich har'k allens an,
tofte ruter ut dat Hus.
Buten stünd mien Jägersmann,
dat Erlebnis mök em krus.
Und wi sprüngen in den Jeep.
Hei lett em bannig glieden,
jo, as har hei noch ein Trieb,
up sienen Hirsch tau rieden.
Und dat durte gor nich lang,
fägt hei up den Acker rup.
Minsch, dei Jäger wier nich bang,
denn dat wier 'ne weike Supp.

Und hei kurvte hen und her.
Ik dacht, hei wat woll bringen,
denn em föllt woll gor nicht schwer,
hier möt dei Hirsch woll lingen.
Doch sien Kurven nimmt nu tau.
Em will dat nich in' Brägen:
„Oh, verdammt, ik frett 'ne Kau,
hier hätt dat Biest doch lägen!"
Wi springen ut den Wagen.
Nee, dei Jäger makt ein Bild!
Dor fängt hei an tau klagen,
fohrt sich in dei Hor ganz wild.
Mit dei Händen fuchtelt hei,
immer wedder röpt hei ut:
„Nee, wat is 'ne Sauerei!"
und ik markt, hei käm in Wut.
„Es ist wohl nicht zu fassen!"
so bölkt hei entsetzt mi an.
„Hätt nicht vom Hirsch soll'n lassen,
ich war ja genügend dran!"
Und hei mök mi bildlich vör,
wi dat vör sich gahnen wier.
Dei Gedanke mök em mör,

dat verschwunden wier dat Tier.
Und vörsichtig frögt ik so:
„Hemm's vielleicht sich uk nich irrt?"
Dor schmet hei ein Blick mi to,
dat wier ganz und gor verkihrt.
„Minsch, ik seet doch up dat Tier,
heff dei Stangen angefott!
Jo, ik wett twei Kasten Bier
und dor tau ein Extrapott.

Dei Hirsch leech ganz dodig hier
und hei rögte gor kein Glied.
Gor kein Läben in em wier.
Hei leech friedlich up dei Siet.
Ein Gedanke har ik bloß:
dat Geweih is väl tau gaut,
oh, hier gifft wat up dei Hos
und von baben up den Haut!
Deshalb joggte ik no Hus,
üm tau melden nu den Chef,
dat ik heff im Pelz 'ne Lus,
ik ein böses Krippeln heff.
Den Hirsch hett doch keiner klaut,
ik säuk und Sei blieben hier!"
Jo, hei mök mi nochmals Maut,
denn dat wier em pienlich sier.

Und hei kröp von Bom tau Bom.
Keek nu hinner jeden Struk.
Nee, för em wiert woll kein Drom,
und ik söchte in dei Huk.
Dei Klock güng up Mitternacht.
Jetz har hei dei Faxen satt.
Und dor keem hei anmaracht.
Jo, so richtig mör und matt.

As wi fohrten nu no Hus,
hürt ik nochmals dei Geschicht.
Jo, ik glöw, dat is kein Schmus,
hei studierte mien Gesicht.
Und hei meinte ganz verstürt:
„Jetzt ändern sich dei Tieden:
nächstmal kam ich ungeniert
mit den Hirsch antaurieden!"

Abschließend möchte ich bemerken, kein Jägerlatein erzählt zu haben, sondern eine wahre Begebenheit. Wir fanden nicht einen Tropfen Schweiß. Höchstwahrscheinlich schoß der Jäger durch die untere Geweihhälfte, was eine zeitweise Lähmung und Besinnungslosigkeit des Hirsches bewirkte.

Der angebundene Hirsch

Die Halbinsel Darß blieb bis zur Wende Grenzgebiet. Den Urlaubern sowie auch den Einheimischen war es nicht erlaubt, zu surfen oder sich mit Paddelbooten auf der Ostsee zu bewegen. So sah man auch keine Segelschiffe. Bewacht wurde der Weststrand durch in Ahrenshoop stationierte Soldaten der auch mit großen Scheinwerfern ausgerüsteten Grenztruppen. Damit wollte man verhindern, daß jemand die Ostsee zum Grenzdurchbruch nutzte. Nur wenigen Flüchtlingen gelang es, lebend das Meer zu überqueren, um nach Skandinavien oder Dänemark zu gelangen. Etliche versuchten, mit Schlauchbooten oder sogar schwimmend ihr Fluchtziel zu erreichen. Auch auf der so genannten hohen Düne am Nordstrand in Prerow waren Grenzsoldaten stationiert, die von dort aus die Ostsee sehr gut überblicken konnten. Eines Sonntagmorgens, der Aussichtsturm blieb eigenartigerweise unbesetzt, floh von hier aus ein Ehepaar mit Kind in einem gut ausgerüsteten Motorboot. Die Flucht in den Westen gelang ihnen ohne Zwischenfälle, obwohl die Wachboote der Grenztruppen an der Ostseeküste patrouillierten. Mehreren jungen Männern stand da eher das Pech Pate, als sie glaubten, schwedische Laute an der in Nebel gehüllten Küste zu vernehmen. Sie ruderten freudig ans Land und wurden dort von den Grenzsoldaten der DDR festgenommen. Sie kamen im dichten Nebel vollkommen vom eigentlichen Kurs ab und landeten am Strand von Zingst. Heute stehe ich auf dem Standpunkt, daß es richtiger gewesen wäre, diese vielen Gelder für die übertriebene Grenzsicherung lieber zu nutzen, um die marode Wirtschaft anzukurbeln.

Ich bekam mehrmals Ärger mit den Grenztruppen, als ihre Fahrzeuge unerlaubte Waldwege für ihre Wachablösung benutzten und sie in einigen Fällen sogar unbefahrbar machten. Aussprachen mit dem Leiter der Dienststelle in Ahrenshoop fruchteten meistens, so daß es für einige Zeit vorhielt. Sie reparierten die verursachten Schäden und befuhren nur die mit mir abgesprochenen Wege. Wiederholt riefen mich des nachts Fahrer der Armeefahrzeuge an, daß sie zwischen Born und Ahrenshoop ein Reh oder ein Wildschwein überfahren hätten. In vielen Fällen fanden wir das angefahrene Wild nicht, denn oft machten sich schon andere Liebhaber bei, das begehrte Wildbret im Kofferraum zu verstauen und es abzutransportieren. Einige Male kamen Bürger und meldeten mir ihre Kollision mit einem Hirsch, der im Straßengraben liegenblieb. Wir fanden dann meistens ein Reh und erlösten es sofort von den Qualen. Eines Tages humpelte ein Borner Bürger auf den Hof und erzählte mir, er habe einen Rehbock mit dem Motorrad zwischen Born und Wieck gerammt. Nachdem ich ihn zum Arzt schickte, um sein dickes Knie behandeln zu lassen, fuhr ein Jäger zur Unfallstelle. Dieser fand anstelle eines Rehbockes einen Hirsch, einen Rotspießer, dem noch ein Fangschuß angetragen werden mußte. Hier unterschätzte der Bürger die Größe des Wildes. Ein Wunder, daß diesem Zweieinhalb-Zentner-Mann nicht mehr passierte. Auch Draht, den nachlässige Bauern auf der Feldmark oder Forstarbeiter im Walde liegenließen, verursachte einige Wildverluste. So verhedderten sich zwei Damschaufler mit ihren Geweihen im Weidezaundraht. Wir versuchten die beiden zu retten, indem wir deren Schaufeln absägten. Der eine verendete dabei, während der andere davonflüchtete und am Leben blieb.

Das folgende Jagderlebnis vergesse ich auch nie. Ein hoher Offizier der Staatssicherheit wurde bei mir zur Jagd eingewiesen. Er quartierte sich bei uns ein. An der Kaffeetafel erzählte er aus seinem persönlichen Leben und daß einige Familienangehörige von ihm im KZ ihr Leben ließen und er dafür kämpfe, daß solche Verbrechen nicht noch einmal passieren und kein Nationalsozialismus entstehen werde. Vor solcher Meinung und politischen Einstellung mußte man natürlich Achtung haben. Die Wende öffnete den meisten Bürgern der DDR und so auch mir die Augen, mit welchen Foltermethoden, die in einigen Fällen denen des Nationalsozialismus ähnelten, manche Dienststellen der Staatssicherheit gegen Andersdenkende vorgingen. Aber das liegt im Wesen einer Diktatur begründet, daß eine Minderheit, die sich mit der herrschenden Politik nicht einverstanden erklärt, gewaltsam unterdrückt, eingesperrt, gefoltert wird und letzten Endes mit dem Tode bezahlen muß. Mit bedrückendem Gefühl denke ich darüber nach, daß man nichts über die Konzentrationslager im Nationalsozialismus wußte und jetzt nichts über die Staatssicherheit, die ebenfalls schon ähnliche Einrichtungen plante.

Alsbald begann der Offizier, ein jagdliches Gespräch mit mir anzuknüpfen. Er fragte: „Ihr habt doch sicherlich für mich einen Hirsch angebunden?" Einen Hirsch angebunden! Diesen Ausdruck liebte ich schon gar nicht, denn sie lassen sich nicht anbinden. Wenn er es auch nicht wortwörtlich meinte, klang es doch nach Selbstverständlichkeit, als wenn es ein leichtes wäre, den zu schießenden Geweihten genau zu der Stelle und zur gewünschten Zeit zu dirigieren, um ihn erlegen zu können.

Es gab eine Reihe von Ursachen, die zum Nichterfolg einer Jagd führen konnten: Pilz- und Beerensammler, wildernde Hunde, Menschenstimmen, Forstarbeiter und dergleichen mehr konnten die Ursachen der Störung sein. Leidenschaftliche Pilzsammler streiften gerne durch die Bestände und verließen somit die Wanderwege. Wildernde Hunde gab es verhältnismäßig wenige im Wald. Wenn unsere Jäger sie beim Hetzen oder Reißen eines Stück Wildes ertappten, beendeten sie natürlich dieses Szenario. Die Hauptwege zum Weststrand standen den Wanderern fast ausnahmslos Tag und Nacht zur Verfügung. Leider gab es auch Radfahrer, die noch spät vom Baden kamen und sich laut unterhielten, was natürlich beim Wild bewirkte, daß es dann noch lange im

Bestand verhoffte und erst nach Büchsenlicht austrat. Obgleich die Revierförstern die geplanten Holzeinschläge mit mir abstimmten, gab es hin und wieder undisziplinierte Forstarbeiter, die die Mittagspause zur Pilzsammlung nutzten und somit die Einstände des Wildes beunruhigten. So passierte es dann, wie ich es mit dem damaligen Botschafter der UdSSR, Abrassimow, erlebte, daß der ihm zugedachte Rehbock an dem Abend nicht kam, obgleich er sich die Tage vorher immer pünktlich erblicken ließ, und der Botschafter mich in überheblicher Art kritisierte, er sei es gewohnt, daß sich das zu schießende Wild spätestens nach einer halben Stunde Wartezeit zeige.

Ich antwortete nun dem Offizier der Staatssicherheit aus Trotz: „Ja, wir haben einen Hirsch in Abteilung 188 angebunden. Ich werde einen Jäger durch den Bestand schicken, der dann das ihn festhaltende Drahtseil mit der Drahtschere losschneidet. Dieser wird sicherlich den Wechsel über die Kulturfläche benutzen, an der Sie stehen werden, um in die nächste Dickung zu gelangen. Dann wird es an Ihnen liegen, ob der 14-Ender zur Strecke kommt. Aber lassen Sie uns jetzt aufbrechen, um keine Zeit zu verlieren."

Der Gast und der Jäger, der die Abteilung durchdrücken sollte, stiegen zu mir in den Geländewagen, und ab ging die Post. Ich schlief nur wenige Stunden, da ich schon früh eine Nachsuche hinter mich bringen mußte. Am Vorabend schoß ein Staatssekretär auf einen Hirsch auf der Dreiriegenwiese. Der dermaßen aufgeregte Schütze konnte keinen zweiten Schuß anbringen, obwohl der Hirsch nur langsam davonzog. Die einsetzende Dunkelheit ließ eine sofortige Nachsuche nicht zu. Ich erzählte unserem Sohn Klaus dieses Jagderlebnis, der mich daraufhin bat, ihn am nächsten Morgen zur Nachsuche mitzunehmen. Ich weckte ihn zeitig. Er meinte: „Vati, ich habe geträumt, der Hirsch liegt im Graben." Als wir dann früh morgens spaßeshalber in diesen Graben hineinschauten, bevor wir meinen Deutsch-Drahthaarrüden am Anschuß ansetzten, sahen wir schon von weitem die Stangen des gesuchten 12-Enders aus dem Wasser ragen. „Es stimmt doch nicht immer: 'Träume sind Schäume'", dachte ich bei mir.

Aber nun zurück zu meinem Jagdgast. Wir passierten den "Großen Stern" und fuhren in nördlicher Richtung. In Abteilung 132 hielt ich an und lief zur Kirrung, um zu kontrollieren, ob die Wildschweine sie besuchten. Wenn es mit dem Hirsch nicht klappen würde, wollte ich mich eventuell mit dem Gast hier auf Sauen ansetzen. Von weitem sah ich schon, daß den umgeworfenen Dreibock, den der Futtermeister immer zur Kontrolle aufstellte, die Schweine nahmen den Mais bis auf wenige Krümel auf. Nun blieb mir nur noch übrig, die 15 Meter weiter im Stangenholz versteckte Uhr zu kontrollieren, wann die Schwarzen ihr Mahl einnahmen. Ich las 20.05 Uhr, also eine günstige Zeit, mit noch gutem Büchsenlicht. Ich verglich die Uhrzeit mit denen der vorigen Tage, die der Futtermeister notierte, und sah, daß die Überläufer, denn nach den Fährten konnten es nur einjährige Stücke sein, ziemlich regelmäßig zwischen 19.45 Uhr und 20.15 Uhr kamen. Diese Stelle schien also ziemlich sicher, hier könnte der Gast zur Not einen Jagderfolg verbuchen. Durch diese an den Kirrungen eingebauten Uhren ersparten wir uns viel langes und vergebliches Warten auf die Sauen. Ich glaubte damals, eine einmalige Erfindung gemacht zu haben. Aber ich irrte mich. Ein Jagdgast fragte mich einmal, - ich verriet ihm vorher, wann und in welcher Größe sich der Überläufer an dem Abend zeigen würde - nachdem er das Schwein erlegte: „Wie konnten Sie das so genau voraussagen?" Ich antwortete: „Nur durch vieles Beobachten." Er meinte dann, er wäre vor kurzem in der CSSR gewesen, die hätten dort Uhren an den Kirrungen eingebaut. Ich antwortete nur: „Das ist ja interessant." Ich wußte damit, daß wir nicht als einzige diese Methoden anwandten. Um so mehr überraschten mich dann nach der Wende die Uhrenangebote in den westdeutschen Jagdkatalogen. In den Altbundesländern werden sogar elektrische Futterapparate verwandt, die das Futter in bestimmten Intervallen auf die Kirrungen streuen. Im nachhinein stehe ich auf dem Standpunkt, daß die Kirrmethode in den Staatsjagdgebieten sich zwar als notwendig erwies, um eine sichere Bank für die von uns Leitern geforderten Jagdgasterfolge zu schaffen, sie aber auch zur starken Übervermehrung des Schwarzwildes beitrugen, obgleich wir nur drei kg Mais pro Kirrung ausstreuten.

Weiter ging unsere Fahrt. Wir kamen an der dicken Buche vorbei, die mich jedes Mal an ein unliebsames Ereignis erinnerte. Ich stellte eine Forstarbeiterin ein, die schon seit frühester Jugend gut mit Pferden umgehen konnte. Pünktlich und pflichtbewußt fuhr sie jeden Tag mit unseren kürzlich gekauften wertvollen Rappen das Wildfutter aus. Einmal im Hochsommer ließ die Futtermeisterin ihre Kutsche am k-Gestell stehen, um dann zu Fuß die Kirrung in Abteilung 144 mit Mais zu beschicken. Plötzlich setzten sich die Pferde, wahrscheinlich von Bremsen gepiesackt, in Bewegung und galoppierten auf dem k-Gestell Richtung "Großer Stern". Oben auf dem Bock saß der Teckel der Forstarbeiterin. Als dieser merkte, daß die Fahrt an einem Baum enden würde, sprang er im letzten Moment ab, während die Kutsche an der starken Buche zerschellte. Ein Pferd verletzte sich tödlich, während wir das andere später in die Tierklinik brachten. Der Dackel, ohne sich umzudrehen, rannte quer durch den Bestand und lief schnurstracks nach Hause. Er sagte sich wahrscheinlich: damit will ich nichts zu tun haben!

Wir überquerten jetzt den Langseer Weg. Hier sammlte ich neulich am frühen Morgen einen torkelnden jungen Mann auf. Sein Oberkörper war nur mit einem dünnen, weißen

Hemd bekleidet und mit Dreck und Blut beschmiert. Die Mücken zerstachen ihn total. Ihn nach seinem Wanderziel befragt, bekam ich von dem Betrunkenen nur eine lispelnde Antwort: Er käme von einer Hochzeitsfeier und habe sich jetzt verlaufen. Seinen Namen und Herkunftsort konnte ich nicht in Erfahrung bringen, da er sich kaum noch auf den Beinen hielt und fast im Stehen einschlief, zerrte ich ihn in meinen Jeep und sagte zu meinem im Wagen sitzengebliebenen Gast, mit dem ich mich auf dem Weg zur Jagd befand: „Wir werden den jungen Mann auf der nächsten Armeewache abgeben. Dort kann er sich ausschlafen. Im nüchternen Zustand wird er dann wohl wissen, welchen Weg er einschlagen muß, um seinen Heimatort wiederzufinden." Als ich vor dem Schlagbaum des Armeeobjektes am Darßer Ort stand, bemühte sich kein Soldat, aus dem Wachhaus zu treten, um mich zu kontrollieren. Ich stieg aus und schaute durchs Fenster: Da lag doch der Posten und schlief. Ich machte leise die Tür auf. Da empfing mich ein Schnarchkonzert. Der Soldat merkte nichts von meinem Besuch. Ich hätte mehrere im Gewehrständer stehende Waffen fortschleppen können. Als ich dann anfing, die Decke, mit der der Soldat sich einhüllte, etwas zu lüften, sprang er entsetzt von der Pritsche und starrte mich mit sperrangelweit aufgerissenem Mund an. Jetzt merkte er, daß ein Jäger vor ihm stand und wohl nichts Böses im Schilde führte. Ich erklärte ihm mein Anliegen und bat ihn, den von mir aufgesammelten Bürger nach dessen Ausnüchterung wieder in Marsch zu setzen. Eigentlich hätte ich ja sagen müssen: „Nehmen Sie den jungen Mann mit unter Ihre Decke und schlafen Sie weiter!"

Endlich erreichten wir unser Ziel. Ich ließ den Wagen außerhalb der Schußlinie stehen und brachte den Offizier zu seinem am Rande einer Fichtenkultur befindlichen Hochsitz. Denn hier vermutete ich, daß der Hirsch, dessen Einstand wir in der Abteilung 188 kannten, vorbeiwechseln würde.

Ich gab meinem Helfer noch einige Instruktionen für das Durchdrücken dieser Abteilung und setzte mich selber auf einen am l-Gestell, unweit des Gastes stehenden Hochsitz. Kaum hingesetzt, mußte ich an ein an dieser Stelle erst kürzlich passiertes Jagderlebnis denken.

Es saßen neben mir Konrad Naumann, Politbüromitglied, und seine Frau, die Schauspielerin Vera Ölschlegel. Wir warteten auf Rotwild. Plötzlich hörte ich hinter uns ein lautes Knacken. Die Gäste vernahmen es ebenfalls. Ich flüsterte ihnen zu: „Da kommt Rotwild. Wir müssen jetzt sehr leise sein." Die Geräusche kamen immer näher. Dann setzte absolute Ruhe ein. Keine Geräusche drangen mehr zu uns. Da beugte sich die Schauspielerin zu mir rüber und flüsterte mir ins Ohr: „Die haben sich verpißt!" Ich mußte die Zähne zusammenbeißen, um nicht laut loszuprusten. Ich dachte nur: „Und das aus dem Munde einer Dame!"

Meine Gedanken schweiften jetzt wieder zu meinem heutigen Gast. Etwa nach fünf Minuten gespannten Wartens fiel plötzlich ein Schuß. Es mußte der Gast gewesen sein, der sich da löste. Nach zehn Minuten hörte ich ein lautes Rufen von meinem Jagdhelfer. Nach erfülltem Auftrag stand er an der Schneise, um hier eine weitere Anweisung abzuwarten. Ich verließ schnell meinen Hochsitz und ging auf ihn zu. „Wir werden uns zum Jagdgast begeben, um zu sehen, auf was er geschossen hat", rief ich von weitem. Als wir uns dem Stasi-Offizier näherten, sahen wir ihn vor dem liegenden Hirsch stehen. Ich traute meinen Augen nicht. Tatsächlich, da lag wirklich der 14-Ender. Und was hing dort an seinem Geweih? Ein Spanndraht, den man für den Bau ein Forstgatters brauchte, umwickelte mehrmals die Stangen. Als ich dem Gast die Hand hinstreckte und „Waidmanns Heil" ausrief, sagte er mit aufgeregter Stimme: „Der Hirsch kam im leichten Troll über die Kulturfläche. Hinter sich schleppte er einen langen Draht. Ich zögerte nicht lange, hielt etwas vorne an und drückte ab. Der Hirsch machte noch ein paar Fluchten und brach zusammen." „Ich versprach Ihnen also doch nicht zuviel, als ich eingangs erzählte, daß ich einen Hirsch angebunden hätte, den wir nur noch loszuschneiden bräuchten", antwortete ich siegesbewußt. Der Gast sah mich mißtrauisch an und meinte nur: „Sagenhaft, wie Sie so etwas fertigbringen." Ich aber dachte nur: „Ein purer Zufall."

Rebhühnerjagd

Mehrere Tage verbrachte ich mit dem Besuch eines Jagdgastes aus Belgien. Er gehörte dem Vorstand der kommunistischen Partei seines Landes an. Meine französischen Sprachkenntnisse und seine deutschen reichten aus, um uns ohne Dolmetscher zu verständigen. Ich zeigte dem schon ältereren und bescheidenen Gast inzwischen schon einige Sehenswürdigkeiten unserer Halbinsel: Er bewunderte das wunderhübsche Ahrenshooper Gehölz, das in der Nähe liegende Steilufer mit dem herrlichen Ausblick auf die Ostsee, die hohe Düne in Prerow mit der malerischen Landschaft, auf der einen Seite die Ostsee, auf der anderen den in den Bodden fließenden Prerowstrom, das von allen gerne aufgesuchte Prerower Heimatmuseum, die sehenswürdige alte Seemannskirche und nicht zuletzt unseren abwechslungsreichen Wald, umgeben vom Bodden und der Ostsee. Diese einmalige Landschaft beeindruckte ihn. Am Kaminfeuer tauschten wir dann Jagderlebnisse aus. Er erzählte viel von seinen Erfahrungen, die er auf den Wildkaninchenjagden in seiner Heimat sammelte. Auf seine Frage, ob es auf dem Darß auch Kaninchen gebe, antwortete ich: „Ja, aber zur Zeit ist erneut die Myxomatose ausgebrochen und der Kaninchenbestand stark dezimiert." Als ich 1959 zum Darß kam, beschwerte sich der damalige Küstenschutz darüber, daß die zahlreichen Wildkaninchen die Uferschutzbauten unterwühlten und einen beträchtlichen Schaden anrichteten. Mit mehreren Jägern zogen wir dann los, um dieser Plage zu Leibe zu rücken. Ein Jäger besaß ein Frettchen, das die Kaninchen aus ihren Bau sprengte, beziehungsweise in die vor den Löchern gespannten Netze trieb. Wir Jäger standen schußbereit, um auf die blitzschnell herausflitzenden Gesellen zu schießen. Man mußte schon ein gewandter Schütze sein, um die Haken schlagenden Wildkaninchen zu treffen. Diese Jagden fanden ein schnelles Ende, als die Seuche um sich griff. Die Viruskrankheit befiel damals auch die Hauskaninchenbestände in Born. Die kranken Tiere bekommen eine Bindehautentzündung mit Tränenfluß und verklebten Augenlidern. Das Virus breitet sich in allen Organen aus und verursacht schwere Ödeme in der Unterhaut. Diese Krankheit, die vierzehn Tage dauert, verläuft meistens tödlich. Sie wird durch Kontakt von Tier zu Tier oder durch stechende Insekten übertragen.

Der Belgier erkundigte sich dann nach dem Flugwild auf dem Darß. Auch hierüber konnte ich ihm erzählen. Jährlich führten wir auf dem östlichsten Teil der Halbinsel, auf Pramort, unsere Gänsejagden durch. Imposant war es jedes Mal, wenn im Morgengrauen das Trompeten der Kraniche ertönte und dann Tausende von diesen stolzen Tieren über unsere Köpfe hinwegflogen, um auf den neuen Saaten oder abgeernteten Getreidefeldern auf dem Festland einzufallen. Abends kommen sie dann zurück, um im seichten Wasser zwischen Pramort und Bock ihr Schlafquartier zu beziehen. Morgens, nachdem die Kraniche ihren Flug zum Festland vollzogen haben, kommen unmittelbar dahinter die Gänse, oftmals ebenfalls zu Tausenden. Ein Erlebnis löste einmal ein Staunen bei mir aus. Ein Jäger schoß eine Gans, die tödlich getroffen in die Wiese fiel. Ich traute meinen Augen nicht, als ich plötzlich einen Seeadler sah, der sich auf diese Gans stürzte, sie mit seinen Fängen packte und sich mit ihr vom Boden abhob. Da sprang der am Graben in Deckung stehende Schütze hervor und rief: „Willst du wohl meine Gans liegen lassen. Das ist meine!" Da ließ der erschrockene Seeadler seine Beute fallen und flog mit kräftigen Flügelschlägen davon, um dann bald unseren Blicken zu entschwinden. Insgesamt zwanzig bis dreißig Saat-, Bleß- oder Graugänse zählte unsere Strecke meistens. Den größten Erfolg konnten wir immer bei sehr nebligem oder stürmischem Wetter verbuchen. In beiden Fällen flogen die Gänse dann verhältnismäßig niedrig, dies beeinflußte die Trefferquote zum Positiven. Großer Wert wurde immer auf ein ge-

Wohnhäuser auf dem Darß

auch folgende Seite

Dorfidylle in Born

Wohnhäuser auf dem Darß

Wacholderlandschaft auf dem Darß

Typisch für den Darß - besonders knorrige Buchen

o. links
Recke-Gedenkstein

o. rechts
Mit Efeu umrankte
Bäume

Jagdhütte in der Abt. 12

Wacholderlandschaft im Darßer Wald

Am Weststrand - die berühmten Windflüchter

Eingangstor zum Nationalparkamt "Vorpommersche Boddenlandschaft"

Jagdhütte der Hegegemeinschaft "Ferdinand von Raesfeld"

Wanderpilz am “Großen Stern”

Röhrender Rothirsch

wissenhaftes Absuchen der Wiesen und Gräben mit Hunden nach der Jagd gelegt, damit möglichst keine Gans oder Ente verloren ging. Enten kamen auf den Gänsejagden kaum zur Strecke, da sich die meisten Jäger auf die größeren Tiere, also auf die Gänse, konzentrierten. Enten erlegten wir meistens an den vielen vom Volkseigenen Gut angelegten Meliorationsgräben. Hier gingen wir geschlossen in einer Schützenkette vorsichtig an die Wassergräben heran, um dann auf die aufstehenden Stock- oder Krickenten zu schießen. Wir trainierten vorher auf unserem Tontaubenstand in Bliesenrade, auf dem wir auch jährlich unser Pflichtschießen absolvierten. Die meisten Jagdgäste zeigten kein großes Interesse für Enten- und Gänsejagd. Sie wollten lieber die Zeit nutzen, um auf Schalenwild zu schießen. Ich nehme aber an, daß sie sich nicht blamieren wollten, denn ihre Schießergebnisse auf Flugwild wären wahrscheinlich aufgrund von Unerfahrenheit schlecht ausgefallen.

Eine Ausnahme machte der Generalforstmeister Rudi Rüthnick, der gerne auf Flugwild schoß und auch hier als guter Schütze auffiel. Wir kamen einmal von einer Gänsejagd zurück, als wir auf der Heimfahrt Hunderte von Gänsen auf einer Wiese erblickten. Ich bog in den nächsten Feldweg ein und fuhr so dicht wie möglich an die Gänseschar heran. Der General sprang aus dem Wagen, aber schon erhoben sich die Tiere. Rüthnick backte an, als sie über uns hinwegflogen. Er wollte gerade schießen, als plötzlich eine Gans wie ein Stein vom Himmel fiel und auf die Wiese klatschte. Wir schauten uns betroffen an. Rüthnik hob die Bleßgans auf und meinte lachend: „Jetzt läßt du die Gäste schon zum Erfolg kommen, ohne daß sie zu schießen brauchen." Auch hier hatte der Zufall die Hand im Spiel. Es handelte sich um eine Gans, die wahrscheinlich am Morgen von einem Schützen angebleit wurde und ihr Leben bei unserem Aufscheuchen endgültig ausblies.

Der Belgier brachte erneut seine Freude über die Schönheit des Darßes zum Ausdruck, meinte aber dann, daß er allerdings mit einer Sache nicht einverstanden sei. „Die wäre?" fragte ich. „Das FKK-Leben am Strand. In Belgien ist es nicht erlaubt", erwiderte er. Daraufhin gab ich ihm zu verstehen, daß ich auf einem anderen Standpunkt stände. Ich erzählte ihm dann von der Entwicklung der Nacktbadebewegung auf dem Darß, daß sie bei den Nazis verboten gewesen sei und erst nach 1945 ein Aufblühen erfahren habe. Auch heute bin ich der Meinung, daß in einigen Jahren mehr Nacktbadende als Bekleidete an unserer Darßküste beobachtet werden können.

An eine amüsante Geschichte erinnere ich mich wie heute. Ich bat den Staatlichen Forstwirtschaftsbetrieb Rostock, daß er einen zuständigen Experten entsende, um meinen schriftlichen Antrag zu überprüfen, der beinhaltete, mehr Geld für die notwendigen Reparaturen an den Werkswohnungen zu bewilligen. Zum Schluß dieser in den einzelnen Dörfern durchgeführten Besichtigung der betreffenden Häuser bat ich den Leiter jener Baukommission, Paul Kleist, doch noch einen Blick zum Strand in Prerow zu werfen. Ich führte sie zum Nordstrand, einem großen FKK-Zeltplatz mit Tausenden von nackten Menschen. Wir wanderten von einem Strandübergang zum nächsten. Kleist blieb zurück, sein Schrittempo immer mehr verlangsamend, so daß wir ihm schon zurufen mußten, sich zu beeilen, da die Zeit dränge, nach Hause zu fahren. Nun uns endlich eingeholt, sagte er schmunzelnd: „Ich bin schon so alt geworden, aber daß es so etwas in den verschiedensten Farben gibt, nein, das hätte ich nicht gedacht."

„Ich möchte allerdings erwähnen", so sagte ich zum emsig zuhörenden Belgier, „daß ich auch ein Gegner bin von allem, was übertrieben wird." So sah ich einmal eine über zwei Zentner schwere Frau, die nackend mit dem Fahrrad

zum Strand fuhr, oder ein anderes Bild, was abstößt: Nackte Frauen und Männer, die sich an einen Kiosk stellen, um sich eine Bockwurst zu kaufen. Alles was sich auf diesem Gebiet direkt am Strand abspielt, lasse ich durchaus gelten. Es ist auch nicht richtig, wenn die Grenzen des Nacktbadestrandes nicht eingehalten werden, denn man muß auch den textilbekleideten Urlaubern, die das FKK-Leben ablehnen, ihre Ruhe gönnen. Auch die sowjetischen Gäste taten immer sehr interessiert, wenn ich von dem FKK-Baden erzählte, denn bei ihnen war es streng untersagt. Ja, man durfte sogar, was ich selber in Moskau erlebte, nicht bei brütender Hitze den freien Oberkörper zeigen. Schon kam die Miliz und machte darauf aufmerksam, daß man gegen die Landessitten verstoßen habe.
Wenn es nun in dieser Zeit nach der Wende, in der es keine Illustrierte ohne Abbildungen von nackten Frauen gibt, in der die Pornographie, in der DDR streng verboten, nun auch in den neuen Bundesländern zur Blüte gelangt und Bestrebungen gibt, dieses Nacktbaden an unserem Strand einzuschränken, dann habe ich dafür kein Verständnis. Es muß alles seine Grenzen haben, um das Negative nicht ins Uferlose wachsen zu lassen, und zwar dort, wo es zum Schaden unserer Jugend gereicht.

Wir schwenkten jetzt um auf ein neues Thema. Der belgische Gast wollte wissen, ob wir auch Rebhühner auf dem Darß hätten. Ich verneinte es. „Leider", so erzählte ich, „ist der Biotop für diese Tiere nicht mehr vorhanden. Vor der VEG-Bildung und vor allen Dingen, als es noch Einzelbauern gab, sah das Bild der Landwirtschaft anders aus. Viele Kartoffelschläge, Hecken und Brachländereien boten den Rebhühnern Nahrung und Unterschlupf. Durch die Großraumwirtschaft mußten viele für sie lebensnotwendige Bedingungen weichen. Das VEG betrieb in erster Linie Grünlandwirtschaft und Färsenproduktion."

Nun wurde es aber allmählich Zeit, zur Jagd aufzubrechen. Der Belgier äußerte den Wunsch, ein Wildschwein zu schießen, denn er habe in seinem Leben noch keines erlegt. Wir fuhren an den Wildacker in der Abteilung 62. Wir wurden mit einem herrlichen Wetter beschenkt. Die Abendsonne schien in unser geöffnetes Kanzelfenster hinein. Ein wolkenloser Himmel spannte sich über unseren Sitz. Kein Lüftchen regte sich. Der Belgier schaute sich interessiert die Umgebung an. Ein mit Roggen bestellter und schon stark von den Sauen angenommener Wildacker lag vor uns. Zur linken Hand erstreckte sich eine Dickung, und nach rechts schloß sich eine Wildwiese an. Der Belgier schmunzelte, als sich mehrere Ringeltauben am Getreiderand niederließen, aber sofort wieder davonflogen und jetzt krächzend ein Eichelhäher die Abendstille störte. Ich flüsterte dem Gast zu: „Der Eichelhäher kündigt wahrscheinlich Sauen an."

In der Dickung knackte es. Aber bald zog wieder Stille ein. Da fiel mir die Nachsuche ein, die ich kürzlich in dieser Dickung anstellte. Ein Jagdgast schoß abends weit von hier auf einen Überläufer. Der Schweiß deutete auf Weidwundschuß hin. Da es in solchen Fällen immer richtig ist, drei bis vier Stunden mit der Nachsuche zu warten, um nicht das Stück aus dem Wundbett hochzumachen und Gefahr zu laufen, eine unnötig lange Suche auszulösen, sagte ich zum Jagdgast, daß ich am nächsten Morgen rechtzeitig einen Hund ansetzen werde, um das Stück zu finden. Da es stark zu regnen anfing, rief ich noch abends Dr. Nachbar aus Zingst an, der über einen Teckel verfügte, der weit und breit die beste Nase besaß. Da der Arzt keine Zeit hatte, holte ich mir den Hund und führte selber die Nachsuche durch. Was der kleine Rauhhaarteckel dann leistete, ist kaum mit Worten zu beschreiben. Der kranke Überläufer verließ noch nachts die Dickung und zog über zwei Kilometer weit fort, um dann in einer Kieferndickung ins Wundbett zu gehen. Der Teckel ließ sich von den vielen Wechseln und frischen Fährten nicht beeindrucken. Unterwegs fand ich nicht mehr einen Tropfen Schweiß, da es die ganze Nacht durch stark regnete. Ich verließ mich vollkommen auf den Hund. Schweißtriefend erreichte ich dann die Dickung, an der ich jetzt mit dem Belgier saß. Da der Teckel plötzlich sehr lebhaft suchte und mehrere Schleifen mit mir zog, stand für mich fest, daß der Überläufer in der Nähe stecken mußte. Ich schnallte den Hund. Einige Sekunden später gab er auch schon Standlaut. Vorsichtig schob ich mich durch die Dickung, das Gewehr vorhaltend. Aber dann sah ich auch schon den verendeten Schwarzkittel liegen. Der Hund zottelte am Überläufer. Ich lobte den Hund: „Brav, mein Hund. Das hast du gut gemacht!" Dieser sehr guten Leistung vom Teckel zollte ich Respekt. Ich freute mich riesig, daß wir das Stück Schwarzwild vor dem Verludern retten konnten. Dr. Nachbar, dem es schon mehrmals gelang, Teckel mit sehr guten Leistungen auf Prüfungen zu führen, übt auch heute noch die Jagd aus. Er baute sich nach der Wende eine eigene Praxis auf und genießt als Arzt einen guten Ruf.

Mein belgischer Gast starrte unentwegt zum Dickungsrand. Er hoffte, daß sich jeden Moment ein Schwarzkittel zeigen würde. Plötzlich setzte ein erneutes Krächzen eines Eichelhähers ein. Mein Nebenmann hob weisend den Zeigefinger und schaute mich erwartungsvoll an. Ich nickte und flüsterte: „Jetzt kommt was." Tatsächlich, vorsichtig schob sich ein Überläufer aus dem Kieferngeäst. Er sicherte einige Minuten und zog dann flott ins Getreide. Ich nahm vorsichtig die Bockbüchsflinte hoch, schob sie auf die Brüstung der Schießluke, so daß sie mein Gast übernehmen konnte. Es dauerte nicht lange, als der Schwarzkittel sich breit in eine Lücke des Roggens stellte. Ich nickte dem Gast zu, er möge schießen. Nachdem er die Waffe entsicherte und sorgfältig zielte, schoß er. Der Überläufer brach auf der Stelle zusammen. Der Belgier hielt, meinen vorherigen Rat befolgend, hochblatt an und traf dort auch, wie sich schließlich herausstellte. Mein Gast schäumte förmlich über vor Freude. Er umarmte mich und bedankte sich bei mir händeschüttelnd herzlich. Stolz steckte er den von mir überreichten Schützenbruch an seinen Hut. Abends wurde am Kaminfeuer auf die gelungene Jagd, auf der er seinen ersten Schwarzkittel erlegte, mit Sekt angestoßen. Nach amüsantem Geplauder fiel mir plötzlich die am Nachmittag vom Belgier gestellte Frage ein, ob es auf dem Darß Rebhühner gäbe. Dann erzählte ich dem schon angeheiterten Belgier folgendes:

„Ich erinnere mich, daß mein damaliger Vorgesetzter, Landforstmeister Naef, als ich noch bei der Landesregierung in Schwerin arbeitete, eines Tages aus dem auf der Insel Rügen verbrachten Urlaub zurückkam und ich ihn fragte: ‚Na, Walter, wie war der Urlaub?' und er mir antwortete: ‚Sehr gut. Ich bekam sogar einen Preis bei einer Kulturveranstaltung.' ‚Wie hast du denn das fertiggebracht?' wollte ich wissen. ‚Wir Gäste wurden aufgefordert, eine lustige Geschichte zum besten zu geben. Wer die beste erzählen würde, bekäme einen Preis. Dann habe ich mich gemeldet', meinte Naef, ‚und eine auf dem Darß mit Rebhühnern erlebte lustige Begebenheit geschildert.'"

„Hat er Ihnen diese Geschichte dann erzählt?" wollte jetzt mein Gast wissen. „Ja, ich kleidete sie nach vielen Jahren auf einem Hochsitz, auf Wild wartend, in Verse und trage sie Ihnen jetzt gern vor", antwortete ich.

Rebhühnerjagd

Walter Naef war auf der Pirsch,
auf dem Altdarß war was los:
Er sah Schwarzwild, Reh und Hirsch.
Plötzlich mußt' er aus der Hos'.
Schnell aufgeknöpft den Rock,
Hosenträger schnell noch los.
Schon saß er in der Hock':
Hosen runter, Hintern bloß.

Wie er bei ist im Geschäft,
er denkt, er sieht nicht richtig:
in der Fern' ein Köter kläfft,
der bellt, als sei es wichtig.
Rebhühner kam' geflogen,
burrten ihm - es ist kein Witz,
ja, wirklich nicht gelogen -
vorne in den Hosenschlitz.

Jetzt klaren Kopf behalten,
das sagt er sich im Sitzen.
Nun heißt es: richtig schalten!
Er kam dabei ins Schwitzen.
Eilends griff er neben sich,
das Gewehr lag dort bereit.
In der Hose rührten sich
Vögel in der Dunkelheit.

Bewegt nun von der Frage:
wie kann Erfolg nun fließen?
Er war nicht in der Lage,
sich in die Hos' zu schießen.

Die Entfernung wär' zu kurz,
die Schrote wür'n nicht streuen,
sie kämen auf einen Sturz,
man würd's wohl doch bereuen.
So gilt es anzustreben
- immer muß man Waidmann sein -
dem Tier 'ne Chanc' zu geben,
kommt ihm in den Sinn nun rein.
Er ein wenig lüft' den Schlitz:
schon fängt es an zu wimmeln,
es entfährt da wie ein Blitz
ein Rebhuhn steil zum Himmel.
Das Gewehr nun angelegt,
und läßt dann blitzschnell fliegen.
Das Rebhuhn herunterfegt,
tot sieht er's vor sich liegen.
Erneut öffnet er den Schlitz:
er schießt - man muß ihn loben -
es ist wirklich gar kein Witz:
kommt wieder eins von oben.

Fünfmal schießt er nun glashart
- dieser tollkühne Lümmel -
jedes saust nach seinem Start
getroffen aus dem Himmel.
Aber doch jetzt kommt der Clou,
denn wo bleibt das letzte Huhn?
Was hat dieses Tier partout
noch in seiner Hos' zu tun?

Zu schauen, bevor er schießt,
bleibt ihm wirklich nicht erspart,
warum dieses dumme Biest
gar nicht antritt diese Fahrt.

Öffnet also nun den Schlitz,
um besser jetzt zu schauen.
Und was sieht er durch die Ritz?
Er wird noch lang' dran kauen:
Die Henne, nein, wie garniert,
oh, sie sitzt da dick und kraus
Und brütete ganz ungeniert
von ihm das Gelege aus!

Ein bitteres Ende

Die wenigsten Bürger erahnten das jähe Ende der DDR. Unser Sohn Klaus bat mit meiner Einwilligung das Deutsche Rote Kreuz, den Aufenthalt meiner Schwester Jenny zu erforschen. Schon nach vierzehn Tagen erfuhren wir ihre Adresse. Sofort erreichte sie ein Brief von mir, in dem ich ihr mitteilte, daß wir überglücklich seien, wieder Kontakt mit ihr aufnehmen zu können. Da rief sie mich auch schon an und freute sich, meine Stimme zu hören. Wir sprachen vor zwanzig Jahren zum letzten Mal miteinander. Mir und meiner Familie untersagte man jeglichen Kontakt zu ihr. Jenny lud meine Frau und mich zum alsbaldigen Besuch ein. Nach einer aufregenden Fahrt mit mehreren Reifenpannen kamen wir, Marga und ich sowie Heino, der uns fuhr, und seine Frau Regina, kurz vor Mitternacht in Köln an. Endlich lag ich in den Armen meiner geliebten Schwester. Freudentränen liefen uns über die Wangen. Immer wieder meine grauen Haare betrachtend, meinte Jenny: „Ich hätte dich beim zufälligen Begegnen auf der Straße nicht wiedererkannt." „Ich dich auch nicht", erwiderte ich. Sie erlitt vor Jahren einen Schlaganfall, der aber so gut wie auskuriert war. Und an mir gingen die letzten zwanzig Jahre auch nicht spurlos vorüber.

Mit meiner Schwester Jenny sind schöne Jugenderinnerungen verknüpft. Wir klebten beide als Kinder wie Pech und Schwefel aneinander, liefen beide um die Wette, turnten am Reck, spielten Indianer, schossen auf Scheibe und streiften durch Feld und Flur. Gisela, unsere ältere Schwester, die Ambitionen zeigte für Kochen und Handarbeiten, kümmerte sich später um den Haushalt der Eltern und pflegte sie bis zu deren Tod. Sie selber starb 55jährig an einem Zuckerleiden. Nun blieb mir also nur noch Jenny. Am nächsten Tag machten wir einen Stadtbummel. Die Frauen interessierten sich für die großen Kaufhäuser. Das riesige Warenangebot überwältigte uns. Überall wurde mit Sachen gehandelt, die wir bisher in der DDR nicht kannten oder höchstens aus dem Intershop, für diese Freuden fehlte uns aber die D-Mark. Auf den Straßen beeindruckte uns der riesige Autoverkehr mit den vielen Fahrzeugtypen. Wir DDR-Bürger konnten uns bisher freuen, wenn wir nach langer Wartezeit einen Wagen, Typ Trabant, Wartburg oder Lada kaufen durften. Meinen Augen blieben allerdings auch nicht die auf den Bänken in der Nähe des Bahnhofs oder des Kölner Doms sitzenden betrunkenen oder drogensüchtigen, jungen aber auch älteren Menschen. Einige von ihnen hockten unmittelbar auf der Straße und bettelten trotz des sonst so hohen Lebensstandards in Köln. Auch das kannten wir in der DDR nicht. Einen herrlichen Eindruck auf mich machte der Kölner Dom oder die gepflegte Promenade am Rheinufer.

Immer wieder unterhielt ich mich mit Jenny über unsere Jugend auf dem Darß. Sie ging damals schon vor der Gründung der DDR in den Westen und heiratete in Köln einen Beamten der Bundesbahn. „Hast du denn damals meinen Brief mit der Todesanzeige meines Mannes nicht erhalten?" wollte sie wissen. „Tut mir leid. Ich weiß von keinem Brief. Ich nehme an, daß ihn die Stasi zurückhielt, um zu verhindern, daß ich mit dir Kontakt aufnehme." „Warum durftest du denn keinen Kontakt mit mir haben?" „Angeblich gehörte ich zu den Geheimnisträgern. Bei mir kamen viele Politbüromitglieder und Minister zur Jagd. Deren Namen, Aufenthaltszeitraum, Gepflogenheiten usw. durften Außenstehenden nicht bekannt werden. Schon gar nicht dem sogenannten Klassenfeind im Westen. Alles wurde von der Staatssicherheit so bewacht, daß diesem genannten Personenkreis nichts passieren konnte." „Hast du selber denn auch mit der Staatssicherheit zu tun gehabt?" „Ja, des öfteren. Jedes Politbüromitglied erschien immer mit zwei Leibwächtern von der Staatssicherheit, auch bei der Jagd." „Mußtest du denn auch Berichte an die Staatssicherheit schreiben?" „Nein, Gott sei Dank nicht. Ich bekam von meiner vorgesetzten Behörde in Berlin die Anweisung, keine Auskunft über die Staatliche Jagdwirtschaft zu geben. Erkundigungen der örtlichen Stasidienststellen liefen natürlich über den Tisch in Berlin. Das befreite mich vom Berichteschreiben. Ich nahm auch an keiner konspirativen Sitzung teil. Wie mich allerdings die Staatssicherheit in deren Akte einstufte, entzieht sich meiner Kenntnis. Ich bin auch davon überzeugt, daß unter meinen eigenen Mitarbeitern zumindestens einer als Zuträger für die Staatssicherheit arbeitete, denn jeder Leiter wurde bei uns in der DDR ebenfalls überwacht."

„Hast du auch Russen zur Jagd geführt?" wollte Jenny jetzt wissen. „Ja, etliche. Meistens Minister, aber auch Marschall Kulikow, der von 1977 bis 1989 Oberbefehlshaber der gemeinsamen Streitkräfte des Warschauer Paktes war. Auch mit Abrassimow, der viele Jahre als Botschafter der UdSSR in der DDR arbeitete, ging ich mehrere Male zur Jagd." „Ich verstehe nur nicht, warum die Menschen in der DDR nicht schon eher den Honecker zum Teufel jagten", warf jetzt Jenny ein. „Das Gros der Menschen war beseelt von der Richtigkeit des Sozialismus, so auch ich. Damals zurückgekehrt aus dem Krieg, erschütterte mich der Zusammenbruch des Nationalsozialismus. Begeistert zog ich als Hitlerjunge in den Krieg, um das Vaterland zu verteidigen. Nicht das Vaterland verteidigten wir, sondern die wahnwitzige Politik des Faschismus. Nach 1945 trat ich auf Anraten des Vaters in die SPD. „Wir müssen jetzt ein neues, ein besseres Deutschland aufbauen", so meinte er damals zu mir. Bald aber kam die Vereinigung der SPD mit der KPD zur Sozialistischen Einheitspartei Deutschlands. Vater trat aus der Partei aus. Ich aber blieb und glaubte jetzt richtig zu marschieren. Anfangs schien es auch so, denn man konnte sich auf den Parteiversammlungen zu Wort melden, bei den Nazis unmöglich. Die Losung 'Kritik und Selbstkritik, ein wichtiges Gebot der Partei', stand jetzt im Vordergrund. In den ersten Jahren wurde sogar nach der Wiedervereinigung Deutschlands gestrebt. Die SED entwickelte sich zur Massenpartei. Jeder 18. Bürger gehörte ihr an. Die Politik und die Wirtschaft steuerte in erster Linie die SED. Es gab zwar so genannte Blockparteien, wie CDU, LDPD, NDPD und die Bauernpartei, aber alle schrieben sich die Losung der SED auf ihre Fahnen: 'Verwirklichung des realen Sozialismus'. Diesem Ziel ordneten sich die gesamte Politik und die Wirtschaft unter.

Ausschlaggebend für die Zufriedenheit der meisten Menschen war das Vorhandensein einer Wohnung, genug Grundnahrungsmittel, Kleidung und Arbeit. Da nahm man schon mal in Kauf, daß es Bananen nur zwei- oder dreimal im Jahr gab. Auch Frauen erhielten viele Arbeitsmöglichkeiten. Keine Familie mußte Angst haben, daß ihre Kinder keinen Beruf erlernen würden. Jeder Jugendliche bekam eine Lehrstelle, wenn auch nicht immer die gewünschte. Viele Mütter sahen beruhigt die Zunkunft ihrer Kinder in der DDR, wenn sie von der Drogensucht und dem nachfolgenden sozialen Abrutsch bei den Jugendlichen im Westen erfuhren. Diese Gefahr bestand bei uns nicht - wenn man den Alkohol ausklammerte." „Verdienten denn die Männer bei euch genug, um die Familie zu ernähren?" fragte meine Schwester mich. „Es kam natürlich darauf an, in welchem Wirtschaftszweig sie arbeiteten. Diejenigen, die schwere körperliche Arbeit verrichteten, wie zum Beispiel im Bergbau, bekamen natürlich mehr Lohn als jemand in der Leichtindustrie. Aber auch die Arbeiter in der Forstwirtschaft, obgleich sie ebenfalls schwere Arbeit leisten mußten, verdienten im Verhältnis zu anderen Berufsgruppen nicht besonders viel. Da meistens Frau und Mann arbeiteten, die Kosten für die Grundnahrungsmittel, die Mieten und die Dienstleistungen sehr niedrig lagen, konnten die meisten Familien noch sparen. Für jedes Kind stand ein Kinderkrippen- bzw. Kindergartenplatz billig zur Verfügung. Wir nannten uns Arbeiter- und Bauernstaat, somit standen die Arbeiter und Bauern in einem hohen Kurs. Sie bekamen meistens mehr Geld als die Angestellten. Auch die Intelligenz wurde mit einem verhältnismäßig niedrigen Gehalt abgespeist. Für den Arbeiter, dem 'King' bei uns in der DDR, bestand kaum die Sehnsucht, unter kapitalistischen Verhältnissen arbeiten zu wollen. Es ist also sehr leicht von außen zu kritisieren, warum die Menschen nicht schon eher mit der DDR Schluß machten. Gefallen hat mir der Ausspruch von Kanzler Helmut Kohl, der sich mal sinngemäß äußerte: ‚Wer weiß, wo ich gelandet wäre, wenn ich in der DDR gelebt hätte.'" „War es denn richtig, daß die Mauer in Berlin gezogen wurde? Damit vollzog sich doch so richtig die Spaltung zwischen Ost und West", meinte Jenny. „Da hast du recht. Aber ohne diese Mauer wäre die DDR wirtschaftlich schon viel früher dem Untergang geweiht gewesen. Durch ihre verbohrte Wirtschaftspolitik, die Preise für die Grundmittel und Dienstleistungen nicht zu erhöhen, sondern sie zu subventionieren, lockte es natürlich in erster Linie die Westberliner sowie jeden Ausländer an, davon zu profitieren. Dieses hätte womöglich sogar kriegerische Konflikte auslösen können." „Wurden aber nicht auch viele Menschen an der Mauer getötet?" „Ja, dafür muß man in erster Linie die Politbüromitglieder zur Verantwortung ziehen, die die Schießbefehle ausarbeiteten und beschlossen; weniger die kleinen Soldaten, die man gesetzlich gar nicht belangen darf, höchstens in moralischer Hinsicht." „Wodurch kam es denn nun so schnell zur Wende?" fragte meine Schwester. „Seit den 80er Jahren ging es mit der DDR bergab. Oftmals standen die Frauen schon an, um die primitivsten Dinge für den Haushalt zu bekommen. Auch bei den Arbeitern wuchs die Unzufriedenheit. Die Produktion stockte oft, weil von irgendeinem Zulieferbetrieb die Ersatzteile ausblieben. Die Maschinen veralteten zum größten Teil immer mehr. Für neue Investitionen reichte das Geld nicht aus. Das Alte wurde immer wieder mit großer Geschicklichkeit und Ideenreichtum zusammengeflickt, bis es eines Tages vollkommen auseinanderfiel. Den Stein ins Rollen brachte Gorbatschow mit seiner 'Glasnost- und Perestroika-Bewegung'. Die Reformen in der Sowjetunion stießen zwar bei Honecker auf Widerstand, machten aber bei denen Mut, deren Meinungen bisher brutal unterdrückt wurden. Etliche saßen dafür Strafen in Gefängnissen ab. Bürgerrechtler fingen an, durch Demonstrationen ihren Unmut kundzutun. Diese Bewegung wuchs Ende 1989 zu ihrem Höhepunkt. Wir können uns freuen, daß die Truppen der Sowjetunion nicht eingriffen und somit eine friedliche Revolution vonstatten ging." „Ich freue mich besonders, daß wir uns gegenseitig wieder besuchen dürfen", warf Jenny ein. „Wir laden dich herzlich ein, uns auf dem Darß, deiner alten Heimat, zu besuchen." „Das werde ich gerne tun", antwortete sie freudig.

Unsere Gespräche berührten dann noch viele Fragen. Jenny erkundigte sich nach unseren Söhnen. Marga zeigte Bilder von den Enkelkindern, wofür sich meine Schwester besonders interessierte, da ihre Ehe kinderlos blieb. „Alleine der Kinder wegen komme ich euch bald besuchen", rief sie freudig aus. Am nächsten Tag unternahmen wir erneut einen Stadtbummel. Mich interessierte besonders der große Kettner Jagdladen in Köln. Erfreut nahm ich aus dem Bücherregal ein letztes Exemplar von Muellers "Verklungen Horn und Geläut". Ich kaufte mir dieses vor dreißig Jahren illegal gelesene Buch, denn bei uns in der DDR durfte man es nicht im Bücherschrank haben. Abends nahmen dann unsere Gespräche über Familie, Kindheitserlebnisse und immer wieder politische Themen ihren Fortgang. „Bei uns ist auch nicht alles Gold was glänzt", meinte Jenny. Ich gehe zum Beispiel abends nicht alleine auf die Straße. Schnell wird man hier als Frau überfallen und ausgeraubt." „Nein, das kennen wir nicht", antwortete Marga. „Wie oft vergessen wir abends die Tür zuzuschließen?" warf Regina, unsere Schwiegertochter, ein. „Da passiert kein Einbruch.” „Oder nehmen wir die Drogensucht”, fuhr Jenny fort. „Sie nimmt in den letzten Jahren immer mehr zu. Viele Jugendliche haben keine Arbeit, keine Zukunft, dann greifen sie zur Droge, für die das Geld oft gewaltsam besorgen.” „Ich habe nie geglaubt”, erwiderte ich, „wenn einige Bürger von ihrem genehmigten Besuch aus dem Westen zurückkamen und mir weismachen wollten, daß es zwar viele Arbeitslose hier gäbe, aber viele darunter wären, die gar nicht arbeiten wollen. Dem widersprach ich dann immer, da ich mir nicht vorstellen kann, daß es Menschen gibt, die das Arbeiten nicht als echtes Lebensbedürfnis auffassen.” „Und doch ist es so”, bestätigte Jenny. „In unserem Staat ist die Arbeitslosigkeit so sozial abgefedert, daß einige mehr mit Arbeitslosenunterstützung verdienen als ein Arbeitender.” „Das ist doch ungesund”, rief ich empört. „Gewiß ist es ungesund. Es gibt jetzt Bestrebungen seitens der Regierung, einen Modus zu finden, um Kürzungen vorzunehmen, wenn dem Betreffenden Arbeit nachgewiesen wird und er sie nicht aufnimmt.”

An dieses Gespräch dachte ich noch Jahre danach. Man kann wohl heute behaupten, daß die “Deutsche Einheit” schnell und problemlos zustande kam. Wegen der kritischen Finanzlage der DDR gab es damals leider keine Alternative zum schnellstmöglichen Beitritt der DDR nach Artikel 23 des Grundgesetzes. Es hätte aber, so meine Meinung, uns Ostdeutschen besser zu Gesicht gestanden, wenn wir unsere Verhältnisse noch ein bißchen selbst hätten ordnen können, um somit nicht nur gedemütigten Hauptes in diese Einigung einzugehen. Meines Erachtens war es auch nicht richtig, daß der Einigungsprozeß ohne gleichzeitigen Reformprozeß in der alten Bundesrepublik einherging. Ich denke da auch an die Bürokratie, die wir in der DDR reduzieren wollten, aber jetzt erst richtig genießen. Unsere Bürger in der DDR brachten damals nach der letzten Volkskammerwahl deutlich zum Ausdruck, daß es keine neue DDR geben soll. Aber in vielen Köpfen lebt sie immer noch, oder wieder. Die Gründe dafür sollte man suchen und auf keinen Fall außer acht lassen. Man kann nicht behaupten, daß die Jugend die Verlierer der Einheit sind. Wir haben neue Freiheiten erobert, die da lauten: freie Berufswahl, ungehinderter Zugang zum Studium und Reisefreiheit. Aber hier tauchen gleichzeitig große Mängel auf. Es sind nicht genügend Lehrstellen vorhanden. Jungen Frauen fehlt oft eine Berufsperspektive. Hier kann man einen Zusammenhang zwischen sozialer Verelendung und wachsender Gewalt der Jugendlichen erkennen. So sagen viele Jugendliche, daß sie zwar nicht Verlierer, wohl aber Vergessene der Einheit sind. Die Jugendpolitik zeigt noch große Mängel auf. Mit der Zertrümmerung der Planwirtschaft in der ehemaligen DDR wurden auch gleichzeitig die meisten von den Betrieben finanzierten Sportvereine und deren Jugendeinrichtungen glattgeschoben, deren Neueinrichtungen heute noch im argen liegen. Trotzdem bin ich davon überzeugt, daß die Jugend es schaffen wird, die Zukunft nach ihren Wünschen zu gestalten. Auch die Frauenpolitik hat noch viele Schattenseiten. Die Frau besitzt ein Recht auf Selbstverwirklichung, ihre Gleichberechtigung müssen wir heute nach neuen Gesichtspunkten messen. Sie ist in dreifacher Hinsicht belastet: als Frau, Mutter und im Beruf, und wird oft körperlich und geistig bis zur Erschöpfung gefordert. So geht die Verwirklichung der Frau letzten Endes auf Kosten der Kinder. Deshalb verzichten viele auf Kinder oder wollen höchstens nur ein Kind. Wegen der Berufstätigkeit wird die Erziehung der Kinder oft vernachlässigt. Das führt wieder dazu, daß sie außerordentlich zum Extremismus und zur Kriminalität neigen. Es macht sich also notwendig, nicht nur Frauenpolitik zu betreiben, sondern gleichzeitig auch Familienpolitik. Mit nur einem Kind oder gar keinem werden wir es nicht schaffen, die Renten der Eltern zu erarbeiten.

Ich stehe auf dem Standpunkt, daß der ursprünglich von Karl Marx stammende Gedanke des Sozialismus unsterblich bleibt, denn die Güter der Welt sind ungleich verteilt. Wir genießen den Überfluß und lassen sogar viele Ländereien brachliegen, damit die Preise auf dem Markt stimmen. Auf der anderen Seite erleiden Milliarden von Menschen Hungersnot. Wenn die Reichen weiter im Wohlstand leben wollen, müssen sie meines Erachtens bereit sein, denen zu helfen, die zur Zeit noch menschenunwürdig leben. Dadurch würde auch die Gefahr der kriegerischen Auseinandersetzungen gemindert. Die heutigen Industrienationen machen zur Zeit 22 % der Bevölkerung aus. Sie häuften auf unserem Planeten Erde nie gekannte Schätze an. Auf der anderen Seite leben 78 % der Bevölkerung in den Entwicklungsnationen in bitterer Not. Es steht hier arm gegen reich. Die Reichen werden immer reicher, die Armen immer mehr. Eine halbe Milliarde Menschen in der dritten Welt sind Analphabeten, aber sie wissen, daß es ein besseres Leben gibt. Wir Menschen, die wir uns diesen Planeten teilen, werden voraussichtlich nur gemeinsam überleben oder untergehen. Es ist also unumgänglich, diesen Staaten der dritten Welt zu helfen.

Ich sehe auch folgendes: Zur Zeit gibt es noch große wirtschaftliche Unterschiede zwischen den alten und den neuen Bundesländern. Erst bei deren Bewältigung, werden auch die Grenzen zwischen ihnen verschwinden. Dazu besteht aber unbedingte Notwendigkeit, die Löhne und Gehälter anzugleichen, genau wie das Kostengefüge. Zur Zeit ist für uns Ostdeutsche das Umdenken und die Gewöhnung belastend. Wir müssen uns an ein neues Rechtssystem, ein neues politisches System und ein neues Sozialsystem gewöhnen.
Zur Zeit zeigen sich die Denkgewohnheiten und Verhaltensweisen der Deutschen in den alten und neuen Bundesländern doch sehr verschieden. Das ist meines Erachtens nicht verkehrt. Kommt da nicht auch ein Prinzip der Freiheit zum

Ausdruck? Nur unterschiedliches Denken kann Probleme besser und schneller erkennen und lösen. Das ist sicher nicht schädlich, sondern eher günstig.

Nach unserem Besuch in Köln kam Jenny mehrmals zu uns nach Born. Gemeinsam schauten wir uns Prerow an. Dann standen wir beide vor unserem Elternhaus. Herrliche Erinnerungen an unsere gemeinsam verlebte Kinderzeit erwachten. Da standen auch noch die alten Kiefern, an denen wir damals unser Reck befestigten und halsbrecherische Turnübungen vollbrachten. Der kleine Hofplatz trug inzwischen einen herrlichen Rasen. Hier spielten wir, Jenny voran, Fußball. Die von mir mal gepflanzte Hecke aus Lebensbäumen war inzwischen übermannsgroß und fachmännisch beschnitten. „Warum hast du damals den Verkauf des Hauses zugelassen?" wollte jetzt meine Schwester wissen. „Hier hätte ich mich jetzt niederlassen können. In Köln möchte ich nicht beerdigt werden", sprach sie. „Mich zieht es zum Darß zurück.“ „Das Haus", erwiderte ich, „verkaufte unsere Schwester Gisela an einen Rechtsanwalt aus Weimar. Sie konnte es mit ihrer kleinen Rente nicht mehr halten. Ich selber ließ mich damals absichtlich von den Eltern enterben, da sie für mich genügend Geld für mein Studium aufbrachten, so daß nur ihr beiden über das Haus bestimmen konntet. Dein Erbteil vom Haus liegt auf dem Verwahrkonto, so daß du jetzt jederzeit darüber verfügen kannst. Ich drängte lediglich darauf, daß Gisela ein vertraglich abgesichertes lebenslängliches Wohnenrecht im Haus blieb. Sie fand einen sehr guten Käufer. Beide Parteien verstanden sich gut. Niemand konnte die plötzliche Wende erahnen. So sahen wir den Hausverkauf damals als Alternative." „Aber sei so gut", meinte Jenny, nochmals einen wehmütigen Blick auf unser Elternhaus werfend, „und versuche ein Häuschen in Prerow ausfindig zu machen, was ich dann eventuell kaufen kann." „Das will ich gerne tun", versprach ich ihr. Dann fuhren wir zur Försterei. Hier spielten wir beide oft mit den Förstersöhnen. „Was ist aus Jochen und Klaus geworden?" fragte meine Schwester. „Jochen ist in Italien, wo auch ich einige Zeit kämpfte, gefallen." „Dieser verdammte Hitler", warf Jenny wütend ein, „hat euch junge Menschen alle mißbraucht. Wieviele sind aus diesem Krieg nicht wieder heimgekommen. Und Klaus?" „Er machte nach 1945 sein Abitur, studierte dann Chemie und promovierte. Danach ging er wie du damals in den Westen und lebt in der Nähe von Heidelberg." „Und dein Lehrchef?" „Revierförster Dall wurde 1945 denunziert und ins Internierungslager gesteckt. Dort starb er wie zigtausend andere."

Jenny fuhr nach einigen Tagen wieder zurück nach Köln. Sie selber besaß zwar ein Auto, aber keinen Führerschein, so ließ sie sich fahren. Ihr Chauffeur, ein Bekannter von ihr, lag in Scheidung. Dieser, vollkommen mittellos, nutzte die Gutmütigkeit meiner Schwester aus. Er bettelte sie förmlich an. Da er einen Herzinfarkt vor Jahren und keine Arbeit hatte, sorgte Jenny sich um ihn, zumal er es auch verstand, sie um den Finger zu wickeln. Er kümmerte sich um ihr Auto und spielte den Chauffeur, was natürlich meiner Schwester nicht ungelegen kam. Bald aber merkte Jenny, daß er versuchte, sie nach Strich und Faden auszunehmen. Hinzu kam, daß er immer mehr dem Alkohol verfiel. Jenny klagte mehrmals ihr Leid am Telefon. Ich gab ihr den Ratschlag, von diesem Kerl keine Dienstleistung mehr anzunehmen und ihn nicht mehr ins Haus zu lassen. Allerdings ging er bei ihr inzwischen ein und aus, wie es ihm gefiel. Sie rief eines Tages bei uns an, daß wir unseren geplanten Besuch im November verschieben möchten, denn sie führe auf Kur, deren Termin sie kurzfristig erhielt. Ich tröstete sie, daß die Kur selbstverständlich Vorrang habe und wir unseren Besuch auf späteren Zeitpunkt verschieben würden. Ich schlug vor, daß sie uns nach der Kur einige Tage besuchen könne, um so Weihnachten gemeinsam auf dem Darß zu verleben. Sie widersprach nicht.

Die Zeit verstrich, ohne daß sie uns auch nur eine Karte aus ihrem Kurort schickte. Kurz vor Weihnachten schrieb ich dann unsere Enttäuschung, wünschte ihr aber trotzdem ein frohes Weihnachtsfest. Dieser Brief kam Anfang Januar ungeöffnet zurück mit dem Vermerk "Adressat verstorben". Kreidebläß und mit zitternden Händen öffnete ich den Brief. Sofort fing ich an zu telefonieren. Bei meiner Schwester meldete sich niemand. Dann rief ich das Postamt in Köln an. Der zuständige Postzusteller sagte mir, als ich fragte, wie der Vermerk "Adressat verstorben" zustandegekommen sei, er habe diese Auskunft von der Wirtin meiner Schwester erhalten. Ich bat ihn, mir deren Telefonnummer zu geben. Nach wenigen Minuten meldete sich die Hauseigentümerin am anderen Ende des Telefons. „Ist das wahr, daß meine Schwester Jenny verstorben ist?" fragte ich mit erregter Stimme. „Ja, es stimmt leider. Ich möchte Ihnen mein herzliches Beileid aussprechen." „Woher wissen Sie es denn? Sie ist doch zur Kur gefahren. Ist sie dort verstorben?" fragte ich weiter. „Von einer Kur weiß ich nichts", kam als Antwort. „Um Gottes Willen, wo ist sie denn verstorben? Am Telefon erreichte ich sie doch auch nicht." „Ich weiß es von dem Bekannten ihrer Schwester. Eines Tages rumorte es unter uns in der Wohnung von Jenny. Ich lief die Treppe runter und sah den Hausfreund, der sich beimachte, die Wohnung auszuräumen. Als ich ihn daraufhin ansprach, meinte er nur: ‚Jenny ist verstorben. Ich habe das Recht die Möbel abzutransportieren.' ‚Wohin denn?' fragte ich ihn entsetzt. ‚In das Dorf Marke im Kreis Bitterfeld. Dort wohne ich jetzt. Da starb sie auch.' Ich rief dann sofort die Polizei an, die darauf ein weiteres Ausräumen unterband. Die Wohnung wurde sofort versiegelt. Der Bekannte Ihrer Schwester fuhr mit dem Wagen fort. Seitdem habe ich nichts mehr gehört. Jenny bat mich, bevor sie wegfuhr, die Post an mich zu nehmen. Sie führe für ein paar Tage zu Besuch weg. Irrtümlich öffnete ich einen Brief der Stadtsparkasse, im Glauben, es wäre meiner. Meine Augen weiteten sich, als ich las, ich hätte mein Konto um etliche tausend DM überzogen. Ich beruhigte mich erst, als ich entdeckte, daß es sich um den Kontoauszug ihrer Schwester handelte und nicht um meinen."

Nach einigen Tagen fuhr ich mit meinem Sohn Heino nach Marke im Kreis Bitterfeld. Zuerst suchten wir den Bürgermeister auf, ob hier eine Frau Jenny Lillig verstorben sei. „Ja", antwortete er. „Ich glaube, sie ist schon beerdigt." Wir fuhren dann zum Beerdigungsinstitut. Man sagte uns dort, daß die Bestattung am kommenden Dienstag geplant sei. Der Chef zeigte auf eine Urne: „Dort steht sie." „Um Himmelswillen", warf ich ein. „Das müssen wir verhindern. Der Wunsch meiner Schwester war immer, in Prerow auf dem Darß beerdigt zu werden." „Wenn Sie mir den Totenschein, der sich im Moment in den Händen von Herrn Hülse, dem Lebensgefährten ihrer Schwester, so gab er sich bei uns aus, befindet, vorlegen, so sind wir befugt, die Urne zum Pfarramt Prerow zu senden, so daß Sie dort die Beerdigung vornehmen können."

Heino und ich begaben uns anschließend zu Hülse. Dieser wohnte in einem großen leerstehenden Haus, das Jenny für ihn kaufen wollte, um ihn auf diese Art und Weise loszuwerden. Sie entrichtete bereits für ein halbes Jahr im voraus die Miete an eine Familie, die Marke ehemals legal verließ und jetzt in der Nähe von Köln wohnte. Meine Schwester bat sich ein halbes Jahr Bedenkzeit aus, um es dann für ihren Bekannten zu kaufen, in der Absicht, sich ihn vom Halse zu schaffen. Das schien in meinen Augen sehr kurzsichtig. Die Rechnung wäre meines Erachtens nie aufgegangen. Auf dem Hof erblickte ich Jennys Mercedes. Das Haus machte von außen einen guten Eindruck. Der Bekannte empfing uns kühl. Er ließ uns in der Küche Platz nehmen, nachdem einige Kisten mit leeren Bierflaschen wegräumte. Einen Blick durch die offenstehende Tür werfend, sah ich Jennys neuen Fernsehapparat stehen. Er erzählte dann auf meine Bitte hin die Todesursache meiner Schwester. Während er sich auf dem Hof an einem Betonmischer zu schaffen machte, hielt Jenny sich am Ofen im Wohnzimmer auf. Plötzlich hörte er einen dumpfen Aufprall und stürtzte dann daraufhin ins Zimmer. Dort lag meine Schwester vor dem Ofen, die Augen verdreht und hauchte nach einigen Minuten ihr Leben aus. Als ich ihn fragte, warum er mich nicht sofort benachrichtigte, wo er doch wußte, daß ich ihr einziger Verwandter war, sagte er nur lakonisch: „Jenny erzählte mir, daß ihr euch erzürnt habt." Der Mann schmiß mir diese glatte Lüge einfach ins Gesicht. Als ich ihn nun bat, mir den Totenschein auszuhändigen, sagte er höhnisch: „Das kommt überhaupt nicht in Frage. Jenny war meine Lebensgefährtin. Dort", meinte er, mit dem Finger aus dem Fenster zeigend, „befindet sich der Friedhof. Sie suchte sich sogar schon allein die Stelle aus, an der sie begraben werden wollte." Ich dachte nur im stillen: „Wie kann man nur so lügen? Wie sollte sie vorher wissen, daß sie hier in Marke während des Besuches stirbt?" Auch als ich ihm sagte, daß Jennys mir gegenüber oft den Wunsch äußerte, einmal wieder nach Prerow zu ziehen, um dort ihr Leben zu beschließen, blieb er hart gesotten und ließ sich nicht erweichen, den Totenschein herauszurücken. Als ich ihn zur Rede stellte, daß er das Konto von meiner Schwester abräumte und sogar überzog, leugnete er, er habe es nicht getan.

Tatsächlich stellte sich aber heraus, daß alle diesbezüglichen Kontobewegungen nach dem Tode von Jenny vorgenommen wurden. Daraufhin fuhren wir nach Jeßnitz und zeigten Hülse bei der Polizeidienststelle wegen Diebstahls und unerlaubter Benutzung der Scheckkarte meiner Schwester an. Die späteren Untersuchungen durch die Kriminalpolizei ergaben, daß Hülse das gesamte Konto von Jenny leerte und darüber hinaus noch mit einigen tausend DM überzog. Sein Leugnen nutzte nichts, da ihn dabei sogar jedes Mal eine Videokamera filmte.

Auf der Gerichtsverhandlung, zu der auch ich geladen wurde, erschien er als Angeklagter nicht. Ob eine zweite Verhandlung, es ist inzwischen ein Jahr verstrichen, stattfand, entzieht sich meiner Kenntnis. Ich bat seiner Zeit das Bestattungsinstitut, die Beerdigung meiner Schwester noch nicht zu vollziehen, da ich durch meinen Anwalt die Rechtslage erst klären lassen wollte. Der Rechtsanwalt wälzte dicke Bücher, zuckte mit den Schultern und meinte: „Der Bekannte Ihrer Schwester bekommt recht, da er sich als Lebensgefährte ausgibt und dadurch in den Besitz des Totenscheins kam." Wehmütig rief ich das Beerdigungsinstitut in Raguhn an und bat es, die Beerdigung in Marke vorzunehmen. Dort unterhielt ich mich mit einer Nachbarin von Hülse. Sie flüsterte mir zu: „Mit dem Tod Ihrer Schwester ist es nicht mit rechten Dingen zugegangen."
Auch ich fragte mich: Warum ließ er sie so Hals über Kopf einäschern?

Somit fanden das Leben meiner Schwester Jenny, so wie das von meiner Schwester Gisela, ein bitteres Ende.

Der kaputte Hintern

Im vergangenen Jahr erhielt ich einen Telefonanruf von einem Zahnarzt aus den alten Bundesländern. „Ich habe Ihr Buch 'Wo Adler noch und Stürme jagen' gelesen. Es gefiel mir so gut, daß ich Sie unbedingt kennenlernen möchte. Ich beabsichtige, nächste Woche Mittwoch zu kommen. Eine Bitte habe ich noch: Können Sie mir wohl für einige Tage ein Quartier besorgen?" „Das kann ich. Mein Sohn Heino baute im Nachbarort Wieck eine Pension. Der Ausblick auf den Bodden ist von Ihrem Quartier wunderschön. Das Haus steht unmittelbar am Wasser." „Das ist ja herrlich. Würden Sie mir noch eine Bitte erfüllen und mir die in Ihrem Buch beschriebenen Ecken des Darßes und des Waldes zeigen?" „Das kann ich, wenn Sie sich bereit erklären, die Tour mit dem Fahrrad zu machen." „Wieso mit dem Fahrrad. Kann man nicht mit dem Auto fahren?" „Ich habe zwar eine Genehmigung vom Forstamt, daß ich überall mit dem Wagen hindarf, möchte diese aber nicht ausnutzen, um mit Gästen durch den Wald zu fahren. Zumal bei uns alle Wege für motorisierte Fahrzeuge gesperrt sind." „Oh, ich saß schon zig Jahre nicht auf dem Fahrrad", antwortete der Zahnarzt. „Ich glaube kaum noch radfahren zu können." „Dann müssen wir zu Fuß gehen", erwiderte ich. „Nein, nein, dann versuche ich es doch eher mit dem Rad. Es mag wohl gehen", warf der Zahnarzt schnell ein.

Am besagten Mittwoch rief der Gast an. Meine Frau, ich ging gerade mit meinem Dackel spazieren, nahm das Gespräch entgegen: „Ich befinde mich auf der Autobahn im Stau. Ich werde nicht pünktlich um 15 Uhr eintreffen. Da ich dem Buch Ihres Mannes entnahm, daß er besonders auf Pünktlichkeit achtet, möchte ich mich schon vorweg entschuldigen." Am späten Nachmittag traf er dann ein. Der Zahnarzt, über 1,80 m groß, korpulent und Brillenträger, begrüßte mich überaus herzlich, als wären wir schon alte Bekannte. Dann begann er von der Jagd zu schwärmen. Er war schon etliche Male in Ungarn und erlegte dort über zehn Hirsche, davon alleine sieben Medaillenträger. Er überschüttete mich mit einem Wortschwall nach dem anderen, so daß ich kaum antworten brauchte. Ich brachte ihn dann in sein Quartier, und bat darum, pünktlich am nächsten Morgen um 9 Uhr startklar für unsere Waldradtour zu sein.

Am nächsten Morgen erlebte ich eine Enttäuschung. Mein Zahnarzt erschien nicht. Ich wartete das akademische Viertel ab und fuhr dann mit einem anderen Gast, der mich am Vortag bat, auch die Radtour mitmachen zu dürfen, alleine los. Als ich nachmittags nach Hause kam, fuhr der Zahnarzt vor. Er stürmte ins Haus und entschuldigte sich vielmals. Er erklärte, daß er am Vorabend in einer Gaststätte in Wieck beim Abendbrot mehrere Einheimische, darunter einen Kapitän, kennenlernte. Während der interessanten Unterhaltung nahmen sie einige harte Sachen zur Brust. „Besonders der Kapitän konnte einen Stiefel vertragen", meinte der Zahnarzt mit noch leicht geröteten Augen. „Ich fand", so fuhr er fort, „mit Mühe und Not mein Quartier, und das nur nachdem ich etliche Male den Häuserblock umkreiste." „Das kann alles mal vorkommen", tröstete ich ihn. „Ich bitte Sie, morgen früh dann pünktlich hier zu sein, damit wir dann die Waldpartie starten können." Beim zweiten Versuch stand mein Gast dann pünktlich vor der Tür. Nachdem wir den Sattel für ihn paßgerecht einstellten, bestieg er nun das Fahrrad. Meine Frau stand in der Haustür, um sich das Schauspiel mit anzusehen. Nach einigen Schlängelbewegungen, die das Rad hin und her schaukeln ließen, lenkte er sein Vehikel doch in die gewünschte Richtung. Über die so genannte "Großmutter" kamen wir nach "Peters Kreuz". Hier ließ ich den Zahnarzt erst einmal verschnaufen. Ich erklärte ihm die Bedeutung des zweihundert Meter von uns entfernten Wasserwerkes, das im Jahre 1971/72 gebaut wurde. Mit dem aus einer Tiefe von zwanzig Metern gewonnenen und dann anschließend

aufbereiteten Wasser werden die Orte Born, Wieck, Prerow und teilweise Zingst versorgt. Das Wasser ist kristallklar und schmeckt vorzüglich. Vor 1972 förderten die meisten Bürger ihr eigenes Wasser aus den auf den Höfen angelegten Brunnen. In vielen Fällen sehr eisenhaltig, daher braun, ließ es sich nicht zum Wäschewaschen nutzen.
Ein paar hundert Meter weiter zeigte ich dem Gast die Buchenanpflanzung in der Abteilung 99, die ich im Jahre 1960 vornehmen ließ. Das Rotwild verbiß sie anfangs sehr stark. Erst als Wildäcker angelegt und die Wiesen in der Feldmark durch das Volkseigene Gut in Ordnung gebracht wurden, wuchsen auch die gepflanzten Buchen in die Höhe. Auf der gegenüberliegenden Seite zeigte ich dem Zahnarzt eine Fläche, auf der man in jüngster Zeit Buchen unter einen Kiefernschirm pflanzte. Zum Schutz vor Wildverbiß umzäunte diese Fläche ein Maschendraht. Der Nationalpark "Vorpommersche Boddenlandschaft", zu dem der Darß gehört, kritisierte teilweise zurecht die vielen Zäune im Darßer Wald. Er vertritt den Standpunkt, daß sie einen noch zu hohen Wildbestand anzeigen, denn sonst bräuchte man sie ja nicht. Ich behaupte, daß alle Kiefernkulturen, die älter als fünf Jahre sind, keinen Zaun mehr benötigen. Alle dann noch durch Wildverbiß oder Schälen entstehenden Schäden können durch Birkenanflug bzw. andere einzubringende Laubhölzer kompensiert werden. Meines Erachtens bedürfen dagegen mit Buchen oder Laubhölzern unterbaute Kiefern solange einen Schutzzaun, bis der Unterbau durch Wild nicht mehr verbissen wird. Auch bei einem auf dem Darß verträglichen niedrigen Wildbestand besteht immer die Gefahr, daß Laubanpflanzungen durch ihn zerstört werden.
Wir fuhren nun auf dem vom Nationalpark angelegten Radweg, der von Wieck bis zum Weststrand führt, in Richtung Westen. An einer wattierten Fichtenpflanzung hielten wir an. „Hier sieht es ja nach Weihnachten aus. Wozu sind denn die Wattebäuschchen auf den Fichten?" rief der Gast aus. „Die Terminalknospen sind mit Watte umwickelt, was eben-

falls dem Schutz vor Wildverbiß dient", antwortete ich. Jetzt bogen wir auf den Nordweg, der, von Born kommend, in die Nordspitze des Darßes führt. An einer Kultur haltend, erklärte ich dem Zahnarzt die beiden auf dem Darß üblichen künstlichen Begründungsmethoden. Die bestehen darin, daß gepflanzt bzw. gesät wird. Die Saaten auf den Rohhumusböden gelingen besonders gut. Auch Naturverjüngungen werden genutzt. Sie haben aber nur dort eine Bedeutung, wo kein Farnkraut vorkommt, denn dieses, es handelt sich hier um den Adlerfarn, wächst so üppig, daß es kaum einer anderen Pflanze eine Chance gönnt. Das Farnkraut überschattet alle kleinen Pflanzen auf den neu angelegten Kulturen und bringt sie sogar zum Absterben, so daß der Forstmann gezwungen ist, Arbeiter einzusetzen, um diese gefährdeten Flächen mehrmals im Jahr mähen zu lassen. Das ist natürlich mit viel Kraftaufwand und Kosten verbunden. Die Vorteile liegen darin begründet, daß der Boden durch die Beschattung vor dem Austrocknen geschützt und dadurch eine gewisse Minderung der Waldbrandgefahr hervorgerufen wird. Ferner bietet es dem scheuen Wild gute Deckungsmöglichkeiten und somit Schutz vor den Blicken der vielen Urlauber. Während die Grünmasse des Farns vom Wild nicht geäst wird, frißt das Schwarzwild in der Notzeit von den Wurzelstöcken.

Ich leitete vor Jahren eine sowjetische Delegation, der ich auch unter anderem von den Nachteilen des Adlerfarns erzählte. Da warf einer der Gäste aus dem fernen Osten ein: „Bei uns gibt es auch dieses Kraut. Da wird es, gerade aus dem Boden kommend, geborgen und verarbeitet. Man kann es einwecken, zu Salaten und Kompotten verarbeiten, ja sogar in die Pfanne hauen. Es schmeckt vorzüglich." Ich stellte die Frage: „Können Sie uns das Rezept nicht verraten?" Da antwortete er: „Die DDR wird das Rezept bald haben." Einige Wochen später wollte es der Zufall, daß ich erneut eine Exkursion mit sowjetischen Gästen leitete. Als

ich denen, über das Farnkraut erzählend, wissen ließ, einer von ihren Landsleuten habe es als bekömmliches Nahrungsmittel angepriesen, fing einer zu lachen an. „Ich stamme auch aus dem fernen Osten, aber mein Landsmann meinte ein ganz anderes Kraut."
Es liefen in den 50er Jahren Versuche, um eventuell Zellulose aus dem Farn zu gewinnen, man brach sie aber bald wieder ab, da sich die Ausbeute nicht lohnte.

Wir kamen jetzt an den so genannten Weberbuchen vorbei. Diese Buchen sind benannt nach einem alten General, der an dieser Stelle einen Hirsch erlegte. Dann standen wir an der neuen Jagdhütte, unmittelbar an der Buchhorster Maase gelegen. „Oh, ist das ein hübsches Häuschen!" rief der Zahnarzt begeistert aus. Von hier bietet sich ja ein herrlicher Ausblick auf die Wiese." „Deswegen ließ ich sie Anfang der 80er Jahre auch hier bauen. Im September läßt sich von hier das gesamte Brunftgeschehen auf der Wiese miterleben. Die Buchhorster Maase ist über 50 Hektar groß. Während der Brunft halten sich hier über 100 Stück Rotwild auf. Das Konzert der Hirsche ist dann weit zu hören. Leider wird der Brunftbetrieb jetzt oftmals durch Urlauber gestört, die noch spät abends mit Hunden oder mit Fahrrädern quer über die Wiese kommen. Auch Reiter nutzen gerne den Weg, um womöglich Wild beobachten zu können. Durch diese Störungen zeigt sich das Rotwild immer nachtaktiver, so daß es erst nach Eintritt der Dunkelheit zum Vorschein kommt. Vor der Wende trat das Rotwild am hellichten Tage schon auf die Wiese. Die gesperrten zur Buchhorster Maase führenden Wege beruhigten dieses Gebiet." „Wird die Jagdhütte noch heute genutzt?" wollte mein Gast wissen. „Ja, nach wie vor. Früher übernachteten hier Politbüromitglieder und Minister der DDR, heute Kapitalisten, die gerne einige tausend DM für einen Darßer Hirsch zahlen." Nach der Wende verlangten Prerower Bürger, daß man diese Jagdhütte in eine Bockwurstbude umfunktionieren sollte.

Wir warfen dann einen Blick auf die Wiese. Es erhob sich ein Seeadler, der sich so lange auf einer Kanzel sonnte. Mit kräftigen Flügelschlägen strich er am Waldrand ab, um dann, immer mehr an Höhe gewinnend, majestätisch über uns seine Bahnen zu ziehen. „Dieser herrliche Anblick!" rief der Zahnarzt aus, „Er allein ist schon die ganze Radtour wert. Gibt es hier noch viele Seeadler?" wollte er jetzt wissen.“ „Bis zur Wende beobachteten wir immer fünf bis sechs besetzte Horste. Im Durchschnitt konnten wir zwei Jungadler als Nachwuchs registrieren. Im Jahre 1981 zog im Revier Wieck 1 ein Seeadlerpärchen sogar drei Junge groß. Das kommt in zig Jahren nur einmal vor. Meistens schlüpft nur ein Junges, selten sieht man zwei Jungvögel. Diese guten Brutergebnisse erzielten wir dadurch, da wir die Zufahrtswege zu den Horsten sperrten und den Adlern dadurch die notwendige Ruhe sicherten. Nach deren Öffnung zur Wende konnten wir nicht einen einzigen Jungadler beobachten. Jetzt, nachdem wieder allmählich Ordnung einzieht, indem der Nationalpark sowie die Forstverwaltung Maßnahmen zum Schutz der Seeadler einleiten, erzielt man wieder bessere Brutergebnisse.

Unmittelbar an dieser Hütte steht das Reckedenkmal. Ich erklärte meinem Gast die Bedeutung des Gedenksteins. Zu Ehren des Freiherrn Kurt von der Recke wurde er aufgestellt und erinnert an das Wirken des 1871

geborenen und im ersten Weltkrieg gefallenen Forstmeisters. Von 1913 bis 1915 leitete er die Oberförsterei Born. Als wir jetzt plötzlich einen Kleiber rufen hörten, fragte der Zahnarzt: „Gibt es hier auch Nachtigallen?" „Bei uns gibt es in erster Linie den Sprosser. Beide Arten sind einander zum Verwechseln ähnlich. Die Nachtigall singt hübscher. Sie singt längere ziehende Strophen. Der Sprosser kommt mit unserem Klima besser zu Rande. Aber beide werden immer seltener, da der Mensch ihnen die Lebensräume immer mehr einengt. Sie benötigen zum Nisten und zum Leben Feldhecken, Sträucher und Kräuter. Nachtigall und Sprosser sind Bodenbrüter. Sie bauen ihr Nest direkt auf dem Boden oder dicht darüber in der Krautschicht." „Gibt es hier auch Kolkraben?" fragte nun der Gast. „Als ich 1959 die Oberförsterei übernahm, gab es nur wenige Exemplare. Inzwischen vermehrte sich der Kolkrabe so stark, daß er überhand nimmt. Läßt man ein Stück erlegtes Wild mehrere Stunden im Wald liegen, kann es passieren, daß man nur noch Knochen in der Decke vorfindet. Die Kolkraben machen umgehend reinen Tisch." Wir fuhren nun auf dem Rücken des ehemaligen Meeresufers Richtung Westen. Ich erklärte dem Zahnarzt, daß wir uns jetzt an der Grenze zwischen Alt- und Neudarß befänden. „Alles sich nach Norden bis zur Nordspitze des Darßes erstreckende Land", so erzählte ich, „ist in den letzten vier- bis fünftausend Jahren entstanden." Wir stiegen von unseren Rädern und schauten in das 5 Meter tiefer liegende Erlenbruch. Am Rande lagen mehrere alte Buchen, die noch aus der Windwurfzeit 1967/68 stammten. Die flachstreichenden Wurzeln an deren Windwurfteller bewiesen, daß das Grundwasser hier sehr hoch stand. Ich zeigte jetzt auf eine alte, im Absterben begriffene Buche. Einige Pilze, so genannte Saprophyten, machten sich bereits die toten organischen Substanzen zu Nutze. Auch der Specht zimmerte hier seine Nisthöhle. Er benötigt nicht unbedingt totes Holz, um seine Höhlen anzulegen, er nimmt dazu auch gesunde Bäume. Der Specht ist aber auf morsches oder verrottendes Fallholz ebenso wie auf absterbende Äste oder Stämme angewiesen, weil er dort seine Nahrung findet. Liegt im Winter viel Schnee, nutzt er stehendes Totholz. Vom Specht profitieren auch alle Tiere, die in irgendeiner Form Baumhöhlen bewohnen. Denken wir nur an den Rauhfuß- oder Sperrlingskauz, die Hohltaube, die Fledermäuse oder Meisen. Auch der Baummarder benutzt gerne die Schwarzspechthöhlen als Tagesversteck. Deshalb ist es so wichtig, abgestorbene Bäume, in erster Linie Laubbäume, stehen zu lassen. In einem naturnah bewirtschafteten Wald, so wird es jetzt auch im Darßer Wald angestrebt, darf es ruhig etwas weniger ordentlich und sauber zugehen. Totes Holz schafft die Voraussetzung für hohe Artenvielfalt im Ökosystem Wald. Über 1.300 der einheimischen Käferarten sind auf Totholz angewiesen, darunter der Hirschkäfer und der Eichenbock. Aber auch die Raupen von Schmetterlingen oder die Larven von Holzwespen und viele andere Insekten entwickeln sich in abgestorbenen Bäumen. Darüber hinaus gibt es über tausend totholzbesiedelnde Pilzarten. Auch Flechten, Moose, Farne profitieren von totem Holz. Besonders unsere Laubbäume auf dem Darß, die Eiche, Buche, Birke, Erle, Pappel und Weide bilden Anziehungspunkte für Totholzbewohner. Es bedarf eines starken Umdenkens bei allen Forstbeamten bzw. Forstangestellten. Wir durften bis zur Wende kein Derbholz (Holz über 7 cm Stärke) dem Verfall im Walde preisgeben, denn sonst erhielten wir Abzüge in der Jahresendprämie bzw. weniger Gehalt. Heute muß man danach trachten, die Totholzmenge möglichst zu erhöhen, indem man wirtschaftlich kaum verwertbares Holz im Bestand beläßt oder Baumarten und Holzdimensionen, die für Totholzorganismen besonders wichtig sind, fördert. Das sind in erster Linie Laubbäume. Ein Stückchen weiter machte ich den Zahnarzt auf mehrere mit Efeu umrankte Erlen aufmerksam. „Efeubäume sieht man wohl viel bei Ihnen?" fragte der Gast. „So wie der Ilex und der Wacholder. Sie sind charakteristische Florenelemente für unser atlantisch getöntes Klima an der Küste." „Sterben die umrankten Bäume ab?" „Ich habe bisher noch keinen toten von Efeu umrankten Baum gesehen", antwortete ich. Dann traten wir an eine geharzte Kiefer heran. „Sie werden", so erklärte ich, „kaum eine über 80jährige Kiefer auf dem Darß finden, die nicht geharzt ist."

Gleich nach 1945 entstand ein Betrieb, der sich nur mit der Harzung beschäftigte. Arbeitskräfte gab es genug, denn andere Arbeitsmöglichkeiten als die in der Land- und Forstwirtschaft sowie Fischerei fehlten. In den 50er Jahren übernahm die Forstwirtschaft die Harzung. Wir durften laut Anweisung nur über 80jährige Bäume harzen. Die Wissenschaft wies nach, daß in diesem Alter der Kulminationspunkt erreicht ist, wo der Baum kaum noch in die Höhe wächst, sondern nur noch an Stärke gewinnt, so daß er keinen Schaden durch die Harzung erleidet.

Harz besteht etwa zu 70 % aus Kolophonium, 20 % aus Terpentinöl und der Rest aus Schmutz und Wasser. Das Kolophonium wurde als Geigenharz bekannt. Man streicht damit die Haare des Violinbogens ein, um die Reibung zu erhöhen. Bei uns in der DDR wurde es in hohem Maße zur Herstellung von Lacken, Farben und Isoliermitteln für Kabel, wie auch zur Fabrikation von Siegellack, von Brauer- und Schusterpech und von Seifen benötigt. Die pharmazeutischen Industrie verwandte es für die Erzeugung von Schmiermitteln, Ölen und technischen Fetten. Auch bei der Papierherstellung ist das Kolophonium ebenfalls nötig. Dem Papierbrei wird vor der Blätterbildung Harzleim zugesetzt. Das Terpentinöl löst in hervorragendem Maße Fette, Öle und Kautschuk. Man benutzt es zur Herstellung von Lacken, Farben, Schuhcreme und anderen Lederpflegemitteln, auch zur Herstellung von verschiedenen Arzneimitteln wie z. B. beim Kampfer. Die Harzgewinnung spielte in der DDR wegen der großen wirtschaftlichen Bedeutung eine wichtige Rolle. Interessant ist vielleicht zu erwähnen, daß die Produktion einer

Tonne Harz über 1.000 Mark kostete, während nur ca. 600 Mark als Einnahmen gegenüber standen. Die Differenz wurde aus dem Staatshaushalt gezahlt. Ich machte den Zahnarzt auch auf die Überwallungen an den Rändern der Lachten (flächenförmigen Wunden durch die Harzgewinnung am Stamm) aufmerksam. So wie bei einem Menschen sich die Wunde durch eine Narbe schließt, bildet sich auch beim Baum ein Kallus. Es gibt über hundertjährige Kiefern auf dem Darß, deren Lachten nur noch durch einen schmalen Spalt zu erkennen sind.

Wir verließen nun das ehemalige Meeresufer und fuhren zum Müllerweg hinunter, um dann das k-Gestell zu erreichen. Auf dem Müllerweg bot ich mir als Forstlehrling mal ein Rennen mit einem Elch. Ich fuhr mit dem Rad, der Elch lief vorweg. Obgleich ich noch so schnell strampelte, mußte sich mein vierbeiniger Konkurrent nicht anstrengen, um das Rennen zu gewinnen. Nach 400 Metern langweilte sich der Elch wohl - unser Abstand vergrößerte sich zunehmend - denn er verließ den Weg und trottete in den Altholzbestand. Bald überquerten wir den so genannten Kiepenbruch, eine große Wiese, auf der vor 1945 die Wiesente gefüttert wurden. Das Fahrrad nun auf dem sich anschließenden Pirschsteig schiebend, standen wir in einigen Minuten vor der alten Jagdhütte. Mit dieser verbinden sich so manche Jagderlebnisse. Die von mir gepflanzten Wacholder erzielten inzwischen eine Höhe von über 3 Meter und verliehen diesem kleinen Ort mitten im Darßer Wald ein romantisches Gepräge. Auch illegal machte hier so mancher Wanderer Rast und genoß dieses versteckte Fleckchen Erde mit dem hübschen Waldbild. Einmal fand ich an der Türklinke der Jagdhütte einen Zettel mit folgendem Gedicht:

Lieber Förster,

hier saß ich einen ganzen Tag,
hab nur an Dich allein gedacht.
Ich hoffe, Du kommst abends her,
zusammen fetzt es doch viel mehr.
Wir könnten hier zusammen schmusen,
hab keine Angst vor meinem Busen.
Ich warte heute um 20 Uhr auf Dich
und hoffe Du enttäuschst mich nicht.

Gruß
Die Lady

Ich war zum Urlaub hier.
Meine Adresse: ...
S.G.

Schon saßen wir wieder auf unseren Rädern, als der Zahnarzt seinen Hintern scheuerte und meinte: „Oh, oh, ob ich diese Fahrt gut überstehen werde, ich weiß es nicht.” Ich munterte ihn auf: „Wir sind gleich am Weststrand, da können Sie Ihren Allerwertesten kühlen.” Er lachte und strampelte hinterher. Wir überquerten das m-Gestell, das in südlicher Richtung zum Parkplatz Drei Eichen, unmittelbar an der Straße Born-Ahrenshoop gelegen, führt. An dieser Stelle pflanzte vor vielen Jahren die Lehrerin Frau Wehmer aus Ahrenshoop drei Eichen, deshalb der Name dieses Parkplatzes. Bald standen wir auf dem Dünengelände des Weststrandes und genossen den herrlichen Ausblick auf das gewaltige Meer. Heute erlebten wir eine ruhige See. Am Horizont tauchten mehrere große Schiffe auf. Etliche Möwen flogen kreischend am Strand entlang, ab und zu ins Wasser stürzend, um einen Fisch zu erbeuten. „Oh, ist das hier herrlich”, rief mein Gast aus. Dann deutete er auf die Kiefern mit den fahnenartigen Kronen. „Das sind die sogenannten ‘Darßer Windflüchter'", erklärte ich ihm. „Sie wurden gerne von den Küstenmalern aufs Bild gebracht. So unter anderem von unserem Heimatmaler Theodor Schultze-Jasmer. Hier am Weststrand", erzählte ich weiter, „werden jährlich zwei bis drei Meter, manchmal sogar zehn bis elf Meter von der Düne weggespült und an der Nordspitze wieder angelandet, so daß die Halbinsel in der Breite ständig ab- und zur Spitze zunimmt." „Kann man am Strand auch Bernstein finden?" wollte jetzt der Zahnarzt wissen. „Wenn Sie Glück haben, ja." gab ich ihm zur Antwort. „Viele Urlauber und Einheimische suchen nach ihm, wenn die aufgewühlte See bei einem Sturm viel Seetang an den Strand spült. Bernstein ist ein fossilies Harz, das aus der Tertiärzeit stammt. Vor 40-50 Millionen Jahren wuchsen im Gebiet der heutigen Ostsee und im südlichen Skandinavien subtropische Wälder. Unter anderem wuchs dort auch eine Nadelbaumart, die schon bei kleinsten Verletzungen viel Harz absonderte, das dann unter günstigen Bedingungen, vor allem bei Luftabschluß, zu Bernstein wurde. Gletscher der Eiszeit und die Schmelzwasserströme schwemmten den Bernstein bis an die deutschen Mittelgebirge. Da der Bernstein brennt, hat er auch seinen Namen dafür erhalten. 'Börnen' ist der niederdeutsche Ausdruck für 'brennen'. Aus dem 'Börnstein' entstand dann der Begriff Bernstein."

Meine Blicke schweiften erneut über das blaue Wasser der Ostsee. Unwillkürlich mußte ich an unsere Heimatdichterin Martha Müller-Grählert denken, die so viel über dieses große Wasser dichtete. So schrieb sie unter anderem das Ostseewellenlied. Auch das Lied der Pommern, geschrieben von Adolf Pompe, komponiert von Karl Groß, besingt unsere schöne Heimat. Hier heißt es in der zweiten Strophe:

"Weiße Segel fliegen auf der blauen See.
Weiße Möwen wiegen sich in blauer Höh.
Blaue Wälder krönen weißer Dünen Sand.
Pommerland, mein Sehnen ist Dir zugewandt."

Wir verließen jetzt den Strand und fuhren Richtung Heidensee. Die riesigen Schilfflächen am m-Gestell legen Zeugnis ab von einer sehr nassen Fläche. Zu meiner Lehrzeit waren es mal herrliche Wiesen. Der Müllergraben mit einer gut funktionierenden Stauklappe und dem verzweigten Grabensystem sorgten damals dafür, daß die Flächen einigermaßen trocken blieben, so daß hier sogar geheut werden konnte.

An ein anderes Erlebnis mußte ich jetzt denken, als ich den Hochsitz an der Südseite von Heidensee sah. Ein Jagdgast schoß vor Jahren in der Nähe von Wieck auf einen starken Hirsch, der sofort zusammenbrach, aber sofort wieder aufsprang und das Weite suchte. Er krellte den Hirsch wahrscheinlich nur. Ich tröstete damals den Gast, wir würden am nächsten Morgen so lange suchen, bis wir Erfolg hätten. Da meine vorgesetzte Dienststelle in Berlin großen Wert auf einen Jagderfolg des Gastes legte, bekam ich den Auftrag, einen Ersatzhirsch zu schießen und die Trophäe nach Berlin zu senden, da der Gast inzwischen bereits abreiste. Das Kunststück bestand nun darin, einen Geweihten zu finden, dessen Trophäe in der Geweihform und Endenzahl dem des ursprünglich beschossenen stark ähnelte. Da die Nachsuche negativ verlief, wie ich es auch schon vorher ahnte, blieb mir nichts anderes übrig, als zu versuchen, den von Berlin erhaltenen Auftrag zu erfüllen. Ich setzte mich also an die Heidenseefläche, da sich hier noch Brunftbetrieb abspielte. Ich saß kaum zehn Minuten, als es hinter mir knackte. Ein Geweihter schob sich aus dem Eichenbestand, um in die Schilffläche zu wechseln. Blitzschnell nahm ich mein Glas hoch. Ich erkannte einen alter Vierzehnender. Auch die Kronenform ähnelte dem am Vortag beschossenen. Jetzt hieß es, schnell handeln. Schon backte ich meinen Repetierer an und ließ fliegen. Da ich wie gewöhnlich hochblatt anhielt, brach er sofort zusammen. Die Trophäe wird heute die Wand eines Jägers zieren, der seinen Gästen stolz von seinem Jagderfolg auf dem Darß erzählt.

Wir radelten nun an Abteilung 134 vorbei, in der damals Forstmeister Mueller seinen Hauptbunker anlegte und sich hier 1945 sechs Wochen lang versteckte, um dann vor den Russen zu fliehen. Danach passierten wir die Stelle, an der einstmals die Jagdhütte von Mueller stand. Sie wurde 1945 abgerissen und in Prerow wieder aufgebaut und diente dann der Einrichtung einer Arztpraxis. Unsere Radtour führte uns nun an dem idyllisch gelegenen Süder Bramhaken See vorbei. Zwischen den Seerosen schwammen mehrere Schwäne und Stockenten, daneben ein Haubentaucher und etliche Bleßhühner. Wir genossen einen herrlichen, romantischen Anblick. Die Sonne ließ das Wasser glitzern. Von weitem hörten wir einen Seeadler rufen. Sein Horst befand sich in der Nähe. Wir bogen nun wieder ab Richtung k-Gestell. Als wir die Plattenstraße nach Norden befuhren, fing der Zahnarzt an zu jammern: „Mein A... tut mir entsetzlich weh. Diese verdammten Nahtstellen auf der Plattenstraße", bölkte er. Jetzt kamen Radfahrer von vorne. Denen rief er schon von weitem zu, indem er seinen Hintern seitlich wegschob und mit einer Hand festhielt: „Oh mein A..., der ist vollkommen kaputt!" Es dauerte nicht lange, als die nächsten Urlauber uns entgegen kamen. Auch denen jammerte er vor: „Mein A..., mein armer A... Dreißig Jahre habe ich schon nicht auf dem Fahrrad gesessen. Nun ist er kaputt."

Wir bogen auf den Leuchtturmweg und fuhren auf dem vom Nationalpark neu angelegten Radfahrweg. Parallel dazu verläuft die in den 60er Jahren von einem Ölbetrieb gebaute Plattenstraße. Man vermutete damals am Darßer Ort, der nördlichsten Spitze der Halbinsel, Öl. Glücklicherweise fand man keines. Den Leuchtturm erreicht, rieb sich der Zahnarzt den Hintern, als wir die Fahrräder abstellten und meinte: „Die Rückfahrt überstehe ich nicht." Ich tröstete ihn erneut: „Jetzt werden wir erst Mittag essen. In der Ruhepause erholt sich Ihr Hintern wieder." Ich ließ meinen Gast die Höhe des Leuchtturmes erraten. Er schätzte sie auf 80 Meter. „Nein", antwortete ich. „Der Turm ist nur 35,5 Meter hoch. Die meisten Besucher überschätzen die Höhe." Sobald es zu dunkeln beginnt, sendet der Leuchtturm auf dem Darßer Ort sein Signal über das Meer. Er wird elektronisch gesteuert. Seit März 1995 besteht wieder die Möglichkeit, den Turm zu besteigen. An sonnigen Tagen bietet sich von oben eine überwältigende Aussicht über den Darßwald zur Boddenkette, über den Weststrand bis hinüber zum Fischland. In der Ferne sieht man die Rostocker Heide. Bei besonders klarer Luft kann man sogar im Norden am Horizont die Kreidekliffs der Insel Møn und im Nordosten die Insel Hiddensee erkennen. Besonders reizvoll ist, die landschaftlich sich fortlaufend verändernde sandige Landspitze des Darßer Ortes anzuschauen. Bis zur Wende gehörte der Darßer Ort zum Armeesperrgebiet. Der Mensch beeinflußte diese Naturlandschaft nicht. Die naturwissenschaftliche Bedeutung des Ortes liegt darin, daß hier eine natürliche Landwerdung großen Ausmaßes erfolgt. Dieses Gebiet ist deshalb für ganz Europa einmalig. Der Nationalpark Vorpommernsche Boddenlandschaft hält über ihn besonders die schützende Hand. Die Probleme, wie Küstendynamik, Vegetationsentwicklung, Besiedlung durch Tiere, Bodenbildung und -entwicklung, müssen ständig berücksichtigt werden. Es gilt, diese Pionierstandorte, die besonders empfindlich auf Störungen reagieren, zumal sie auch sehr nährstoffarm sind, vor menschlicher Einflußnahme, so vor dem Massentourismus, zu bewahren.

Vor der kleinen Gaststätte am Leuchtturm stehend, warf der Zahnarzt seinen Kopf hoch und windete wie ein Hirsch. Gierig sog er die aus der Küche stammenden Wohlgerüche ein und meinte: „Hier gibt es was zu essen. Ich habe auch schon einen Mordshunger." Ich schaute auf die Uhr. Schon 14 Uhr, Zeit zum Essen. Er ging voran, öffnete die Tür der Gaststätte, blieb stehen, den Hintern seitwärts nach vorne schiebend, und rief laut aus: „Mein A..., der blutet schon! Dreißig Jahre

nicht auf dem Fahrrad gesessen!" Die Gäste des überfüllten Raumes schauten entsetzt auf den Hintern des Zahnarztes. Schnell schob ich mich nach vorne, um meinen Gast aus dem Blickfeld der Zuschauer zu nehmen. Ich steuerte auf einen jetzt leer werdenden kleinen Tisch zu, an dem wir Platz nahmen. Mir schien, als schauten immer noch einige Gäste unentwegt auf den Hintern meines Nebenmannes. Die Kellnerin brachte die Speisekarte. Schnell entschied ich mich für Matjesheringe mit Bratkartoffeln und empfahl das Gericht auch meinem Gast, da ich es hier schon mehrmals aß und für schmackhaft hielt.
Als der Zahnarzt "Matjesheringe" auf der Karte las, fing er an zu schimpfen und rief laut aus: „Zu dieser Zeit bietet man hier Matjesheringe an. Diese Biester gibt es nur im Mai/Juni. Die Küche hat sie wahrscheinlich eingesalzen und serviert sie unter einem falschen Namen." „Das soll mir egal sein", antwortete ich. „Ich weiß nur, daß das Essen hier schmeckt." „Ich werde spaßeshalber mal einen probieren", meinte er. Die Serviererin kam, und er rief ihr entgegen, was hier angeboten werde, könne doch kein Matjeshering sein. Den gäbe es nur im Mai/Juni. Die Kellnerin zuckte mit den Schultern und sagte schüchtern: „Mein Herr, Sie können auch was anderes essen. Wir bieten genug andere Sachen an." „Bringen Sie mir spaßeshalber die Biester mal her. Ich werde sie mal kosten." Als das Essen auf dem Tisch stand, biß er gierig in den Hering und rief laut: „Hab ich mir doch gedacht. Das sind eingesalzene Heringe." Ich beruhigte ihn erneut: „Essen Sie. Sie werden es nicht bereuen." Ich konnte gar nicht so schnell gucken, wie der Zahnarzt seine Portion dann verschlang. „Na ja", meinte er, „essen ließen sie sich, aber Matjesheringe waren es trotzdem nicht."

Plötzlich sagte er: „Jetzt werde ich telefonieren, um eine Taxe zu bestellen. Die kann uns und unsere Fahrräder mit nach Hause nehmen." Ich schaute ihn groß an und erwiderte: „Erstens gibt es hier kein Telefon, denn gestern wollte

hier auch jemand telefonieren, was ihm nicht gelang, und zweitens gibt es hier keine solch großen Taxis, die uns und die beiden Fahrräder mitnehmen." „Wo bin ich denn bloß gelandet", rief er entrüstet aus. Er winkte die Kellnerin heran und fragte nach einem Telefon. Diese verneinte, es gäbe hier keines. Kopfschüttelnd bezahlte er das Essen und meinte zu mir: „Wir werden jetzt bis Prerow fahren, um von dort aus zu telefonieren." „Damit bin ich nicht einverstanden", protestierte ich. „Warum nicht?" „Prerow bedeutet einen großen Umweg für uns, in dem Fall, daß wir dort auch keine Taxe bekommen. Ich müßte dann beide Fahrräder nehmen und nach Hause fahren und mit meinem Auto zurückkommen, um Sie abzuholen." „Sie können doch nicht mit zwei Fahrrädern fahren", sagte er entsetzt. „Ich denke Sie haben mein Buch 'Wo Adler noch und Stürme jagen' gelesen? Dort beschreibe ich, wie ich als Kind sogar rückwärts fuhr. Und dann soll ich nicht einmal mit zwei Fahrrädern fahren können?" „Ja, das stimmt, ich erinnere mich. Aber nein, ich versuche noch ein Stückchen weiterzufahren. Wenn ich dann nicht mehr kann, können Sie immer noch mit beiden Fahrrädern nach Hause radeln."
Ich führte meinen Gast jetzt durch die vom Meereskundemuseum liebevoll eingerichtete Ausstellung im Leuchtturmgebäude. Hier erklärte ich ihm nochmals anhand der Schautafeln die Entstehung der Halbinsel. Die Präparate von einheimischer Flora und Fauna gaben uns einen guten Überblick über die auf dem Darß bzw. im Wasser lebenden Tiere und Pflanzen. Tief beeindruckt verließ der Zahnarzt mit mir die Ausstellungsräume. Draußen stand Fredi Kayserling, ein bekannter Darßer Jäger - sein Vater war früher Revierförster von Prerow, verstarb aber schon - mit einer Pferdekutsche. Schon lief der Zahnarzt ihm entgegen: „Können Sie uns und die beiden Fahrräder mitnehmen?" „Na klar", antwortete Kayserling. „Ich binde die beiden Fahrräder links und rechts an der Kutsche fest." „Wann fährst du denn?" fragte ich. „In zwei Stunden." „Das dauert mir zu lange", entgegnete mein

Gast. Wir schwangen uns nun auf die Sättel. Bevor wir auf die verfluchte Plattenstraße kamen, ließ ich den Zahnarzt nochmals verschnaufen und zeigte ihm den Kiefernbestand. „Sehen Sie dort den Ameisenhügel? Ameisen sind die emsigsten Arbeiter der Welt. Sie schuften rund um die Uhr, plagen sich bei Tag und Nacht. Dafür durchschlummern sie den Winter in einem Stück. Ein Zweimillionen-Staat der kleinen roten Waldameise vernichtet pro Tag an die 100.000 Schadinsekten. Wo diese Waldameisen im Einsatz sind, gibt es kein Waldsterben, ist der Holzertrag größer." „Warum wurde dort ein Zaun herum gesetzt?" wollte mein Gast wissen. „Der soll verhindern, daß Menschen im Ameisenhaufen herumstochern oder Wildschweine sich darin wälzen oder brechen."

Kaum auf der Plattenstraße angekommen, bölkte der Zahnarzt schon wieder los: „Diese Miststraße! Mein A..., mein A..., total kaputt!" Kurz vor dem "Großen Stern" hielt er an und stöhnte: „Ich kann nicht mehr. Holen Sie bitte Ihr Auto. Ich warte hier auf Sie." Ich schnappte mir kurzerhand sein Fahrrad, schwang mich auf mein Vehikel, und ab ging die Post. Auf dem Biebersteig mußte ich verdammt Obacht geben, um nicht von dem schmalen Pfad abzukommen, womöglich mit dem zweiten Fahrrad einen Baum zu streifen und kopfüber auf dem Boden zu landen. Aber es passierte kein Unfall. Bald saß ich in meinem Golf und fuhr dem Zahnarzt entgegen. Nochmals seinen Hintern scheuernd, stieg er erleichtert ein. Dann meinte er: „Forstmeister ist ein schöner Beruf, aber ich habe den besten." „Wieso?" fragte ich. „Meine Patienten dürfen wohl das Maul aufreißen, aber nichts sagen. Ich spreche, während sie zuhören müssen, derweil ich ihnen im Maul umherfuhrwerke." Als er ausstieg, stöhnte er nochmals laut: „Oh, mein kaputter A...!"

Gedanken zum Nationalpark

Seit 1990 existiert der Nationalpark "Vorpommernsche Boddenlandschaft". Mit einer Fläche von 805 Quadratkilometern ist er fast so groß wie Rügen, die größte Insel Deutschlands. Er entstand aus den ehemaligen Naturschutzgebieten, wie Westdarß, Kirr, Oie, Großer Werder, Bock und Ummanz. Er umfaßt Teile der Halbinsel Darß und Zingst sowie der Insel Hiddensee. Das sind 118 Quadratkilometer Festland, 408 Quadratkilometer Ostsee sowie 279 Quadratkilometer Bodden. Man kann behaupten, daß diese schöne und wertvolle Landschaft als eine der wenigen noch erhaltenen Naturlandschaften Mitteleuropas mit natürlicher Küste gilt, die einer ständigen Veränderung unterliegt. Dicht beieinander liegen hier Steil- und Flachküsten, Nehrungen, Strandseen, Windwatten und Strände. Herrliche Buchen, Eichen, Kiefern, Fichten, Erlen und Birkenwälder bilden einen grünen Gürtel. Als Vogelparadies trägt der Nationalpark eine besondere Bedeutung. Seeadler, Kraniche, Schwäne, Gänse, Enten, Limikolen, Seeschwalben, Kolkraben und Schwarzspechte, um nur einige zu nennen, ziehen die Urlauber immer wieder in ihren Bann. Hier gibt es auch noch bundesweit vom Aussterben bedrohte oder stark gefährdete Vogelarten, wie zum Beispiel der große Brachvogel, der kleine Alpenstrandläufer, der Kampfläufer, die Uferschnepfe und die Zwergseeschwalbe. Der Nationalpark hat bereits bewiesen, daß er eine unwiderstehliche Anziehungskraft auf Besucher ausübt. Bereits blühen die Seebäder sowie die Dörfer am Bodden in ungeahnter Weise auf. Alle möchten den Urlaubern ihren Aufenthalt so angenehm wie möglich gestalten. Im Jahre 1994 besuchten allein 3 Millionen Menschen den Nationalpark. Besonders lassen sie sich von dem herbstlichen Kranichzug mit der Kranichrast oder der Brunft des Rotwildes begeistern. Ein neuer Anziehungspunkt bildet der Leuchtturm, den man wieder besteigen darf. Niemand läßt sich dort die vom Meeresmuseum Stralsund und Natio-

nalpark liebevoll und lehrreich eingerichtete Ausstellung entgehen. Mehr als 130.000 Besucher im Jahr suchen diese Ausflugsoase auf. Zu allen markanten und beliebten Ausflugszielen führen Radfahrwege. An der nördlichsten Spitze schuf der Nationalpark Bohlenwege, so daß die empfindliche Dünenvegetation geschützt und geschont wird. Alle Urlauber werden fasziniert von dem größten in Deutschland existierenden geschlossenen Küstenwald auf dem Darß. Ein Wald, der durch seine vielgestaltete Holzartenzusammensetzung nicht monoton auf den Besucher einwirkt. Gleich nach der Gründung des Nationalparks gab es heftige Diskussionen in der Bevölkerung auf dem Darß. Die verantwortlichen Dienststellen versäumten es teilweise, die Kommunen auf die anstehenden Probleme vorzubereiten. Viele Bürger forderten sogar, den Nationalpark abzuschaffen. Besonders diskutierten die Bürger über die gesetzlichen Grundlagen und den fehlenden Pflege- und Nutzungsplan. Als ungünstig zeigten sich außerdem die Kompetenzstreitigkeiten zwischen Forst- und der Nationalparkleitung. Es bewährte sich inzwischen, seit 1994, die gemeinsame Steuerung der Aufgaben der Forstwirtschaft und die des Nationalparks durch das Landwirtschaftsministerium. Die vorher bestandene Doppelgleisigkeit fand durch die Vereinigung des Forstamtes Born und der Nationalparkverwaltung zum Nationalparkamt am 01.06.1996 endgültig ihr Ende. Inzwischen exitiert auch schon ein klares Programm zur weiteren Entwicklung der Wälder im Nationalpark. Die Behandlungsrichtlinien einzelner Zonen werden überarbeitet. Zukünftig wird wahrscheinlich auch eine Zone 3 als ständige Pflegezone für Wald- und Weidelandschaften existieren. Eine wichtige Aufgabe stellt der Aufbau eines naturnahen Waldes dar. Sie wird meines Erachtens noch Generationen beschäftigen.
Einen über hunderte von Jahren gepflegten Wald kann man nicht von heute auf morgen umwandeln. Dazu bedarf es immer wieder auch der geschickten und fachlichen Hand des Forstmannes, der der Natur hilft, einen mit einheimischen

Holzarten in allen Altersklassen durchsetzten naturnahen Wald aufzubauen. Die Hauptholzarten werden einmal Buche, Birke, Eiche, Erle sowie Kiefer auf Pionierstandorten auf dem Darß bilden. Viele Kiefernstangenhölzer lassen sich heute schon mit Buche oder anderen Laubhölzern unterbauen, um somit mehr Laubbestände zu erhalten. Eine behutsame Regulierung der Wasserverhältnisse im Darßer Wald ist unerläßlich. Ehemalige Feucht- und Bruchwälder müssen entsprechend bewässert und die vorhandenen Gräben meines Erachtens weitgehend genutzt werden. Sie mit einer Stauklappe zu versehen wird unumgänglich sein, so daß man je nach Bedarf fluten bzw. entwässern kann. Begrüßenswert ist, die Unterteilung der Kernzone des Darßer Waldes in drei Behandlungskategorien, die die jeweilige forstliche Behandlung vorschreiben bzw. verbieten. Die waldbaulichen Maßnahmen außerhalb der Entwicklungszone müssen noch über hundert Jahre hinaus ihre Durchführung finden, um die Möglichkeit zu schaffen, dieses Gebiet eines Tages auch in die Kernzone mit einzureihen. Um dieses Ziel erreichen zu können, muß man auch der Regulierung des Wildbestandes ein großes Augenmerk schenken. Die Regulierung der Wildbestände muß so weit erfolgen, daß sie die Waldbau- und Nutzungsplanung nicht in Frage stellen. Auch die Bejagung der Kernzone wird notwendig sein, um nicht eine Übervermehrung des Wildes zu fördern.

Leider machen sich immer mehr Gegner der Jagd breit. Aber man muß diesen Kritikern immer wieder vor Augen führen, daß dort, wo die Jagd vernachlässigt wird, die Natur eingreift. Nur: Sie macht es grausamer. Denken wir nur an die Schweinepest oder die Tollwut. Bei zu hohen Wildbeständen greifen Seuchen ein, die die Menschen bzw. andere Tiere gefährden. Der Jäger trägt mit dazu bei, einen geregelten Wildbestand zu erhalten, indem er eine entsprechende Anzahl von Tieren erlegt. Das Wildbret von gesunden Tieren trägt außerdem noch zur gesunden menschlichen Ernährung bei.

Jagd bedeutet also: Eine sinnvolle Nutzung einer natürlichen Ressource. Der Jäger darf nicht wahllos schießen. Die gesetzlichen Abschußpläne beruhen auf einer entsprechenden Basis, die den jeweiligen Bestand, den Zuwachs und die vorgeschriebene Wilddichte berücksichtigt. Im Jagdgesetz ist genau festgelegt, welche Tiere wann erlegt werden dürfen. Jedes jagdbare Tier hat Jagd- und Schonzeiten. Verstößt der Jäger gegen diese Vorschriften, so kann er mit bis zu 5 Jahren Gefängnis bestraft werden. Wenn böse Zungen behaupten, daß Jäger die Tierarten ausrotten, so ist das eine bewußte Verleumdung. Jäger zeigen großes Interesse an einer langfristigen Nutzung des Wildes. Es kann behauptet werden, daß bisher keine Tierart ausgerottet worden ist, seitdem es moderne Jagdgesetze gibt, sie berücksichtigen auch die Ansprüche des Tierschutzes. Kein Jäger darf ein Tier ohne vernünftigen Grund töten und ihm schon gar nicht unnötig Schmerzen zufügen. Die allgemein anerkannten Grundsätze deutscher Waidgerechtigkeit stehen im Vordergrund.

Gewiß empfindet der Jäger Freude an der Jagd. Er ist immer wieder ergriffen von der von ihm beobachteten und erlebten Natur. Dazu gehört natürlich auch das Bejagen von Wild. Er empfindet nicht Lust am Töten, sondern die Freude an der Pirsch. Die ist nicht immer leicht, oft mühsam und mit Strapazen verbunden. Der Jäger fühlt sich auch moralisch verpflichtet, die Tiere zu hegen, sie in Notzeiten zu füttern und beim Erlegen möglichst Leiden und Qualen zu ersparen. Die intensive Landnutzung, die industrialisierte Umwelt, das ungezügelte Freizeitverhalten tragen mit zur Gefährdung der Tierarten bei. Gerade das Suchen nach menschlichen Grenzen in den sogenannten Fun-Sportarten, gestützt durch ausgefeilte Techniken, die diese erst ermöglichen, gefährden Flora und Fauna. Der Mensch gelangt so z. B. mit seinem qualitativ hochwertigen Mountenbike auch an die entlegensten unwegbarsten Stellen, weit entfernt von befahrenen Wegen, an die sich das Wild in den Ruhezeiten zurückzieht. Er muß immer höher oder tiefer als andere kommen, schneller und eben besser sein, neue Gefahren herausfordern und bestehen. Dabei übersieht er leicht sein Umfeld, seine Partner. Aus diesem Grunde ist Artenschutz durch Biotop-Pflege besonders wichtig. Auch diesen Aufgaben stellt sich der Jäger vorrangig. Er fühlt sich mit verantwortlich für die gesamte frei lebende Pflanzen- und Tierwelt. Dies kommt, mit Verlaub zu sagen, der Allgemeinheit zu Gute. Durch diesen persönlichen Einsatz und die vielen freiwilligen Aufwendungen der Jäger wird auch der Staat beim Natur- und Artenschutz sowie beim Landschaftsschutz und bei der Landschaftspflege unterstützt. Er wird letzten Endes auch in finanzieller Hinsicht entlastet. 83 % Flächenanteil fällt auf Land- und Forstwirtschaft, somit auch der Lebensraum für alle Pflanzen und Tiere. Beide Wirtschaftszweige tragen daher auch eine besondere Bedeutung zum Erhalt der Naturlandschaft, die es kaum noch gibt, in der die Selbstregulierung nicht mehr funktioniert und deshalb die Jagd notwendig macht.

Daß sich die Jäger auch zum Naturschutz bekennen, kommt darin zum Ausdruck, daß der Deutsche Jagdschutzverband (DJV) einen staatlich anerkannten Naturschutzverband darstellt. Er macht sich die Förderung der freilebenden Tierwelt im Rahmen des Jagdrechtes sowie des Natur-, des Landschafts-, der Umwelt- und des Tierschutzes zur Aufgabe. Die Jäger tragen mit dazu bei, die Lebensbedingungen aller wildlebenden Tierarten zu verbessern, nicht nur der jagdbaren Tiere. Denn jede Tierart hat ihren Sinn und ihre Aufgabe im Ökosystem. Erwähnen möchte ich auch noch für jeden Laien, daß für die Jagd ein eigenes Bundesjagdgesetz existiert, das durch Ländergesetze ergänzt wird. In diesem Gesetz ist klar geregelt, daß nur derjenige auf die Jagd gehen darf, der sich einer Jägerprüfung unterzogen hat und im Besitz eines behördlich vorgeschriebenen Jagdscheines und der Jagderlaubnis ist. In dem Jagdgesetz ist auch vorgeschrieben wo, wann und wie gejagt werden darf. Gegner der Jagd behaupten auch, daß die Jäger einen Trophäenkult betreiben. Dem muß man gegenüberhalten, daß sich hinter jeder Trophäe eine Erinnerung verbirgt. Sie sagt auch etwas aus über den Lebensraum, über die Gesundheit der Tiere sowie die Beschaffenheit des Reviers.

Ein besonderes Problem stellt zur Zeit noch der überhöhte Rotwildbestand auf dem Darß dar. Die Hegegemeinschaft für Rot- und Damwild "Ferdinand von Raesfeld" stellt sich die Aufgabe, gemeinschaftlich mit dem Nationalpark und der Jägerschaft das Problem zu lösen. Sie arbeitet auf der Grundlage des Bundes- und Landesjagdgesetzes, der Besonderheiten des Nationalparkes und einer eigenen Satzung. Es wird unumgänglich sein, eine großflächige Bewirtschaftung des Rotwildes vorzunehmen. Es muß man davon ausgehen, das Wald und Wild keine Gegensätze, sondern eine echte Lebensgemeinschaft darstellen. Beide gehören zu den echten Lebensbedingungen des Menschen.

Langsam kehre ich aus den Gedanken, die mir die Erlebnisse von meiner Kindheit bis heute Revue passieren ließen, zurück und bin erneut von dem Bewußtsein beseelt, daß der Darß ein Ort zum Bleiben ist. Ich erhebe mich von der Bank und verneige mich nochmals am Grabe des alten Meisters des Deutschen Waidwerkes, Ferdinand Freiherr von Raesfeld, und trete den Heimweg an. Diese Stunde der Besinnlichkeit tat mir gut. Der Mensch braucht Ruhe zur Sammlung seiner Gedanken. Einer findet sie im ewigen Rauschen des Meeres, der andere in der Stille des Waldes. Immer aber ist es die Natur, die dem Menschen hilft, seine Kraft zu erneuern. Trennende Schranken sind gefallen in unserem geeinten Deutschland. Jeder, der Wald und Wild liebt und

Bildnachweis

Fotos:	56 Stück	-Archiv des Verfassers und seines Sohnes Uwe Martens
Zeichnungen:	14 Stück	-Reif, Klaus-Peter (Wildtiermaler, Thür.)

nachweist, zur Jagd fähig zu sein, darf dafür sorgen, daß der Wildbestand gesund bleibt, das Raubwild nicht überhand nimmt, die Fluren nicht unter Wildschaden leiden. Wald, Wild sowie Jagen und Hegen gehören zusammen wie Sonne und Wind.

Die Welt ist uns gram und wir sind nur ein Spiel

Goede Gendrich

Aus dem Leben eines Revierförsters.

312 Seiten, 25 dokumentarische Fotos, 8 Zeichnungen von Klaus-Peter Reif (Jagdmaler)

Preis: 36,00 DM
ISBN: 3-9805273-3-6

Der bekannte Schriftsteller beschreibt das Schicksal seiner Familie von 1923-1953. Aufgewachsen als Förstersohn hat er nur das Ziel, selbst den grünen Rock zu tragen und zu der ehrenhaften, eingeschworenen Zunft zu gehören.

Gendrich unterbrach die geliebte Arbeit in der Forst, um freiwillig bei der Wehrmacht zu dienen. Schwer verletzt kehrte er zurück und übernahm wieder das Revier Cammin bei Rostock (Meckl.), bis die Panzer der Roten Armee in der Ort rollten. Mit seiner geliebten Frau verbarg er sich 98 Tage in einer Erdhöhle im Wald. Unter unsäglichen Bedingungen, in der Angst entdeckt zu werden, ohne Informationen von der Außenwelt und letztlich ohne Nahrung, war die Belastung unerträglich. Trotz der Entbehrungen und des seelischen Druckes schildert der Forstmann die Schönheiten der Natur und die Begegnungen mit dem Wild. Schließlich wagte das Paar die gefährliche Flucht in den britischen Sektor, wo Gendrich bis zur Pensionierung als Revierförster tätig war.

Im Kranichwald

Joachim Kolmer

204 Seiten, 27 Fotos (12 Bildseiten), 20 große und viele kleine Zeichnungen von K.-P. Reif

Preis: 25,00 DM
ISBN: 3-9805273-6-0

Hautnahe Erlebnisse eines *Revierförsters aus Mecklenburg* mit den mächtigen Seeadlern, dem exotisch erscheinenden Wiedehopf, einem “Riesenhirsch“, imposanten Kranichen, einem “Marderbaby“ und dem “Platzkommando“ u. v. m. Ein Streifzug durch das Leben des Forstmannes, von seiner Kindheit in der Griesen Gegend bis hin zum derzeitigen Wirken auf dem Flugplatz Laage-Kronskamp (Rostock), einem Naturparadies.

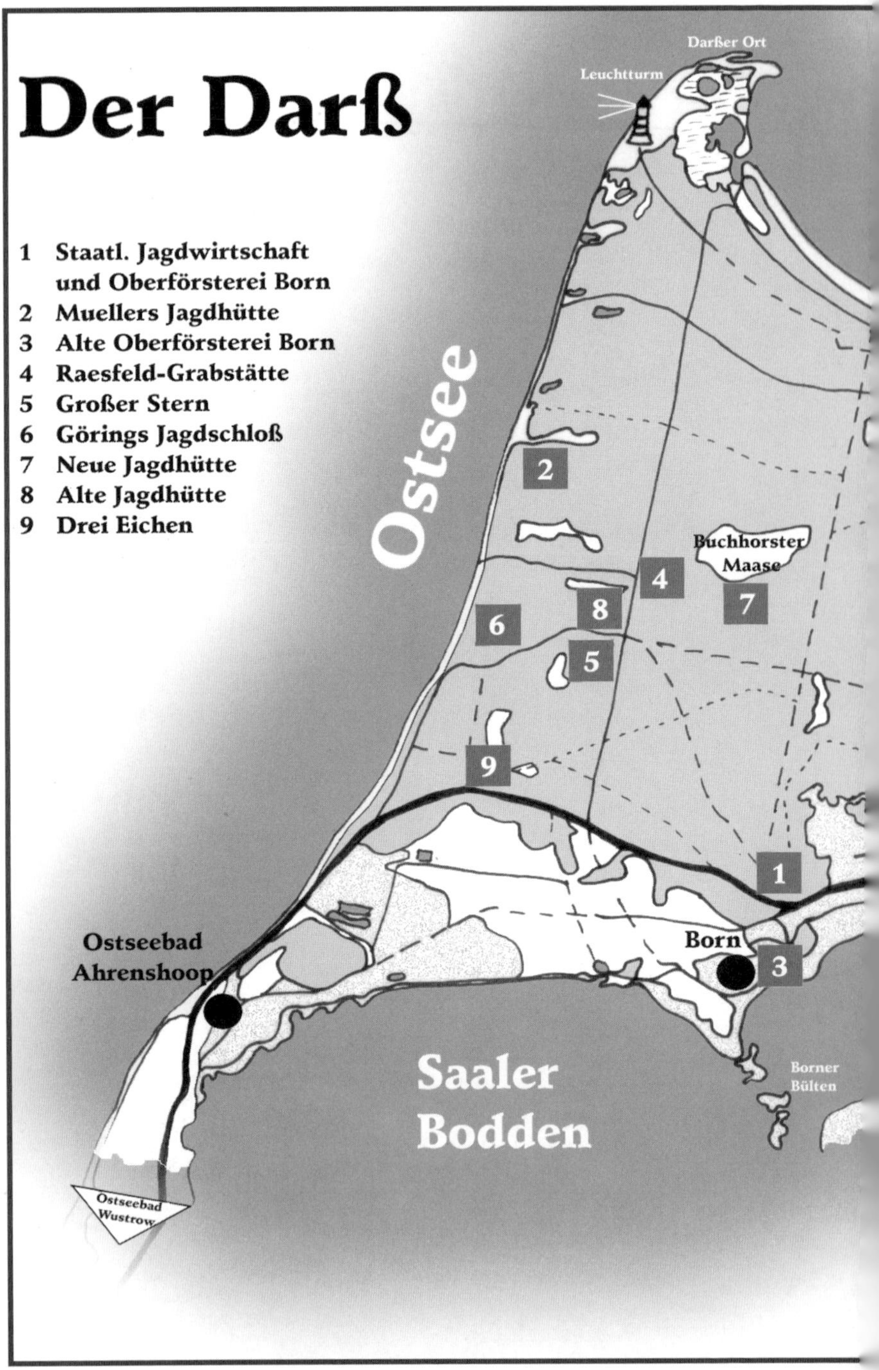
Der Darß
1 Staatl. Jagdwirtschaft und Oberförsterei Born
2 Muellers Jagdhütte
3 Alte Oberförsterei Born
4 Raesfeld-Grabstätte
5 Großer Stern
6 Görings Jagdschloß
7 Neue Jagdhütte
8 Alte Jagdhütte
9 Drei Eichen
Darßer Ort
Leuchtturm
Ostsee
Buchhorster Maase
Ostseebad Ahrenshoop
Born
Saaler Bodden
Borner Bülten
Ostseebad Wustrow